Illisibilité partielle

VALABLE POUR TOUT OU PARTIE
DU DOCUMENT REPRODUIT

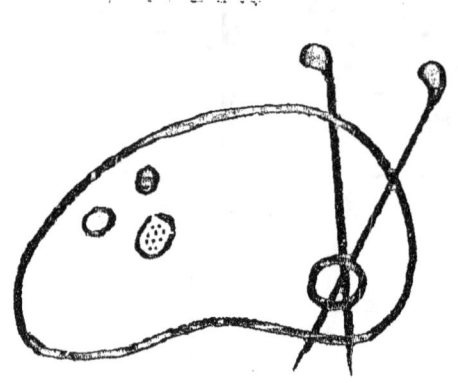

Début d'une série de documents en couleur

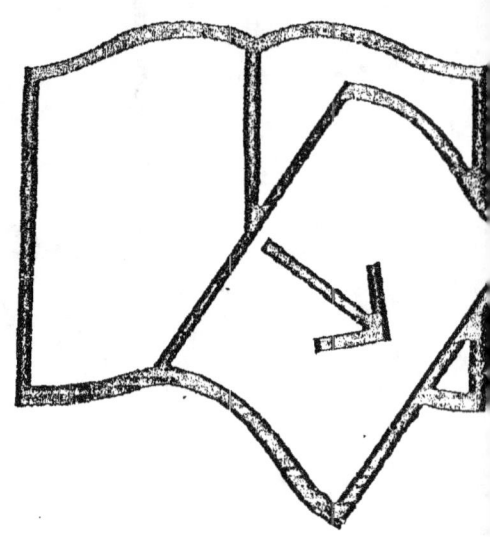

Couverture inférieure manquante

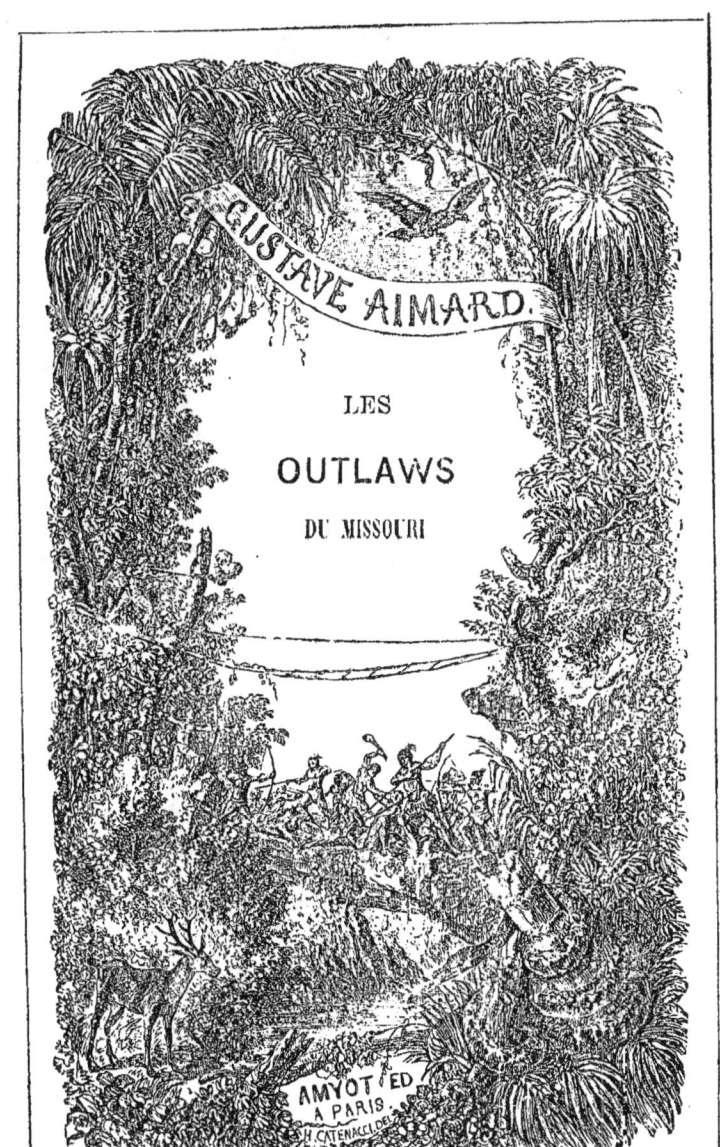

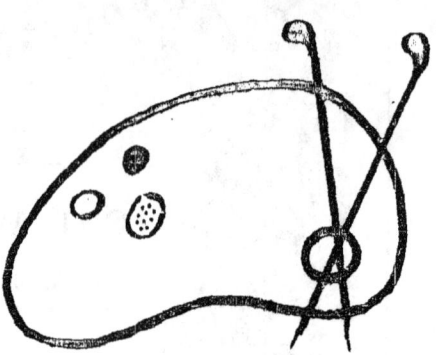

Fin d'une série de documents en couleur

LES OUTLAWS

DU

MISSOURI

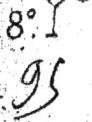

PARIS. — IMPRIMERIE ARNOUS DE RIVIÈRE ET C⁰,
Rue Racine, 26.

LES OUTLAWS

DU

MISSOURI

PAR

GUSTAVE AIMARD

DEUXIÈME ÉDITION

PARIS
AMYOT, ÉDITEUR, 8, RUE DE LA PAIX

MDCCCLXXVI

Reproduction interdite. — Traduction réservée.

LES OUTLAWS

DU

MISSOURI

I

Où le lecteur fait connaissance avec le héros de cette histoire

Le 15 thermidor an X, ou le 4 août 1801, selon qu'il plaira au lecteur d'adopter le calendrier républicain, alors en vigueur en France, ou le calendrier grégorien qui n'avait pas cessé d'être suivi par les autres nations civilisées du globe, un peu après huit heures du soir, au moment où les derniers rayons du soleil couchant disparaissaient derrière les montagnes rondes de Dorchester, en dorant d'une lueur fugitive le sommet verdoyant des quelques groupes d'îles capricieusement éparpillées à l'entrée de la baie de Boston, les désœuvrés, hommes et femmes, rassemblés sur le faîte cônique du Beacon-Hill, au pied même du fanal allumé depuis quelques minutes à peine, virent apparaître en mer un bâtiment de fort tonnage, dont les voiles, gonflées par une bonne brise du large, étaient orientées au plus près du vent.

Ce navire, après plusieurs manœuvres que les oisifs du Beacon-Hill ne purent que difficilement distinguer, laissa tout à coup arriver et donna résolûment dans la baie, où il s'engagea sans ralentir en rien son allure, malgré l'obscurité toujours croissante qui devait rendre sa marche de plus en plus difficile et son attérissage dangereux.

Mais soit que le capitaine de ce bâtiment eût des motifs qui l'engageassent à atteindre au plus tôt le mouillage, soit, ce qui était plus probable, qu'il eût à son bord un pilote expérimenté et connaissant parfaitement la côte, le bâtiment arriva bientôt à l'entrée rocailleuse du havre, cargua ses basses voiles et ses perroquets, ne gardant plus pour toute voilure que les trois huniers, le grand foc et la brigantine et, poussé par le dernier effort de la brise expirante, il vint doucement se ranger à la suite des navires qui déjà se trouvaient dans le port.

Quelques minutes plus tard, les voiles étaient serrées, les vergues brassées carré et l'on n'apercevait plus sur le pont qu'un matelot enveloppé d'un épais caban, qui se promenait de long en large sur le gaillard d'avant, avec cette indolente philosophie particulière aux marins dès qu'ils atteignent le mouillage.

Nous laisserons, sans nous en inquiéter davantage, les oisifs et les désœuvrés rassemblés sur le

Beacon-Hill en descendre doucement les rampes, en continuant leurs commentaires erronés sur l'arrivée imprévue de ce mystérieux navire, et priant le lecteur de nous suivre, nous l'introduirons dans l'intérieur de ce bâtiment, qui avait à un si haut point surexcité la curiosité des bons habitants de Boston et de Salem sa sœur jumelle, dont elle n'est séparée que par une distance de quatorze lieues au plus.

Le trois mâts que nous avons vu venir si tard chercher un refuge dans le havre de Boston, et dont, à cause de l'obscurité, les curieux n'avaient pu distinguer les *couleurs*, était *le Patriote*, navire français du port de huit cents tonneaux, frété à Brest, qu'il avait quitté depuis soixante trois jours, avec un chargement de poudre, d'armes de guerre, tels que fusils, sabres, pistolets, etc., et de cette menue bijouterie connue dans le commerce sous le nom d'articles de Paris, le tout en destination de Boston.

Nous ajouterons que *le Patriote* malgré son apparence pacifique, ne se souciant nullement d'être amariné par les Anglais avec lesquels la France était alors en guerre, portait en sus de son chargements seize caronades de vingt-quatre sur son pont, une pièce de douze allongée à pivot, sur l'avant, et était monté par cent dix hommes d'équipage, tous Bretons ou Normands, excellents matelots, mais déterminés et haïssant cordialement les Anglais.

Le *Patriote* était donc en mesure, le cas échéant, de se défendre vigoureusement contre les croiseurs ennemis qui auraient eu la velléité de l'attaquer. Du reste il avait prouvé ce qu'il était capable de faire à son départ de Brest.

Ce port était alors bloqué de très-près par une formidable escadre anglaise, dont les bricks et les frégates, pilotées par des pêcheurs bretons, traîtres à leur pays, se hasardaient à louvoyer jusque dans l'Iroise et fermaient hermétiquement l'entrée du goulet.

Par une nuit sans lune, au plus fort d'un orage effroyable mêlé d'éclairs et de tonnerre, *le Patriote* vira son ancre, hissa ses voiles et, au risque de sombrer vingt fois pour une, il donna résolûment dans le goulet et passa audacieusement au travers de toute l'escadre anglaise, épouvantée de tant de folle témérité et dont aucun navire n'eut la tentation de le poursuivre.

A quatre ou cinq lieues au large, le temps s'étant fait plus maniable et la mer étant presque tombée, le capitaine Pierre Durand, commandant du *Patriote*, avait mis sur le mât, avait fait hisser un fanal à sa corne et, malgré le risque éminent de donner l'éveil aux croiseurs ennemis, il avait fait tirer un coup de canon.

Ce signal, anxieusement attendu sans doute, avait été aussitôt aperçu; un bateau de pêche, monté par trois hommes, était sorti du milieu des rochers et, une heure plus tard, après des prodiges de courage, le bateau avait accosté le navire par la hanche de tribord ; un homme s'était alors élancé dans le gréement, avec la légèreté et l'adresse d'un marin consommé, et, pendant que le pêcheur larguait son amarre et fuyait en toute hâte vers la côte, *le Patriote* avait orienté ses voiles et remis le cap en route, avec le passager que, selon l'expression maritime, il avait embarqué par-dessus le bord.

Voilà de quelle façon le navire que nous avons vu entrer à Boston avait quitté les côtes de France.

Au moment où nous pénétrons dans la chambre d'honneur du *Patriote*, deux hommes assis en face l'un de l'autre de chaque côté d'une table à roulis sur laquelle se trouvaient des verres, des bouteilles, des pipes et du tabac, causaient tout en fumant d'excellents cigares dont la fumée bleuâtre formait une auréole nuageuse au-dessus de leurs têtes.

Ces deux personnages étaient d'abord le capitaine Pierre Durand, homme de vingt-huit ans au plus, dont les traits réguliers, peut-être même un peu efféminés, avaient une expression de franchise, auxquels l'éclat fulgurant de ses yeux noirs, la largeur de son front mat et les boucles soyeuses des longs cheveux bruns qui encadraient son visage donnaient un indicible cachet d'énergie. Sa taille était haute, bien prise, ses gestes élégants, et quoique ses manières fussent un peu brusques, elles étaient celles d'un homme bien élevé, chose rare à cette époque parmi les marins.

Le compagnon du capitaine était un beau et fier jeune homme de vingt-deux ans à peu près; il avait cinq pieds six pouces au moins, ses épaules étaient larges; ses membres solidement attachés, sur lesquels saillaient des muscles énormes, dénotaient une vigueur peu commune; on sentait que des nerfs d'acier se croisaient sous son épiderme d'une finesse extrême.

Son teint était pâle, ses cheveux noirs, longs et bouclés; ses yeux grands et bien ouverts étaient fixes et respiraient la volonté; jamais son regard ferme ne se perdait dans le vague, et lorsqu'il réfléchissait et se concentrait pour ainsi dire en lui même, il prenait une expression plus sombre et plus profonde; son nez légèrement recourbé se rattachait au front par une ligne presque droite brusquement interrompue par un pli, sillon indélébile creusé par la pensée, ou peut-être, malgré sa jeunesse, par la douleur; sa bouche un peu grande, meublée de dents magnifiques et aux lèvres dédaigneuses, était ombragée par une fine moustache brune.

Un étrange assemblage de dédain, de fierté, de franchise, de résolution et de douceur donnait à la physionomie de ce jeune homme une expression indéfinissable, mais saisissante.

Depuis quelques instants, la conversation, fort

vive d'abord entre nos deux personnages, avait été tout à coup interrompue à la suite d'une répartie un peu brusque du capitaine ; tous deux fumaient silencieusement en se regardant à chaque seconde à la dérobée, bien qu'ils parussent complétement absorbés par l'occupation à laquelle ils se livraient avec une espèce de fureur, à en juger du moins par la quantité énorme de fumée qu'ils laissaient incessamment échapper, non-seulement par la bouche mais encore par les narines.

Tout à coup le capitaine se leva, fit deux ou trois tours avec agitation dans la cabine, puis s'arrêtant devant son compagnon et lui tendant la main par-dessus la table :

— Voyons, j'ai tort, ne m'en veux pas, Olivier, lui dit-il avec émotion.

— Je ne t'en veux pas, bien loin de là, mon bon Pierre, répondit le jeune homme en lui prenant la main qu'il serra à plusieurs reprises dans les siennes.

— S'il en est ainsi, pourquoi me boudes-tu ?

— Moi te bouder ? tu es fou, sur mon âme ! non, ne crois pas cela ; non ! je suis triste, voilà tout. Sans le vouloir, tu as rouvert une plaie toujours saignante dans mon cœur.

— Puisqu'il en est ainsi, comme je ne veux pas commettre d'autres bévues, ce qui pourrait fort bien arriver si nous continuions cette maudite conversation, je pense que nous ne ferons pas mal de la laisser là une fois pour toutes et de causer d'autre choses, les sujets ne manquent pas, que diable !

— Comme tu voudras, répondit-il en souriant.

Le capitaine, soulagé du poids qui oppressait sa poitrine, se rassit, saisit une bouteille et remplit le verre de son ami.

— Tiens, lui dit-il, bois une gorgée de ce vieux rhum, cela te fera du bien, c'est souverain pour chasser les idées noires : à ta santé !

— A la tienne !

Les verres se choquèrent, ils burent.

— Maintenant, mon cher Olivier, reprit le capitaine en reposant son verre sur la table, nous voici Boston ; demain, après les formalités d'usage, nous descendrons à terre, quelles sont tes intentions ?

— Tu les connais aussi bien que moi, mon ami, à moins que tu aies oublié notre dernière conversation de l'Hôtel de la Marine à Recouvrance, la veille de ton départ.

— Allons donc, tu plaisantes, ce que tu m'as dit alors n'était pas sérieux ; je me souviens que nous avions très-bien dîné l'un et l'autre, et naturellement notre conversation a dû se ressentir de nos libations peut-être un peu trop copieuses.

— Non, mon ami, tu sais très-bien au contraire que nous avons bu à peine et que, par conséquent, nous avions conservé tout notre sang-froid, si bien même que tu m'as raillé en me montrant d'un air piteux deux bouteilles dont une était vide et l'autre à peine entamée, les seules que nous eussions demandées ; du reste, voici mes paroles textuelles : mon cher Pierre, t'ai-je dit, pour des motifs de la plus haute gravité, mais qu'il ne m'est pas permis de te faire connaître, de retour en France à peine depuis trois mois après une absence qui s'est prolongée pendant plus de dix ans, car je ne nomme pas venir en France mouiller dans un de ses ports sans jamais descendre à terre, je suis contraint de repartir au plus vite ; de plus il faut, et c'est une raison *sine qua non*, que mon départ soit ignoré de tous en un mot, que je disparaisse sans laisser la plus légère trace derrière moi, puis-je compter sur ton amitié de même que toi en pareille circonstance tu pourrais compter sur la mienne ?

— Ce à quoi j'ai répondu moi : mon cher Olivier demain à tous risques je forcerai le blocus ; si le temps devient aussi mauvais qu'il semble s'y préparer, vers minuit, je donnerai dans le goulet toutes voiles dehors ; tiens-toi au large, si je réussis, je t'embarquerai par-dessus le bord, tes affaires ne me regardent pas, tu es mon ami, jamais je ne t'adresserai de questions à ce sujet : ai-je tenu ma promesse :

— Loyalement, je dois en convenir et je t'en remercie sincèrement ; de plus, j'ai ajouté que je comptais me fixer en Amérique.

1.

— Oui, et voilà ce qui me chagrine.

— Pourquoi donc, toute contrée n'est-elle pas bonne lorsqu'on a du cœur et du courage.

— Pourquoi ne pas continuer à naviguer ; tu seras mon second, nous ferons voile de conserve, tu es d'ailleurs aussi bon marin que moi pour le moins ; les choses semblent prendre une nouvelle tournure là-bas, qui sait ? tu as du cœur, du talent, l'avenir te réserve peut-être plus tard.....

— Non, interrompit Olivier avec un sourire triste, n'en dis pas davantage, mon ami, l'avenir ne me réserve rien que des mécomptes et de nouvelles douleurs, dans cette France où le hasard m'a fait naître et dont j'ose à peine me dire un des enfants.

— Oh ! mon ami, combien tu dois souffrir pour parler ainsi.

— Oui, je souffre horriblement, mon ami, et tiens, puisque demain nous devons nous séparer pour toujours peut-être, toi, le seul homme qui m'ait appelé son ami, je ne veux pas te quitter sans t'apprendre de ma vie tout ce qu'il m'est permis d'en révéler.

— Olivier, je t'en prie....

— Écoute-moi, d'ailleurs je ne mettrai pas ta patience à une longue épreuve ; si cette histoire est triste, du moins a-t-elle cet immense avantage d'être fort courte, ajouta-t-il avec un sourire empreint d'une ironie sombre et fière.

Il se versa un verre de rhum, le but d'un trait, ralluma un cigare et, appuyant les coudes sur la table et se penchant en avant, il reprit :

— Qu'est-ce que la patrie, a dit un philosophe ; c'est le pays où on se trouve bien, ce qui pour moi se traduit ainsi : la patrie est le pays où l'homme trouve réunis, les liens de famille, d'intérêt, d'amitié, les espoirs d'amour et d'ambition, en un mot tout ce qui constitue ce qu'on est convenu de nommer en ce monde le bonheur. Or, à ce point de vue, je n'ai pas de patrie, ou pour mieux dire, pour moi cette patrie est partout, en voici les motifs. Oh ! ne crains pas que je m'amuse à te faire des théories humanitaires, tu me connais assez pour savoir que je ne me nourris pas de viande creuse; maintenant écoute-moi : Je suis né à Paris.

— Donc, tu es Français.

— Oh ! par hasard, ainsi que je vais t'en donner la preuve; je pourrais aussi bien être Anglais, Allemand ou même Russe. Donc je suis né à Paris, chez un médecin logé dans le Faubourg Honoré, ou Saint-Honoré, comme on dit encore. Sur le point d'accoucher, ma mère fut transportée chez ce médecin; à peine né, on me mit aux Enfants-Trouvés. Ce fut fort heureux pour moi, n'ayant ni père ni mère, ce digne docteur aurait tout aussi bien pu me jeter au coin d'une borne et tout aurait été dit; qui aurait été en droit de lui adresser des reproches, il ne me devait rien, en somme. Je demeurai quatre ans aux Enfants-Trouvés ; au bout de ce temps, de nouveaux mariés qui s'adoraient, et venaient disaient-ils, de perdre un fils chéri, me prirent chez eux. C'était un singulier ménage : dans les premiers temps, je fus très-heureux et je poussai à miracle dans cette famille, logée au cinquième étage d'une vieille et sale maison de la rue Plumet, et qui se nourrissait plus souvent de pain sec que de poulets truffés. Un jour tout changea, la fortune arriva sans qu'on sût comment elle avait trouvé la porte de cette pauvre demeure. J'avais huit ans alors, le régime auquel j'avais été condamné m'avait rendu assez maladif, j'étais malingre, pâle ; toutes les maladies de l'enfance m'avaient assailli, je m'étiolais de plus en plus, je semblais n'avoir que le souffle. Cependant le mari de ma mère adoptive était entré avec de forts appointements au ministère des affaires étrangères ; sa femme, qui, entre parenthèses, était et est encore aujourd'hui une des plus belles femmes de Paris, avait par *hasard* retrouvé un riche fournisseur des armées, ancien ami de sa famille. Cet homme *généreux* s'intéressa au pauvre ménage et se fit son protecteur. Le logement de la rue Plumet fut troqué pour un magnifique hôtel loué au Faubourg-du-Roule et splendidement meublé par les soins du fournisseur, qui lui-même demeurait à quelques pas à peine de l'hôtel, dans lequel il venait passer toutes les soirées, afin sans doute de jouir plus à son aise du bonheur de ses protégés. Par une singulière fatalité, tous les soirs, quelques minutes avant l'arrivée du fournisseur, le mari sortait pour ne rentrer qu'à minuit, un quart d'heure après son départ, de sorte que le digne homme, en l'absence du mari, se voyait sans doute avec peine contraint à tenir compagnie à cette intéressante Ariane, qui du reste prenait parfaitement son mal en patience.

— Oui, dit en riant le capitaine, son protecteur la consolait.

— Probablement, reprit Olivier avec ironie. Cependant je grandissais, je devenais curieux, remuant, bavard, j'interrogeais à tort et à travers, j'entrais partout sans être appelé, bref je devenais fort gênant; cet état de choses ne pouvait durer, on résolut d'y mettre un terme; il fut reconnu à l'unanimité que j'étais un mauvais sujet incorrigible et qu'il fallait se débarrasser de moi. J'avais neuf ans à peine, ma mère adoptive, originaire de Dunkerque, avait des parents marins, on résolut de m'engager en qualité de mousse; ce qui fut fait aussitôt. J'appris alors que cet homme et cette femme que j'avais jusque-là considérés comme mon père et ma mère ne m'étaient rien; la femme m'embrassa en riant comme elle faisait chaque jour, me recommanda d'être bien sage et me donna dix sous; le mari, qui toujours m'avait témoigné un certain intérêt, voulut me conduire lui-même à la voiture, espèce de patache à demi disloquée qui faisait à cette époque, tant bien que mal et à la grâce de Dieu, le trajet de Paris à Calais. Avant que de me confier au conducteur, il se crut obligé de me donner un dernier conseil : « Petit, me dit-il, te voilà redevenu seul et abandonné comme au jour de ta naissance souviens-toi, que la société n'a jamais rien fait pour toi, ne fais jamais rien pour elle ; la vie est une bataille sans trêve dans laquelle les petits sont toujours mangés par les gros ; le succès justifie tout ; les deux seules vertus qui te le feront atteindre un jour, sont l'égoïsme et l'ingratitude, n'oublie pas cela ; et maintenant, adieu, nous ne nous reverrons plus. » Il me fit un dernier signe de tête, me tourna le dos et partit. Voilà quelle fut ma première douleur, elle fut horrible et me brisa le cœur sans retour.

— Mon pauvre ami, dit le capitaine en lui serrant affectueusement la main, je te comprends et je te plains, car ton histoire est à peu de chose près la mienne.

— Les dignes gens, continua Olivier, me voyant faible et maladif, avaient espéré, ainsi que je le sus plus tard, que je ne pourrais supporter les dures épreuves du rude métier auquel ils m'avaient condamné, et que je succomberais bientôt ; leur attente fut trompée, ainsi que tu le vois, ajouta-t-il avec orgueil.

— En effet, répondit le capitaine.

— Je commençai par être mousse sur un pêcheur de harengs ; moi, habitué à des égards et à de la politesse de la part des personnes qui jusqu'alors m'avaient entouré, je fus en butte à chaque instant du jour aux grossièretés et aux mauvais traitements d'un ivrogne qui avait tout droit sur moi et ne me parlait que l'insulte à la bouche et la garcette à la main : tu le sais, car nous avons longtemps navigué de conserve, mon apprentissage fut affreux. Tantôt baleinier, tantôt pêcheur de morue, ou négrier, j'ai cinq ou six fois fait le tour du monde ; abandonné sur la côte d'Amérique, je tombai entre les mains des sauvages qui, pendant plusieurs années, me gardèrent prisonnier. Naufragé sur un îlot désert du Pacifique, je ne sais comment je ne suis pas mort vingt fois pour une, de misère et de désespoir. Eh bien ! mon ami, tout cela n'est rien encore, dans tous les pays où m'a conduit le hasard, j'ai par-ci par-là rencontré des âmes compatissantes, les sauvages eux-mêmes ont eu pitié de moi, ils m'ont aimé, moi que personne n'aime. En France dans ma patrie, ainsi que tu nommes la contrée où je suis né, fit-il avec une inexprimable amertume, cette patrie dont on m'avait chassé odieusement à neuf ans à peine, là enfin j'ai trouvé deux ennemis implacables, qui sans cesse font sentinelle dans l'ombre auprès de moi : la calomnie et la haine. Malheureusement on n'avait pu me confier à des mains étrangères sans laisser échapper certaines paroles imprudentes ; moi-même, pendant mon enfance, j'avais entendu bien des conversations incomplètes, mais cependant assez claires pour me mettre sur la voie de la vérité. Je parvins à découvrir le secret de ma naissance, à savoir même qui étaient mon père et ma mère, leurs noms, la position qu'ils occupaient dans le monde. Un jour, dans un moment de colère, tu connais la violence de mon caractère, j'eus le tort de laisser comprendre que je savais tout. De ce jour ma perte fut jurée, la calomnie s'acharna après moi, les injures les plus horribles furent sourdement répandues sur mon compte ; enfin, que te dirai-je, plusieurs fois, afin d'en finir sans doute, je tombai dans un guet-apens et fus laissé pour mort sur la place ; on ne reculait même pas devant l'assassinat. C'est affreux, n'est-ce pas ? Eh bien, on fit plus encore, on gagna le capitaine d'un navire sur lequel j'étais embarqué et on le fit consentir à m'abandonner sur la côte du Nouveau-Mexique, au milieu des tribus indiennes, les plus féroces de toute l'Amérique.

— Et le capitaine accomplit cet odieux marché ?

— Pardieu ! fit-il en riant avec amertume, il avait reçu une somme énorme, c'était un père de famille, il voulait assurer le sort de ses enfants. Je fus jeté sur la plage, endormi avec du laudanum. Quand je m'éveillai, j'aperçus le navire gros à peine comme l'aile d'une mouette. Je me trouvai donc dans l'alternative d'être tué par les Indiens ou de mourir de faim ; ni l'un ni l'autre n'arriva ; comment? peut-être le saura-t-on un jour. Voilà mon histoire, mon ami. Comprends-tu maintenant que je veuille m'exiler en Amérique, tandis que mes persécuteurs vivent riches, heureux et considérés en France.

— Tu te fixeras donc à Boston ?

— Non, j'ai assez de la vie civilisée, je veux tâter de la barbarie ; peut-être la trouverai-je moins dure à mon égard : mon projet est de m'enfoncer dans les terres, de marcher tout droit devant moi, jusqu'à ce que je me rencontre avec une tribu indienne, je lui demanderai l'hospitalité et je vivrai avec elle ; d'ailleurs, ma vie passée m'a initié déjà aux mœurs des aborigènes de l'Amérique, je ne suis pas complétement un novice en pareille matière, et je parviendrai, j'en suis sûr, à me faire aimer de ces hommes qu'on nomme si dédaigneusement des sauvages.

— Soit, j'admets tout cela, à la rigueur ; tu es fort, tu es jeune, brave, adroit et intelligent, il y a là plus qu'il ne faut pour que ce projet insensé réussisse ; tu vivras avec les Indiens cinq ans, dix ans peut-être, mais tu te fatigueras un jour de cette existence, alors que feras-tu ?

— Ce que je ferai?

— Oui.

— Qui sait? l'expérience aura mûri ma raison, peut-être tué la douleur, éteint la haine dans mon cœur, et alors, sans doute, je pardonnerai à ceux qui m'auront tant fait souffrir. N'est-ce pas une vengeance comme une autre?

— Oui, Olivier, mais celle-là, tu ne la comprendras jamais, tu ne me feras pas prendre le change.

Le jeune homme détourna la tête sans répondre, se leva et monta sur le pont, laissant le capitaine seul dans la cabine.

II

Comment le capitaine Pierre Durand et son ami se séparèrent.

Le lendemain, aussitôt que toutes les formalités pour que le navire obtînt la libre pratique, c'est-à-dire la permission de communiquer avec la terre, eurent été accomplies, le capitaine donna l'ordre d'armer son canot, dans lequel il descendit avec son ami et tous deux se dirigèrent vers la ville.

Le trajet fut silencieux, soit que les deux hommes ne voulussent pas causer de leurs affaires particulières devant les matelots, soit qu'ils préférassent se livrer à leurs pensées. Bientôt ils mirent le pied sur le quai, encombré de marchandises de toutes sortes. Boston n'avait pas atteint encore l'état de splendeur où elle devait arriver plus tard, mais déjà le mouvement commercial y était fort important et on y trouvait certaines commodités de la vie qu'on aurait vainement cherchées alors dans n'importe quel port français.

Les Américains, avec leur activité inquiète, s'étaient hâtés de faire disparaître les traces laissées par la guerre de l'indépendance ; la ville, pour ainsi dire, rajeunie avait complétement changé d'aspect et pris cette physionomie gaie et heureuse qui donne un si grand charme aux grands centres commerciaux, où chacun trouve à gagner facilement sa vie par le travail et par conséquent est content de son sort.

En débarquant, le capitaine tira son ami à part.

— Un mot, lui dit-il.

— Parle.

— Quand comptes-tu quitter la ville ?

— Ce soir même, deux heures avant le coucher du soleil.

— Si promptement !

— Oui, j'ai hâte de respirer l'air si pur des grandes savanes, et de me sentir libre des chaînes de la civilisation.

— Promets-moi une chose.

— Tout ce que tu voudras.

— Je suis obligé de te quitter pour me rendre chez le consignataire du navire ; c'est une visite d'une heure au plus ; attends-moi pour déjeuner.

— J'allais te le proposer.

— Alors c'est parfait ; de plus, promets-moi de ne t'occuper en aucune façon des préparatifs de ton départ avant de m'avoir vu !

— Pourquoi cela ? dans une heure on fait bien

des choses et, je te le répète, je ne veux pas coucher ici.

— Sois tranquille ; je t'aiderai à rattraper le temps perdu.

— Puisque tu le veux.

— Tu me feras plaisir.

— Alors, j'y consens.

— Merci, c'est convenu ?

— Pardieu !

— Ah çà, où déjeunerons-nous ?

— Ici même, si cela t'es égal, répondit-il en désignant un hôtel qui se trouvait sur le port même.

— Parfait, nous aurons en déjeunant la vue de la mer. Je me sauve : à bientôt !

— A bientôt.

Ils se séparèrent.

— Pourquoi diable Pierre veut-il que je ne m'occupe de rien avant de l'avoir vu ? pense-t-il être plus heureux aujourd'hui qu'hier et changer ma résolution, murmura-t-il en regardant son ami, qui s'éloignait à grands pas, il doit pourtant assez bien me connaître pour savoir que mon parti une fois pris je ne change jamais ; enfin, nous verrons ! Pauvre ami ! ajouta-t-il avec un soupir étouffé, il est le seul homme qui m'ait réellement aimé, aussi est-ce le seul que je regrette en abandonnant le monde.

Tout en causant ainsi avec ses pensées, Olivier,

lié par sa promesse, employa consciencieusement l'heure que son ami lui avait demandée à se promener à travers la ville, regardant les magasins et notant dans son esprit ceux qu'il se promettait de visiter quand le moment serait venu de faire les emplettes nécessaires au long voyage qu'il projetait.

Juste au bout d'une heure, les deux homme se rencontrèrent face à face à la porte de l'hôtel; il était difficile d'être plus exact.

Ils entrèrent et commandèrent le déjeûner, sur leur demande on les servit dans une pièce à part.

Le repas était bon, l'appétit des deux hommes très-éveillé, ils déjeûnèrent gaiement.

— Maintenant causons, dit le capitaine en sucrant son café.

Les deux marins s'étaient fait servir à la française.

— Causons, répondit en riant Olivier. De toutes les bonnes choses, la meilleure, à mon avis, c'est après un bon repas, de causer, les coudes sur la table et le cigare aux dents, avec un ami véritable.

— C'est vrai, et cependant tu vas dans quelques heures, par l'effet seul de ta volonté, être privé, pour toujours peut-être de cette suprême jouissance.

— Que veux-tu? l'homme est insatiable, l'inconnu l'attire malgré lui, et il quitte tout pour courir après l'ombre : la fable de Lafontaine sera éternellement vraie ; mais parlons d'autre chose, rien n'est stupide, à mon avis, comme de philosopher après boire.

— Tu as raison. A ta santé !

— A la tienne. Ce rhum est excellent, je le préfère à l'eau-de-vie dans le café, et toi ?

— Moi, j'aime les deux. Sais-tu ce que j'ai fait depuis que je t'ai quitté ?

— Ma foi non, comment le saurais-je ?

— Attends, je vais te le dire.

Le capitaine se leva, se pencha à la fenêtre, regarda un instant à droite et à gauche, fit un signe, puis il revint tranquillement reprendre sa place en face de son ami.

Olivier, bien qu'il ne comprît rien à ce manége singulier et que sa curiosité fût vivement excitée, ne fit pas la plus légère observation et continua à *siroter* tranquillement son café, comme s'il n'avait rien remarqué.

Cinq minutes plus tard, plusieurs hommes entrèrent, saluèrent silencieusement, déposèrent plusieurs paquets dont ils étaient chargés sur une table, et sortirent comme ils étaient venus, en refermant la porte derrière eux.

— Qu'est-ce que c'est que cela ? dit Olivier en regardant son ami avec une inquiétude comique.

— Ah ! ah ! curieux, s'écria en riant le capitaine, je t'y prends. Il existe donc certaines choses qui ont le talent de t'émouvoir ?

— Tu te trompes, c'est simplement par intérêt que...

— Bon, bon, nous y reviendrons, mais ce n'est pas le moment encore. Dis-moi, tu pars ce soir, n'est-ce pas?

— Certes, et même, ajouta-t-il en faisant un mouvement pour se lever, je te demanderai la permission de...

— Nous avons le temps, répondit-il en lui appuyant la main sur l'épaule : que diable, il n'y a point péril en la demeure que je sache.

— Non, mais...

— Un instant seulement.

— Soit.

— Ah çà, parlons franc, veux-tu?

— Je ne demande pas mieux.

— Nous sommes de vieux amis, entre nous la susceptibilité n'est point de saison.

— Certes, mais où veux-tu en venir?

— Voilà : as tu de l'argent?

— Voudrais-tu m'en prêter par hasard?

— Peut-être, réponds-moi carrément, comme je t'interroge.

— J'en ai.

— Mais ce que j'entends par argent, c'est une somme ronde.

— Juges-en toi-même, j'ai cent trente onces (1)

(1) 11,050 francs de notre monnaie.

espagnoles cousues dans ma ceinture; de plus, dans un sachet de peau de rat musqué pendu à mon cou, douze diamants valant ensemble, au plus bas prix, cent vingt mille francs environ; es-tu rassuré?

— A peu près, cependant je suis un peu comme Thomas, l'ex-saint, tu sais.

— Tu voudrais voir, regarde alors.

Il entrouvrit son vêtement, retira le sachet, l'ouvrit et fit rouler sur la table douze diamants de la plus belle eau.

— Comment les trouves-tu? dit-il.

— Magnifiques, et si les onces...

— Oh! c'est trop fort, entêté que tu es, voilà ma ceinture, et de plus j'ai dans mon gilet deux mille francs en or, à peu près. Est-ce assez, ou faut-il être millionnaire pour voyager dans un pays où la richesse est inutile?

Tout en parlant ainsi, il avait jeté sur la table l'or et la ceinture auprès des diamants.

— Je me déclare satisfait, renferme toute cette mitraille, dit en riant le capitaine; et maintenant, à mon tour.

— Allons, bon, ce n'est pas fini, à ce qu'il paraît, répondit gaiement Olivier en faisant disparaître ses richesses.

— Comme tu es impatient, à peine ai-je commencé : je vais t'intéresser bientôt, va!

— J'attends, répondit-il du ton d'un homme qui n'est pas bien certain, mais qui se risque.

2

— Maintenant, parlons sérieusement.

— Oui, cela ne fera pas mal.

— Tu plaisantes.

— Eh non, je suis sérieux comme un fakir au contraire.

— Tu ne parviendras pas à me faire perdre le fil de mes idées, je t'en avertis.

— Parbleu ! je le sais bien, aussi je me résigne. Continue, je suis muet comme une tanche.

— Je ne te demande que cinq minutes, fou que tu es.

— Je suis généreux, je t'en accorde dix.

— C'est plus qu'il ne m'en faut.

— L'Etre Suprême soit loué ! tu es plus bavard qu'un avocat. Continue.

— Voyons, Olivier, je t'en prie, c'est en vain que j'essaye de feindre la gaieté, je sens les larmes remplir mes yeux à la pensée de notre séparation, le cœur me saigne en songeant que peut-être cette main amie, que je presse en ce moment, jamais plus je ne la serrerai dans l'avenir.

— Chasse ces pensées, mon ami, qui sait ? peut-être nous rencontrerons-nous plus tôt que nous ne le pensons l'un et l'autre.

— Puisses-tu être prophète ; mais je frémis de te voir t'engager ainsi seul dans des régions inconnues, au milieu de peuples dont tu ignores jusqu'au langage.

— En cela tu commets une erreur, mon ami,

parle, aussi bien au moins que ma langue maternelle, l'anglais, l'espagnol et le hollandais, sans compter quatre ou cinq dialectes indiens que j'ai appris de-ci de-là.

— Une chose qui m'étonne au plus haut point, c'est que tu aies pu apprendre seul tant de choses, au milieu des difficultés sans cesse renaissantes de la vie que tu as menée depuis ton enfance.

— C'est cependant bien simple : lorsque je fus embarqué, je savais un peu lire et écrire; naturellement studieux, j'ai étudié, et comme j'adore la lecture, j'ai beaucoup lu.

— C'est vrai, je me rappelle que toujours je te rencontrais dans tous les coins du bord un livre à la main dès que tu avais un instant à toi; mais maintenant, comment feras-tu pour lire?

— Et quel plus beau livre que celui écrit par Dieu lui-même dans les plaines, sur les montagnes, et jusque dans le moindre brin d'herbe, s'écria-t-il avec enthousiasme; crois-moi, ami, le livre sacré de la nature, nul ne se fatigue à en feuilleter les pages intéressantes, car toujours il y trouve une consolation, un espoir, ou un encouragement; mais rassure-toi, répondit-il plus doucement, j'ai avec moi deux livres qui, à mon avis, résument toutes les grandes pensées humaines, font l'homme meilleur et lui rendent le courage lorsqu'il se sent défaillir sous le poids de l'adversité; ces livres je les sais par cœur et cependant je les relis toujours.

Il retira alors de son habit deux volumes reliés en chagrin noir et dont l'un était fort compacte, et les posa sur la table.

Le capitaine s'en saisit avec curiosité et les ouvrit.

— Comment! s'écria-t-il en regardant son ami avec une expression de surprise inexprimable, l'*Imitation de Jésus-Christ* et *Montaigne!*

— Oui, l'*Imitation de Jésus-Christ* et *Montaigne*, c'est-à-dire l'expression la plus complète et en même temps la plus sincère, parce qu'elle est la plus vraie, du doute et de la croyance : la négation et l'affirmation, n'est-ce pas l'histoire de toute la philosophie humaine, depuis que Dieu a laissé tomber le monde de ses mains puissantes? avec ces deux livres et devant les yeux le magnifique spectacle de la nature tout autour de moi, n'ai-je pas à ma disposition la plus splendide des bibliothèques?

— Je ne sais que te répondre, mon ami, je me sens subjugué et entraîné malgré moi, je n'ose te donner raison et je ne me sens pas le courage de te dire que tu as tort; je te trouve grandi de cent coudées lorsque je t'entends parler ainsi; va! cherche l'inconnu, lui seul peut te comprendre; suis ta voie, tu es un de ces lutteurs que l'adversité épure et qui deviennent grands par la souffrance; tu faibliras souvent, sans doute, dans le combat de géant que tu te prépares à livrer, mais tu ne tomberas jamais; la mort elle-même ne te domptera point quand viendra ton heure suprême.

— D'autant plus que la mort n'est qu'une transformation nécessaire, une épuration de la matière brutale vaincue par l'intelligence divine. Mais, ajouta-t-il en souriant, il me semble, mon ami, que nous nous laissons entraîner là à des pensées bien graves et qui nous entraînent fort loin de notre sujet ; revenons-y donc, je te prie, d'autant plus que le temps se passe et que l'heure de notre séparation s'avance rapidement.

Un bruit de pas de chevaux se fit entendre au dehors, le capitaine se leva et courut à la fenêtre.

— Allons, bon, s'écria en riant le jeune homme, voilà que tu recommences tes mytérieuses promenades : explique-toi une fois pour toutes et finissons-en.

— Tu as raison, répondit-il en se rasseyant, il n'est pas besoin de tant de circonlocutions pour s'entendre entre amis dévoués. Voici le fait en deux mots.

— A la bonne heure.

— Si tu m'interromps, je ne dirai plus rien.

— Parle.

— Je voulais te prêter de l'argent, tu ne m'aurais pas refusé, n'est-ce pas, si tu en avais eu besoin ?

— Non, certes, mon ami, c'eût été une insulte à te faire.

— Merci ; mais tu es plus riche que moi, donc je retire ma proposition.

2.

— Tu sais que ce que je possède est à ta disposition.

— Parbleu! mais moi non plus je n'ai besoin de rien; seulement, comme je savais que ta résolution prise tu n'en changerais pas, et qu'ainsi notre séparation peut être éternelle, je voulais te laisser un souvenir qui te rappelât notre amitié en toutes circonstances.

— Brave cœur, dit le jeune homme avec émotion.

— Sais-tu ce que j'ai fait? je me suis chargé de ton équipement.

— Comment, de mon équipement, que veux-tu dire?

— Je veux dire que tu n'as rien à acheter pour ton voyage, tout est là, regarde.

Ils se levèrent, le capitaine commença aussitôt à ouvrir les paquets apportés, une heure auparavant, par les silencieux visiteurs qui avaient si fort étonné le jeune homme.

— Tiens, reprit le capitaine, voici un véritable rifle du Kentucki, la seule arme dont se servent les chasseurs; je l'ai essayé; voici un sac à balles, avec le moule pour en faire d'autres quand celles-là seront épuisées; la poire à poudre, elle est pleine; de plus, tu trouveras deux paquets de poudre à part; ceci est un nécessaire de voyage, avec cuillère, fourchette, timbale, couteau, que sais-je encore; ceci est une ceinture en cuir; voilà une gibecière, des guêtres en peau, des bottes molles, un manteau, quatre couvertures.

— Ah çà, mais tu t'es ruiné, mon pauvre ami.

— Laisse-moi donc tranquille, tu n'es pas au bout; puisque tu veux faire la vie sauvage, au moins faut-il que tu sois gréé en conséquence, répondit-il en riant; de plus, voici un couteau de chasse et une hachette, cela se place à la ceinture, je me suis informé; ah! ces pistolets, là aussi; en voici une paire pour placer aux arçons; ton sabre est là, j'ai choisi la forme droite, c'est la meilleure, la lame est excellente; la cavalerie américaine a adopté ce modèle. Quoi encore? Ah! cette valise, ni trop grande ni trop petite, tu trouveras dedans des chemises, du linge; enfin, quelques pipes; du tabac, des briquets et une douzaine de boîtes de conserve, un chasseur ne tue pas toujours le gibier qu'il tire. Je crois que c'est tout; non, j'oubliais, tu trouveras du papier, des plumes, de l'encre et des crayons dans la valise, et puis, le principal, voici ma montre, c'est un excellent chronomètre; il est bon de savoir l'heure de temps en temps.

— Pour cela, mon ami, tu me permettras de te refuser, cette montre t'est plus utile qu'à moi et...

— Et chaque fois que tu la regarderas, tu penseras à moi, qui ne serai plus là pour te dire : espère!

Les deux hommes tombèrent en sanglotant dans

les bras l'un de l'autre et demeurèrent longtemps embrassés.

Olivier était vaincu.

— J'accepte dit-il, avec des larmes dans la voix.

— Merci, tu es vraiment mon ami, s'écria joyeusement le capitaine ! Ah çà, maintenant, tu vas t'habiller pendant que je rangerai tout cela, je ne serai pas fâché de te voir en tenue de voyage.

— Je ne demande pas mieux que de te satisfaire, mais nous avons une dernière emplette à faire avant que de procéder à ma toilette.

— Laquelle donc ? je croyais n'avoir rien oublié, dit le capitaine d'un air sournois.

— Tu comprends bien, mon ami, que je ne vais pas porter tout cela sur mon dos, sans compter que j'aurais un faux air de Robinson Crusoé dans son île ; si fort et si vigoureux que je sois, je n'y résisterais pas deux heures.

— C'est juste. Alors ?

— Alors, nous allons acheter un cheval.

Le capitaine éclata de rire et se frotta joyeusement les mains.

— Viens ici, cher ami, dit-il.

— Où donc ?

— Là, à la fenêtre.

— Pourquoi faire ?

— Regarde.

Le jeune homme se pencha au dehors ; deux chevaux complétement harnachés et tenus en bride par un domestique de l'hôtel, étaient arrêtés devant la porte.

— Que penses-tu de ces bêtes-là? dit le capitaine.

— Elles sont fort belles, le noir surtout est magnifique, c'est un cheval des prairies, ce que les chasseurs nomment un mustang.

— Tu t'y connais, à ce qu'il paraît?

— J'en ai vu assez pour le savoir, cher ami, ce mustang paraît plein de feu, il doit être jeune encore, l'homme à qui il appartient est bien heureux, je voudrais en trouver un pareil.

— C'est facile.

— Pas autant que tu le crois, ces chevaux sont fort rares sur la côte et en général leurs maîtres ne se soucient point de s'en défaire.

— Allons, je suis heureux qu'il te plaise, il t'appartient.

— Comment, il serai vrai !

— Ma foi oui, je l'ai acheté pour toi, j'ai trouvé une occasion, je me suis hâté d'en profiter.

— Oh! c'est trop, Pierre, c'est trop, tu t'es ruiné.

— Es-tu fou de parler ainsi? Ah! je t'avertis que sous la selle j'ai fait placer une double poche dans laquelle tu trouveras quelques menus objets.

— Ah! c'est mal mon ami, tu veux me laisser des regrets.

— Eh non, ami, je te laisse des souvenirs; de

cette façon je suis bien certain que tu ne m'oublieras pas.

— Avais-je besoin de cela pour garder précieusement notre amitié dans mon cœur !

— Ah çà, tu sais que les affaires sont les affaires, comme on dit ici, je n'ai fait que les tiennes ce matin, il est temps que je songe aux miennes.

— Comment, c'est en moins d'une heure que tu as accompli tant de miracles ?

— J'ai mis les morceaux doubles; voyons, habille-toi.

— Je serai bientôt prêt; mais, dis-moi, il y a deux chevaux là devant la porte.

— Oui, le second est pour moi.

— Comment, pour toi ?

— Je ne veux pas te laisser partir ainsi sans te faire un petit bout de conduite, mon consignataire s'arrangera aujourd'hui comme il pourra, je m'en lave les mains.

Le jeune homme lui pressa silencieusement les mains, de grosses larmes coulaient de ses yeux, sa joie l'étouffait, il ne pouvait parler.

Il commença fiévreusement à revêtir son costume de voyage, son ami l'aidait complaisamment; en quelques minutes il fut habillé; le vêtement qu'il avait endossé lui allait à merveille, et le changeait complétement.

— Tu es superbe ! lui dit en riant le capitaine, tu as presque l'air d'un brigand calabrais.

Ils descendirent le capitaine solda le déjeûner et se mirent en selle.

— De quel côté tournons-nous? demanda le capitaine.

— Allons tout droit, répondit le jeune homme en souriant, tout chemin conduit à l'endroit où je me rends, puisque je ne vais nulle part.

— C'est juste, murmura le capitaine avec un soupir, c'est un voyage de circumnavigation terrestre.

Ils lâchèrent la bride à leurs chevaux et s'éloignèrent.

Ils allaient doucement côte à côte, causant entre eux cœur à cœur rappelant les souvenirs de leur vie passée, mais ne parlant plus du présent.

Au bout de deux heures à peu près de marche, le jeune homme s'arrêta.

— Séparons-nous ici, dit-il; puisqu'il nous faut nous quitter, mieux vaut maintenant que plus tard, d'ailleurs le soleil ne tardera pas à se coucher.

— Adieu, dit le capitaine d'une voix étouffée.

— Adieu, répondit Olivier.

Ils s'embrassèrent.

Le jeune homme piqua son cheval, fit quelques pas, puis revint au galop.

— Embrasse-moi encore, dit-il à son ami.

— Je t'attendais, répondit le capitaine.

Olivier repartit; arrivé à un endroit où la route faisait un coude, il se retourna.

— Adieu! cria-t-il en agitant son chapeau.
— Adieu! répondit le capitaine.

Le jeune homme disparut à l'angle de la route.

— Le reverrai-je jamais! murmura Pierre Durand en essuyant une larme.

Et il reprit tout pensif et à petits pas le chemin du port où il n'arriva qu'à la nuit noire.

III

**Où Samuel Dickson donne d'excellents
conseils à son frère.**

Le jour même où *le Patriote* laissait tomber son ancre dans la baie de Massachusets, une scène assez singulière se passait, entre sept et huit heures du matin, dans un charmant village nommé Northampton.

Ce village, qui probablement est aujourd'hui une ville florissante, est bâti dans une situation délicieuse sur la rive du Connecticut, à trente-six lieues environ de Boston, avec lequel il entretient des relations commerciales suivies.

Or, le jour dont nous parlons, une certaine animation, toute pacifique d'ailleurs, régnait dans ce bourg, si calme d'ordinaire.

Une foule composée d'hommes, de femmes, d'enfants, dont le nombre allait toujours croissant, comme une marée qui monte, se pressait avec une curiosité inquiète et sympathique autour de plusieurs chariots et charrettes, attelés de cinq et même six forts chevaux arrêtés devant la porte d'une maison construite en brique, la seule et conséquemment la principale auberge du village, et de quatre magnifiques chevaux de selle complétement harnachés et tenus par un nègre de vingt-cinq ans environ, à l'air intelligent, qui, le dos appuyé au mur, toutes les brides réunies dans la main gauche, fumait insoucieusement une pipe courte et aussi noire que lui-même, en regardant d'un air narquois les gens qui l'entouraient, ne répondant à leurs incessantes questions que par des haussements d'épaules ou des exclamations grotesquement modulées et tout aussi concluantes pour les indiscrets interrogateurs.

Toute cette foule, du reste, s'animait de plus en plus; elle criait, jurait, pérorait, gesticulait avec une vivacité extrême, sans parvenir à se mettre d'accord; par la raison toute simple que si chacun faisait des questions, personne ne songeait à y répondre.

Cependant le tumulte allait croissant, le rassemblement ou plutôt, pour être plus vrai, car ce n'était pas une émeute, bien au contraire, le meeting en plein vent prenait des proportions énormes, et, par l'agglomération continuelle de nouveaux arrivants, menaçait non-seulement d'encombrer l'unique rue du village, mais encore d'entraver complétement la circulation.

En ce moment, le trot d'un cheval se fit entendre à l'entrée de la rue; il s'opéra presqu'immédiatement un mouvement dans la foule, qui, avec cette faculté de compression que possèdent si bien les masses humaines, se serra à droite et à gauche en livrant un libre passage à un cavalier qu'elle saluait de ses acclamations sympathiques.

— Eh! Samuel Dickson! Le voilà! c'est bien lui, le digne homme, il arrive enfin! criait-on de toutes parts ils sont là heureusement; vous les verrez encore! puissiez-vous leur faire entendre raison.

Le personnage auquel s'adressaient ces interpellations était un homme entre deux âges, d'une physionomie avenante, aux traits fins et intelligents, vêtu comme l'étaient à cette époque les riches fermiers du pays, et paraissant, pour tous ces braves gens, être un gentleman d'une assez haute importance.

Il marchait alors au pas, avec précaution, retenant son cheval, afin de n'écraser personne, et répondait tant bien que mal en saluant et en souriant aux acclamations de la foule, assez embarrassé d'ailleurs de sa personne et ne comprenant rien à l'espèce d'ovation improvisée qui lui était faite.

Arrivé devant la porte de l'auberge, il s'arrêta et mit pied à terre; le nègre accourut à lui.

— Oh ! c'est vous, Massa, s'écria-t-il avec un rire joyeux.

Dickson le reconnut et lui jeta la bride de son cheval.

— Ah ! ah ! dit-il, tu es là Sandy ? répondit-il, alors les autres sont là dedans sans doute.

— Oui, Massa Samuel, ils y sont tous ?

— Bon, je vais les voir alors, car je viens exprès pour cela ; fais attention à mon cheval, il est un peu vif.

Puis, après avoir une dernière fois salué la foule, Samuel Dickson entra dans l'auberge dont il referma la porte derrière lui, laissant ainsi les curieux désappointés.

Dans une salle assez grande et assez confortablement meublée, six personnes, deux femmes et quatre hommes, étaient assises autour d'une table sur laquelle s'étalait un plantureux déjeuner, auquel les convives faisaient honneur avec un appétit remarquable et un entrain qui témoignaient d'une entière liberté d'esprit.

Sur des escabeaux appuyés aux murs de la salle, une vingtaine d'individus, parmi lesquels se trouvaient deux femmes de couleur, assez jeunes encore, étaient assis et mangeaient dans des écuelles de bois placées sur leurs genoux.

Les six personnes réunies autour de la table étaient tous les membres de la même famille, le père, la mère, la fille et trois garçons.

Les gens humblement assis sur les escabeaux étaient leurs serviteurs et engagés.

Joshua Dickson, le chef de la famille, était un homme de cinquante-cinq ans au moins, bien qu'il n'en parût à peine que quarante; ses traits rudes et énergiques respiraient la franchise et la bonne humeur; haut de six pieds, taillé en Hercule, il offrait le type complet dans sa personne de ces hardis pionniers qui ont défriché les forêts vierges du Nouveau-Monde, refoulé les Indiens et fondé dans les déserts, des établissements qui plus tard sont devenus des centres de populations florissants.

Ses fils se nommaient Harry, Sam, diminutif de Samuel, et Jack.

Harry avait près de trente ans, Sam, vingt-huit et Jack vingt-six; par suite d'un hasard singulier ils se trouvaient ainsi à deux ans de distance les uns des autres.

Ces trois jeunes Hercules, taillés sur le patron de leur père aux formes musculeuses, aux traits intelligents et aux regards intrépides, semblaient pour ainsi dire respirer la force, l'insouciance et la témérité par tous les pores.

C'étaient bien des Américains pur sang, sans souci du présent sans regret du passé et possédant une foi à toute épreuve dans l'avenir.

Suzanne Dickson, la mère de cette magnifique portée de géants, était une femme de cinquante ans environ, petite, mignonne, vive, alerte, remuante, aux traits fins et délicats, à la physionomie douce et qui sans contredit paraissait beaucoup moins âgée qu'elle ne l'était en réalité, grâce à la fraîcheur de son teint et à l'éclat peu commun de ses yeux : elle avait dû être d'une rare beauté dans sa jeunesse.

Diana Dickson, l'enfant de sa vieillesse, ainsi qu'elle se plaisait souvent à la nommer, avait seize ans à peine, c'était l'idole de la famille, l'ange gardien du foyer; son père et ses frères avaient pour elle une adoration qui ressemblait à un culte.

C'était merveille de voir ces rudes natures se plier aux moindres caprices de cette enfant si frêle et obéir, sans se permettre le moindre murmure, à ses désirs les plus fantasques.

Diana était une charmante brune, aux yeux bleus et rêveurs, mince et flexible comme un roseau; elle était pâle; une profonde mélancolie assombrissait son visage et donnait à sa physionomie cette expression angélique qui ne se retrouve que dans quelques-unes des madones du Titien. Cette tristesse, sur le compte de laquelle elle refusait obstinément de s'expliquer, ne s'était que depuis quelques jours seulement emparé d'elle et inquiétait vivement sa famille. A toutes les questions qu'on lui adressait et à sa mère elle-même, qui plusieurs fois avait essayé de lui faire avouer la cause de ce chagrin subit et sans motif apparent, elle s'était constamment contentée de répondre en essayant de sourire :

— Ce n'est rien, un malaise, je crois; cela se passera.

Aussi, devant une volonté si nettement exprimée, avait-on cessé de l'interroger, bien que chacun se sentît intérieurement froissé de ce manque de confiance. Mais comme, en somme, Diana était littéralement l'enfant gâté de la famille, personne ne se sentait le courage de lui garder rancune de son obstination. C'était leur faute, aussi; pourquoi avaient-ils accoutumé ainsi la jeune fille à ne faire que sa volonté; maintenant il était trop tard pour la courber à l'obéissance passive; ils étaient contraints de courber la tête et d'attendre qu'il lui plût de s'expliquer.

L'entrée de l'étranger dans la salle où les émigrants étaient occupés à déjeuner, en hommes qui comprennent toute la valeur du temps, causa une certaine émotion parmi eux; ils cessèrent de manger et se parlèrent à voix basse en jetant des regards à la dérobée sur le nouveau venu qui, appuyé nonchalamment sur son fouet, les considérait en souriant d'un air légèrement railleur.

Enfin, le chef de la famille se décida à se lever et à s'approcher de l'étranger auquel il tendit la main, en lui disant d'un ton qu'il cherchait à rendre joyeux et qui n'était que contraint.

— *By god!* frère Samuel, voilà une charmante surprise; j'avoue que je ne comptais pas vous voir. Je suppose que vous n'avez pas déjeuné; s'il vous plaît de faire comme nous, prenez place là auprès de mistress Dickson.

— Merci, répondit l'étranger en refusant d'un geste, je n'ai pas faim.

— Alors c'est autre chose; vous permettez que je continue mon repas.

— Faites.

L'émigrant reprit aussitôt sa place à table.

— Ah çà, mon frère, dit Samuel au bout d'un instant, savez-vous que pour un homme de votre âge vous avez pris là une bien singulière résolution.

— Pourquoi donc, mon frère? répondit l'autre, la bouche pleine, je ne trouve pas cela, moi.

— Vous, c'est possible, et où allez-vous, s'il vous plaît?

— Dans le Nord, du côté des grands lacs.

— Comment! du côté des grands lacs? s'écria Samuel avec surprise.

— Oui, on dit qu'il y a par là beaucoup de bonnes terres qui n'appartiennent à personne, nous les défricherons, avec les enfants.

— Et qui diable vous a fourré cette sotte idée dans la tête et vous a décidé à aller par là?

— Personne. C'est le plus beau pays du monde je vous le répète : des forêts magnifiques, de l'eau tant qu'on en veut, un climat un peu froid, c'est vrai, mais délicieux, un sol fécond, et, je vous le répète, de la terre à foison.

— Ah ! et avez-vous déjà été dans ce délicieux pays ?

— Non, pas encore, mais c'est tout comme, voyez-vous, mon frère, je sais ce qu'il est.

— Vous savez ce qu'il est vraiment, Joshua, eh bien ! croyez-moi, prenez garde aux criques.

— Il n'y a pas de danger, répondit l'émigrant en haussant légèrement les épaules et prenant l'observation à la lettre, est-ce qu'il n'y a pas des ponts sur tous les cours d'eau.

— A merveille ! s'écria en riant Samuel, agissez à votre fantaisie, mon frère ; mais veuillez, je vous prie, me dire ce que vous avez fait de votre propriété du Sud ; vous l'habitiez encore, il me semble, la dernière fois que j'ai eu de vos nouvelles, il y a cinq ans, n'est-il pas vrai ?

— Bah ! j'ai vendu cette propriété, mon frère.

— Tout entière ?

— Ma foi, oui, il ne m'en reste pas un pouce ; j'ai vendu mes esclaves, ne conservant avec moi, en qualité de domestiques libres, que ceux qui ont consenti à me suivre, et j'ai emmené avec moi tout ce qui pouvait voyager, vous le voyez : ma femme, mes fils, ma fille, mon mobilier, mes chevaux ; enfin nous sommes au grand complet.

— Si cela ne vous contrarie pas, veuillez, je vous prie, mon frère, répondre à une question.

— Tout à vos ordres, mon frère.

— Est-ce que vous ne vous trouviez pas bien, là où vous étiez ?

— Je me trouvais fort bien, mon frère.

— Est-ce que les terres étaient mauvaises ?

— Mauvaises ? elles étaient excellentes, au contraire.

— Alors, c'est que vous ne trouviez pas à vous défaire avantageusement de vos produits.

— Vous voulez rire, sans doute, Samuel, je les vendais dans les conditions les plus avantageuses.

— S'il en est ainsi, que vous manquait-il donc ?

— Rien.

— Mais alors, s'écria Samuel Dickson, avec une certaine animation, au nom du diable, mon frère, quel mauvais génie vous pousse donc à chercher un nouveau pays qui ne vous offre que des animaux féroces, des Indiens sauvages plus féroces encore, et un climat affreux, quoi que vous en disiez.

Le hasardeux aventurier, complétement *déferré* par cet argument serré, se grattait la tête avec fureur et semblait chercher une réponse un peu logique qu'il ne parvenait pas à tirer de son cerveau, lorsque sa femme vint heureusement pour lui à son secours.

— Mon Dieu, mon frère, dit-elle d'un ton moitié sérieux, moitié plaisant, à quoi bon chercher des raisons qui n'existent pas ; c'est pur amour du changement, pas autre chose ; ne le savez-vous pas aussi bien que nous, toute notre vie nous avons été comme cela, courant sans cesse d'un lieu à un autre sans nous fixer jamais. Dès que nous sommes confortablement établis quelque part, nous trouvons que c'est le moment de nous en aller.

— Oui, oui, reprit Samuel Dickson, je connais l'humeur vagabonde de mon frère; mais vous, ma sœur, pourquoi, lorsque ces lubies le prennent, ne pas interposer votre autorité?

— Ah! mon frère, répliqua en soupirant mistress Dickson, vous ne savez pas ce que c'est que d'être mariée à un coureur éternel comme Joshua.

— Bon, fit en riant l'émigrant, bien répondu, mistress Suzanne.

— Mais enfin, que ferez vous, si vous ne trouvez pas du côté des grands lacs, suivant votre propre expression, le charmant pays que vous cherchez?

— Bah! cela ne m'inquiète guère, je m'embarquerai sur un des nombreux fleuves de la contrée et je le remonterai.

— Mais où débarquerez-vous, alors?

— Je l'ignore, puisque je ne suis jamais allé de ce côté, mais peu importe, je suis sûr de trouver partout de quoi m'établir.

Samuel Dickson regarda son frère avec une expression d'étonnement qui tenait de la stupéfaction.

— Ainsi, votre parti est complétement pris?

— Complétement, mon frère.

— Il est donc inutile d'insister davantage sur ce sujet?

— Je le crois.

— Seulement, permettez-moi une chose :

— Laquelle, mon frère ?

— Vous savez que mon habitation est à quelques lieues d'ici seulement.

— Je le sais, oui, mon frère.

— Comme il est probable que nous ne nous reverrons plus, en ce monde du moins, promettez-moi d'y venir passer quatre ou cinq jours.

— Ceci est impossible, mon frère, malgré tout le plaisir que j'éprouverais à vivre quelque temps avec vous ; mais il me faudrait retourner sur mes pas, ce que je ne puis faire ; ce dérangement dans mon itinéraire me causerait non-seulement une perte de temps considérable, mais encore une perte d'argent.

— Comment cela ?

— Oui ; vous allez me comprendre, je veux arriver là-bas pour la saison des semailles.

Samuel Dickson fit quelques pas de long en large dans la salle d'un air de mauvaise humeur ; parfois il regardait à la dérobée sa nièce qui, depuis son arrivée, n'avait pas cessé de fixer les yeux sur lui avec une expression singulière.

Le fermier grommelait entre ses dents des paroles inintelligibles en frappant avec force à chaque pas son fouet contre le plancher ; la jeune fille joignit les mains, ses yeux se remplirent de larmes. Tout à coup Samuel Dickson parut prendre une résolution définitive, il revint brusquement vers son frère et lui frappant rudement sur l'épaule :

— Ecoutez, Joshua, lui dit-il, il est évident pour moi que vous êtes tous fous à lier et que moi seul dans la famille ai du bon sens; que Dieu vous bénisse! jamais idée plus biscornue que la vôtre ne s'est logée dans le cerveau d'un honnête homme; vous ne voulez pas venir chez moi, soit : je ne vous demande plus qu'une chose, mais celle-là, je vous avertis que si vous me la refusez, je ne vous pardonnerai de ma vie.

— Parlez, mon frère, vous savez combien je vous aime.

— Je sais du moins que vous le dites; mais revenons à notre affaire, je ne veux pas que vous partiez avant de m'avoir revu.

— Comment, mon frère, avant de vous avoir revu?

— Les affaires sont les affaires, il faut que je retourne à l'instant chez moi; il n'y a que six ou sept lieues, je suppose que je serai bientôt arrivé.

— Mais quand reviendrez-vous?

— Je calcule que je serai ici demain ou après demain au plus tard.

— C'est bien long, mon frère.

— Je ne dis pas le contraire, mais comme il est probable que le pays dans lequel vous vous rendez ne changera pas de place, il est à supposer que vous le trouverez toujours, soit un peu plus tôt, soit un peu plus tard ; d'ailleurs, il est important que vous m'attendiez, je vous le répète; voyons, est-ce entendu?

— Il le faut bien, puisque vous l'exigez mon frère; partez donc, vous avez ma parole, je vous attendrai jusqu'à après-demain sept heures du matin, mais pas plus tard.

— C'est plus qu'il ne m'en faut pour terminer ce que je veux faire. Allons, au revoir.

Et après avoir échangé un sourire avec sa nièce dont le visage était subitement devenu radieux; le fermier prit congé sans plus de cérémonie et sortit de la salle.

Dès qu'il apparut dans la rue, la foule qui s'était encore accrue depuis son arrivée, l'interpella de tous les côtés à la fois en le saluant de joyeux hurrahs!

Samuel Dickson s'ouvrit passage d'un air bourru, sans répondre autrement que par des interjections de mauvaise humeur aux questions qu'on lui adressait, reprit son cheval des mains du nègre, se mit en selle et s'éloigna.

— Nous ne pouvions refuser, n'est-ce pas, mistress Suzanne? dit l'émigrant à sa femme après le départ du fermier.

— Ce n'aurait pas été convenable, répondit-elle ; Samuel est votre frère, après tout.

— Et c'est notre seul parent, ajouta la jeune fille d'une voix timide.

— Diana a raison, c'est notre seul parent; allons, enfants, ajouta l'aventurier, dételons les animaux et rangeons les voitures, nous coucherons ici.

A la grande surprise de la foule, qui stationnait dans la rue avec cet entêtement particulier aux masses oisives, les chevaux des émigrants furent dételés, les animaux rentrés, et les waggons remisés, sans que les curieux pussent, malgré leurs efforts obtenir aucuns renseignements sur les causes qui motivaient cette mesure de la part des émigrants.

Le surlendemain, un peu après le lever du soleil, Joshua Dickson, levé avec le jour, surveillait dans les écuries la distribution de graines et fourrages faite par ses fils et ses domestiques aux chevaux, lorsqu'un bruit soudain s'éleva dans la rue, semblable au roulement de plusieurs voitures, et trois ou quatre coups vigoureusement frappés résonnèrent contre la porte de l'espèce d'hôtel où l'émigrant était logé.

Celui-ci, curieux comme le sont généralement tous les Américains, se hâta de quitter l'écurie et de se rendre dans la grande salle.

Quel fut son étonnement de se trouver subitement en présence de Samuel Dickson, son frère; c'était le brave fermier qui avait causé tout ce tapage et à qui le maître de l'hôtel encore à demi endormi venait d'ouvrir la porte.

— Eh quoi! ne put s'empêcher de dire Joshua en l'apercevant, c'est vous, mon frère?

— By god! et qui donc, s'il vous plaît, répondit en riant le fermier, est-ce que vous êtes contrarié de me revoir?

— Moi, bien au contraire, mais je ne vous attendais pas si tôt.

— Je le suppose, mais j'ai calculé que si je ne me pressais pas, je courrais le risque de ne plus vous rencontrer, et j'ai préféré arriver un peu en avance.

— Charmante idée que vous avez eue là, mon frère, dit mistress Dickson, qui entrait en ce moment.

— N'est-ce pas, ma sœur? d'ailleurs, je savais ajouta-t-il avec un sourire railleur, combien mon frère est pressé d'arriver dans cette fameuse plantation qu'il cherche, et je n'ai pas voulu le faire attendre.

— Parfaitement raisonné, dit Joshua, vous êtes homme de parole, mon frère.

— On me l'a toujours dit, reprit-il.

— Maintenant, je vous écoute. Quelle est cette chose importante dont vous avez à m'entretenir?

— C'est juste, répondit-il, en l'entraînant vers la porte, venez un peu par ici.

Joshua le suivit, et ils se trouvèrent bientôt dans la rue encombrée par quatre ou cinq waggons chargés, attelés de vigoureux chevaux et entourés par une douzaine de domestiques.

— Eh bien! demanda Joshua, en se tournant vers son frère.

— Regardez, que voyez-vous?

— Dame, ce que vous voyez vous-même, des waggons, des chevaux et des engagés.

— Fort bien : savez-vous ce que cela signifie?

— Je ne vous comprends pas!

— Cela signifie, continua impassiblement le fermier, que puisque mes observations ont été inutiles, que vous vous êtes obstiné dans votre folie, j'ai cru, moi votre aîné, qu'il était de mon devoir de ne pas vous abandonner dans la voie absurde dans laquelle vous vous engagiez, j'ai tout vendu et réalisé ce que j'avais, et me voilà : je vous accompagne.

— Vous avez fait cela! mon frère, s'écria Joshua dont les yeux étaient humides.

— N'êtes-vous pas mon seul parent; où vous irez j'irai; mais, je vous le répète, vous et moi nous sommes deux fous; moi plus que vous peut-être; comme toujours, j'ai raisonné juste, et j'ai agi comme un enfant.

L'oncle Samuel était adoré de toute la famille; la joie fut grande quand on connut sa détermination, Diana surtout rayonnait.

— Oh! mon bon oncle, s'écria-t-elle en se jetant toute en larmes dans ses bras, c'est pour moi que vous avez fait cela?

Le fermier l'embrassa et se penchant à son oreille :

— Chut! dit-il, supposez-vous donc que je vous aurais abandonné ainsi ma nièce?

Deux heures plus tard, la caravane, augmentée de moitié, se mettait en route et se dirigeait définitivement vers le Nord.

IV

D'un homme qui trempait des biscuits dans l'eau, et mangeait des sardines en chantant la MARSEILLAISE.

On avait atteint les premiers jours du mois d'octobre; plusieurs gelées assez fortes avaient délivré les contrées dans lesquelles nous transporterons notre action, des moustiques et des maringouins qui, pendant la saison chaude, pullulent par myriades innombrables aux abords de tous les cours d'eaux et sous l'épaisse ramure des forêts vierges et sont un des plus terribles fléaux de ces pays.

Quelques minutes à peine après le lever du soleil, un voyageur monté sur un magnifique cheval noir et revêtu du costume des coureurs des bois, ce qui au premier coup d'œil dénonçait son origine blanche, émergea au petit pas d'une haute futaie et déboucha dans une vaste prairie, alors presque ignorée des trappeurs eux-mêmes, ces hardis explorateurs du désert, et qui est située non loin des montagnes rocheuses, en pleine terre indienne et à huit cents milles au moins du plus proche défrichement de squatters et de planteurs américains.

Ce voyageur était Olivier. Ainsi que le voit le lecteur, notre héros avait franchi une longue distance, depuis le jour où pour la première fois il avait mis les pieds en Amérique et débarqué à Boston.

Deux mois à peine s'étaient écoulés depuis lors; et, ainsi qu'il l'avait résolu, marchant toujours devant lui en se dirigeant opiniâtrément vers le Nord, il avait successivement traversé toutes les provinces de la jeune république américaine, ne s'arrêtant que le temps indispensable pour ménager ses forces et celles de son cheval, puis il avait passé la frontière des établissements et s'était enfoncé dans le désert.

Heureux alors, car pour la première fois il se sentit réellement libre et débarrassé pour toujours, il le croyait du moins, des entraves pesantes que la civilisation, dans son égoïsme étroit et despotique, impose à ses enfants.

Olivier avait aussitôt commencé son apprentissage de chasseur; rude apprentissage, celui-là, et devant les difficultés duquel ont souvent reculé les organisations les plus énergiquement trempées; mais Olivier n'était pas un homme ordinaire; il était jeune, d'une vigueur et d'une adresse peu

communes ; de plus, il possédait cette volonté de fer
que rien n'arrête et qui fait accomplir les grandes
choses, un courage de lion que nul danger ne pouvait surprendre, et un orgueil indomptable qui le
poussait à se considérer comme l'égal de tous les
êtres de son espèce et par conséquent à ne rien
trouver d'impossible, non-seulement dans ce que
d'autres avaient fait avant lui, mais encore dans
ce que le hasard lui réserverait d'accomplir lui-
même dans des circonstances extraordinaires ; et
puis, comme on dit vulgairement, le hautain jeune
homme avait brûlé ses vaisseaux et il serait mort
plus tôt que de rentrer dans la société sans avoir
accompli scrupuleusement la tâche ardue qu'il
s'était volontairement imposée.

Pendant ces deux mois, il lui était arrivé de
nombreuses aventures ; déjà il avait soutenu bien
des luttes, bravé bien des dangers, dont le moindre
aurait fait frissonner de terreur l'homme le plus
brave ; périls de toutes sortes venant des hommes,
des animaux et de la nature elle-même.

Sorti vainqueur de tous ces combats, son audace
s'était accrue, son énergie avait doublé. Son
apprentissage de la vie du désert était fini, et maintenant il se regardait avec raison comme étant un
véritable coureur des bois, c'est-à-dire un homme
que les péripéties les plus étranges, les catastro-
phes les plus épouvantables ne sauraient surprendre
et faire reculer d'un pouce, et que les scènes majes-

tueuses de la nature avaient seules le privilége d'émouvoir.

Nous avons dit que le jeune homme s'était arrêté sur la lisière de la haute futaie dont il avait émergé, afin de contempler tout à son aise le magnifique paysage qui soudain s'était offert à ses yeux.

Devant lui s'étendait une haute vallée coupée transversalement par deux rivières assez larges qui, après avoir pendant un parcours de plusieurs lieues, coulé parallèlement, finissaient par se rejoindre et allaient se jeter dans le Missouri dont la large nappe d'argent formait une ligne blanche et vaporeuse à l'extrême limite de l'horizon; sur un promontoire qui s'avançait jusqu'au milieu de la première rivière, était un superbe bosquet de palmiers et de lauriers ou magnolias; ceux-ci, dont la tête pyramidale formait un cône parfait, relevaient par la verdure lustrée de leurs feuilles l'éclatante blancheur des fleurs dont, malgré la saison, ils étaient encore couverts; la grandeur de ces belles fleurs était telle que, bien qu'il fût éloigné de plus d'un mille, Olivier les distinguait facilement.

Ces magnolias d'une forme irréprochable avaient la plupart au moins cent pieds de haut; beaucoup d'entre eux avaient même davantage.

A droite se trouvait un bois de peupliers, envahi par les vignes sauvages, d'une grosseur énorme, entrelacées autour des troncs; elles montaient jusqu'au sommet, puis redescendaient le long des branches, passant d'un arbre à l'autre, se mêlant et s'enchevêtrant avec la grande mousse ou *barbe d'espagnol*, espèces de lianes suspendues à tous les arbres qu'elles réunissaient par des guirlandes en garnissant de festons les intervalles de leurs branches ; formant avec les feuilles de la vigne le plus délicieux contraste.

Le jeune homme ne se lassait pas d'admirer ce charmant spectacle auquel il était loin d'être encore habitué, lorsqu'il lui sembla apercevoir une légère colonne de fumée presque imperceptible s'échapper du bosquet de magnolias et monter en spirales vers le ciel.

Que signifiait cette fumée ? Telle fut la question qu'il s'adressa tout d'abord.

La vue d'un feu dénonce toujours la présence d'êtres humains. Or, sur dix rencontres de cette espèce, on a neuf fois la chance de se trouver en face d'ennemis.

Il est honteux de le dire, mais cela est rigoureusement vrai, le plus cruel ennemi de l'homme au désert, son plus redoutable adversaire, c'est son semblable. Pour quelle raison ? c'est ce qu'il nous serait impossible d'expliquer. Nous nous bornons à constater le fait, sans chercher à l'approfondir.

La vue de cette fumée ne causa aucune émotion à notre aventurier, il se borna, par précaution, à s'assurer que ses armes étaient en état, puis il entra dans la vallée et piqua droit vers le bosquet de magnolias; du reste, un étroit sentier tracé dans les hautes herbes y conduisait presque directement, il n'eut donc qu'à le suivre ; ce qu'il fit avec la plus complète insouciance.

D'ailleurs, amis ou ennemis, il n'était pas fâché de voir des hommes ; depuis plus d'une semaine, blancs, métis ou Indiens, il n'avait rencontré personne, et, malgré lui, cette solitude complète dans laquelle il se trouvait commençait intérieurement à lui peser, bien qu'il ne voulût pas en convenir.

Il avait parcouru à peu près les deux tiers de la distance qui le séparait du bosquet et n'en était plus éloigné que d'une portée de pistolet au plus, lorsqu'il s'arrêta subitement, en proie à une agitation étrange.

Une voix grave, étendue et harmonieusement timbrée s'élançait du milieu des arbres, chantant avec un accent irréprochable des paroles françaises ; ces paroles arrivèrent bientôt claires et distinctes à son oreille ; la surprise du jeune homme devint de la stupeur lorsqu'il reconnut la *Marseillaise*. Cette œuvre magistrale, chantée ainsi en plein désert par un être invisible, acquérait, par le contraste de la nature grandiose au milieu de laquelle elle était exécutée, des effets mélodiques d'une puissance surhumaine, et, répétée par les échos de la savane sur des tons, plus bas et plus graves elle formait un concert d'une harmonie saisissante.

Malgré lui, Olivier sentit ses yeux se mouiller de

larmes; il appuya sa main sur sa poitrine pour comprimer les battements précipités de son cœur; en une seconde, toute son existence passée revint à sa mémoire; il revit la France qu'il avait peut-être abandonnée pour toujours, et comprit combien est fort dans le cœur de l'homme même le plus sceptique le sentiment de la patrie.

Emporté par une émotion à laquelle il n'essayait pas de résister, tant il y trouvait de charme et de douceur, il continua à s'avancer doucement et pénétra dans le bosquet, juste au moment où le chanteur entamait ce couplet, le plus beau peut-être de cette épopée sublime.

> Nous entrerons dans la carrière
> Quand nos aînés n'y seront plus
> Nous y trouverons leur poussière
> Et les traces de leurs vertus, etc.

Il écarta les branches qui lui barraient le passage et se trouva subitement face à face avec un jeune homme, qui, assis sur l'herbe au bord de la rivière auprès d'un feu assez vif, trempait philosophiquement d'une main un biscuit dans l'eau, tandis que de l'autre, armée d'un couteau, il puisait dans une boîte en fer-blanc presque pleine de sardines placée à terre devant lui.

En apercevant l'aventurier, l'inconnu interrompit l'hymne patriotique, et, le saluant d'un signe de tête amical :

— Soyez le bienvenu à mon foyer, compagnon, lui dit-il en français avec un gai sourire ; si vous avez faim, mangez ; si vous avez froid, chauffez-vous.

— J'accepte avec joie votre offre hospitalière, répondit Olivier d'un ton de bonne humeur, en mettant pied à terre, et enlevant la bride à son cheval, qu'il entrava auprès de celui de l'inconnu.

Il s'assit alors auprès du feu et, ouvrant ses alforjas, il partagea fraternellement ses provisions avec sa nouvelle connaissance, qui accepta franchement et sans se faire prier cette augmentation de victuailles à son ordinaire plus que modeste.

L'inconnu était un grand gaillard de près de six pieds de haut, bien découplé et vigoureusement charpenté ; sa peau d'une teinte un peu bistrée dénotait une altération du type primitif, croisement de race auquel les Américains donnent le nom significatif de *bois brûlé*, sous lequel sont généralement connus tous les métis de blancs et d'Indiens peaux-rouges.

Les traits de ce jeune homme, car il était à peu près du même âge que notre héros et même peut-être un peu plus jeune que lui, étaient intelligents et sympathiques, ses yeux gris, vifs et toujours en mouvement, avaient le regard franc ; son front découvert, ombragé par une forêt de cheveux châtains clairs, son nez un peu fort, sa bouche grande, meublée de dents magnifiques, sa barbe blonde et bien fournie, lui complétaient une physionomie qui n'avait rien de vulgaire.

Son costume était celui des chasseurs et des trappeurs des hautes latitudes du Nord, mitasses de peau de daim, veste de même, sur laquelle était jetée une blouse de toile bleue enjolivée d'agréments en fils blancs et rouges, un bonnet en fourrure de castor et des mocksens indiens, montant presqu'au genou ; puis dans sa ceinture, faite d'une peau de serpent à sonnette, un long couteau, nommé langue de bœuf, une hache, une poire à poudre en corne de bison, un sac à balles et une pipe en terre rouge à tuyau en bois de cerisier ; tel était l'accoutrement complet de ce singulier personnage si étrangement rencontré par Olivier. A portée de sa main, sur l'herbe, se trouvait un rifle kentuckien et une gibecière en parchemin destinée sans doute à renfermer ses provisions.

— Ma foi ! dit l'aventurier lorsque son appétit commença à se calmer, je bénis le hasard qui m'a fait vous rencontrer ainsi à l'improviste, compagnon.

— Moi, de même et de tout cœur, de tels hasards sont bien rares au désert.

— Oui, malheureusement.

— Me permettez-vous de vous adresser une question ?

— Pardieu, cent ! si cela vous plaît, à charge de revanche, par exemple.

— Je ne demande pas mieux.

— Eh bien! c'est convenu, allez, voyons la question.

— Comment se fait-il qu'en m'apercevant vous m'ayez ainsi tout de suite parlé en français.

— Cela vous étonne?

— Ma foi oui, j'en conviens.

— C'est cependant bien simple : d'abord tous les coureurs des bois, trappeurs, chasseurs ou partisans qui courent le désert, sont Français ou du moins, sur cent, il y en a au moins quatre vingt-quinze.

— Ainsi, vous êtes Français?

— Pardieu! et Normand encore; mon grand-père était de Domfront; vous savez le proverbe : Domfront, ville de malheur : arrivé à midi, pendu à une heure, fit-il en riant.

— Moi aussi je suis Français.

— Oui, Français d'Europe.

— Bon, voilà que je ne comprends plus maintenant.

— Mon grand-père, comme je vous l'ai dit, était Normand.

— De Domfront, oui.

— C'est cela; mon père est né au Canada et moi aussi; je suis donc Français d'Amérique; voilà la seule différence. C'est égal, allez! nous aimons bien notre patrie de l'autre côté de l'eau; tout ce qui nous vient d'elle est reçu à bras ouverts par nous autres, pauvres exilés; il y a de braves cœurs au Canada, si nos pays de la vieille France nous connaissaient, ils ne se montreraient pas aussi ingrats et aussi dédaigneux envers nous, qui n'avons rien fait pourtant pour être abandonnés avec tant d'ingratitude.

— C'est vrai, dit Olivier devenu pensif, la France a été bien coupable envers vous, qui avez si loyalement versé des torrents de sang pour elle.

— Bah ! reprit en riant le Canadien, sans compter que nous serions prêts à recommencer si elle le voulait ; est-ce que la France n'est pas notre mère ? et à leur mère les enfants ne gardent jamais rancune. Les Anglais ont été bien attrapés, allez, quand on leur a donné le pays ; les trois quarts de la population a plié bagage et les a plantés là ; ceux qui ont été contraints de demeurer dans les villes se sont obstinés à ne parler que français, obligeant ainsi leurs oppresseurs à se tordre la bouche pour apprendre leur langue ; ils se sont toujours gouvernés par leurs vieilles lois françaises, et, bon gré malgré, les Anglais ont été contraint, en enrageant d'y consentir. Dame ! tout cela c'est de bonne guerre, n'est-ce pas ? Voyez-vous, camarade, c'est la revanche du vaincu contre le vainqueur, il est nominalement notre maître ; mais, en réalité, nous sommes libres et toujours Français quand même.

— Bravo ! je suis heureux de vous entendre parler ainsi, compagnon, c'est une grande nation celle qui laisse de si profonds souvenirs dans le cœur des enfants quelle a méconnus et abandonnés.

— Ajoutez que le peuple canadien est un brave peuple et vous aurez tout dit.

— Bravo et de grand cœur, car en vérité c'est mon opinion, mon cher compatriote.

— Merci ! répondit le Canadien en lui serrant chaleureusement la main, vous me faites plaisir en me parlant ainsi.

— Ah çà ! maintenant que nous nous sommes reconnus pour compatriotes, pourquoi ne ferions-nous pas une plus intime connaissance.

— Pour ma part, je ne demande pas mieux ; si vous le voulez, je vous conterai mon histoire, ce ne sera pas long.

— Après un bon repas, rien n'est bon comme une pipe et une bonne histoire.

— Alors, écoutez, je commence.

— Allez, je suis tout oreilles.

— Mon père, François Berger, était encore au maillot lors de l'abandon définitif du Canada, en 1758, par les Français, abandon, bien entendu, pour lequel on se garda bien de consulter la population de la nouvelle France, car je ne crains pas de trop m'avancer en affirmant quelle aurait refusé net d'y consentir ; mon père donc était trop jeune alors pour avoir connaissance de ce qui se passait, mais son père le lui a raconté si souvent dans les plus grands détails, qu'il a pu me le redire sans rien omettre ; mais comme probablement vous savez toute cette affaire, et mieux que moi peut-être, je me bornerai à vous conter seulement ce qui se rapporte à ma famille.

— Oui, cela vaudra mieux, d'autant plus que la politique ne m'agrée guère, et à vous ?

— A moi ? c'est ma bête noire. Donc une certaine après-dîner, mon grand père Berger, absent depuis sept ou huit jours de sa demeure, située dans la basse ville à Québec, rentra chez lui en compagnie d'un Indien de haute mine, revêtu de son grand costume de guerre ; la première chose qu'il aperçut en ouvrant la porte, ce fut ma grand'mère placée comme pour le défendre devant le berceau de son enfant, qui poussait des cris horribles, les bras élevés au-dessus de sa tête et menaçant un soldat anglais d'un lourd chenet en fer qu'elle tenait à la main ; c'est que ma grand mère était une brave et courageuse femme, qui ne se laissait pas intimider facilement, une vraie fille de Caudebec, quoi ! belle, avenante et bonne au possible, adorée de son mari et respectée comme une sainte qu'elle était, par tous ceux qui la connaissaient ; il paraît que cet Anglais, en passant devant la porte entr'ouverte, avait aperçu ma grand'mère occupée à allaiter son enfant ; les Anglais se considéraient comme nos vainqueurs ; l'idée vint à celui-ci d'entrer dans la maison et de faire l'aimable avec la jolie personne que le hasard lui avait fait apercevoir ; mal lui prit de cette velléité amoureuse, comme vous allez voir ; mon grand-père était un ancien soldat de Duquesne de Menneville, de Contrecœur, de Jumonville et de Villiers; il était peu patient de sa nature, et avait surtout, comme on dit, la tête près du bonnet. Sans demander d'explication, il saisit l'Anglais à la ceinture, le souleva dans ses bras nerveux, et après l'avoir, pendant une minute ou deux, balancé au-dessus de sa tête, il le jeta à la volée par la fenêtre ; et cela si heureusement ou si malheureusement, comme vous voudrez, que le pauvre diable ne se releva pas ; il l'avait tué raide. Après cette exécution sommaire, mon grand-père embrassa sa femme et lui demanda de ses nouvelles, comme si rien ne s'était passé d'extraordinaire.

— Diable! savez-vous que votre grand-père était un gaillard.

— Oui, il était assez solide ; ce n'est pas étonnant, il avait du sang indien dans les veines.

— Lui ? vous m'aviez dit qu'il était de Domfront.

— N'empêche; son père à lui, venu en Amérique avec un parent des Coulon de Villiers, dont il était tenancier, s'était marié au Canada; après la mort ou la disparition, je n'ai jamais su au juste lequel, de son maître, mon aïeul était retourné en Normandie avec sa femme, même qu'elle y mourut, la pauvre créature ; elle ne pouvait s'habituer à la vie des villes d'Europe; je comprends ça, et vous?..

— Pardieu! moi aussi.

— Avant de mourir, elle fit promettre à son mari d'envoyer son fils au Canada dès qu'il serait un homme ; voilà comment nous avons du sang indien dans les veines : du reste, il a encore augmenté depuis.

— Bon. Maintenant, voyons la suite de votre histoire.

— Cela vous intéresse ?"

— Ma foi oui ; c'est si bon de parler sa langue, de causer à cœur ouvert avec un compatriote et cela en plein désert, à plus de trois mille lieues de son pays.

— Pour cela vous avez raison ; eh bien ! écoutez.

— Oh ! ne vous pressez pas, nous avons le temps.

— Je n'ai presque plus rien à vous dire.

— Tant pis, mon camarade.

— Vous êtes bien honnête ; merci.

— Pour lors, après avoir embrassé sa femme et offert un siége à l'Indien, mon grand père alluma sa pipe : écoute, dit-il à ma mère, tout ce qui se passe ici me chiffonne ; depuis la mort du grand marquis, c'est ainsi qu'il nommait Montcalm, la vie me pèse à Québec ; le roi Louis XV a beau livrer le Canada aux Anglais, il ne peut nous empêcher d'être Français, nous autres ; ce titre nous a coûté trop cher pour que nous consentions à nous le laisser enlever d'un trait de plume. Je ne veux pas demeurer une heure de plus ici ; voici Kouha-handè, le frère de ma mère, il est le premier sachem de sa nation ; je lui ai demandé un refuge pour nous, il a voulu venir lui-même avec plusieurs de ses guerriers, pour nous accompagner dans sa tribu et nous aider à transporter le peu que nous possédons; veux-tu rester Française et me suivre, femme, ou bien préfères-tu demeurer ici et devenir Anglaise?

— Ce que vous dites là est mal dit, notre homme, répondit ma grand'mère; je suis votre femme et je vous aime; allez, marchez, ne vous embarrassez point, partout où vous irez je saurai bien vous suivre avec le petiot.

— Ma sœur sera aimée et respectée dans ma tribu, comme elle mérite de l'être, dit alors l'Indien, qui jusqu'alors était demeuré immobile et silencieux en fumant sa pipe d'un air rêveur.

— Je le sais, mon cousin, et je vous remercie, répondit ma grand'mère en lui tendant la main.

Il n'y eut pas d'autre conversation que celle-là; tout avait été convenu en deux mots. Ma grand'-mère se mit alors, avec une activité fiévreuse, à rassembler les meubles et les nippes; deux heures après, la maison était vide, mes parents l'avaient quittée sans même se donner la peine de fermer la porte derrière eux. Un peu avant le coucher du soleil, embarqués dans les pirogues de Kouhahandè, ils remontaient le Saint-Laurent dans la direction du désert.

Le fleuve était encombré d'embarcations de toutes sortes qui suivaient la même route; tous les chemins étaient remplis de voyageurs, traînant dans des charrettes leurs misérables bagages.

C'était une débâcle générale, toute la population moyenne et pauvre émigrait en masse; les Anglais étaient furieux, mais qu'y faire? les conditions mêmes de l'acte de cession du Canada autorisaient le départ des Français qui ne voudraient pas accepter la domination anglaise. Les vaisseaux mouillés devant la ville étaient remplis de passagers qui retournaient en France; ceux-là c'étaient les riches, les heureux. En moins de deux jours il ne resta plus dans Québec que quelques familles françaises, trois cents personnes au plus. Après une traversée de quatre jours qui ne présenta rien de remarquable, mon grand'père arriva dans la tribu des Hurons-Bisons, dont notre parent Kouha-handè était le premier sachem. Plusieurs Canadiens déjà avaient cherché parmi ces braves Indiens un refuge qui leur avait été généreusement accordé. Je ne vous dirai pas la réception qui fut faite à mon grand'père, il vous suffira de savoir que depuis lors ma famille est demeurée dans la tribu.

— Et votre grand'père?

— Il vit encore, grâce à Dieu! ainsi que mon père. J'ai eu le malheur de perdre, il y a deux ans, ma grand'mère et ma mère presqu'en même temps. J'ai une sœur beaucoup plus jeune que moi; elle reste au village pour soigner mon grand'père; quant à mon père, il chasse en ce moment du côté de la baie d'Hudson. Nous sommes toujours Français, voilà pourquoi vous m'avez entendu chanter *ia Marseillaise :* c'est un chasseur de nos amis qui l'a entendue à Québec et qui nous l'a apportée dans la tribu. N'est-ce pas que c'est beau comme un psaume?

— Plus beau mille fois !

Soudain un léger bruit se fit entendre dans les buissons à peu de distance.

— Laissez-moi faire, murmura le Canadien à l'oreille de l'aventurier; et, avant que celui-ci eût le temps de s'y opposer, il saisit son fusil et disparut au milieu de hautes herbes, en rampant sur les mains et sur les genoux :

Presqu'aussitôt un coup de feu retentit.

V

Comment Balle-Franche et Olivier, après s'être mutuellement raconté leur histoire, contractèrent une alliance offensive et défensive envers et contre tous.

Au bruit du coup de feu, Olivier s'était levé précipitamment et il se disposait à courir au secours du Canadien qu'il supposait attaqué par un ennemi quelconque, lorsque la voix joyeuse de celui-ci se fit entendre à quelques pas à peine.

— Ne vous dérangez pas, compagnon, s'écriait-il, c'est seulement notre dîner que j'ai tiré !

Presqu'au même instant il reparut, portant sur ses épaules un daim qu'il suspendit aussitôt aux branches d'un magnolia et qu'il se mit en devoir d'ouvrir.

— Belle bête, hein? dit-il gaiement; le gaillard nous écoutait probablement; sa curiosité lui a coûté cher; nous souperons avec lui; ce sera meilleur que des sardines.

— Jolie bête en effet et adroitement tuée, répondit Olivier tout en aidant le chasseur à parer l'animal.

— Dame! il est inutile de gâter la peau; elle a une valeur.

— Vous me semblez être un adroit tireur.

— Je ne tire pas mal, en effet. Mais c'est mon père qu'il faut voir! au juger il loge une balle dans l'œil d'un tigre.

— Diable! voilà qui me paraît fort.

— Je le lui ai vu faire vingt fois au moins, et des choses plus difficiles encore; du reste, tout cela n'a rien d'extraordinaire, les Canadiens sont connus pour savoir se servir d'un fusil.

— Mais une telle adresse.

— Est naturelle, puisque c'est avec leur fusil qu'ils vivent. Là, voilà qui est fait; je défie qui que ce soit de mieux parer un daim.

— En effet, répondit Olivier en reprenant sa place auprès du feu; mais avec tout cela vous ne m'avez pas terminé votre histoire, et je vous avoue que je serais curieux d'en connaître la fin.

— Qu'à cela ne tienne, ce ne sera pas long. Je vous ai dit que mon père était encore au maillot lors de notre émigration de Quebec, c'est-à-dire qu'il avait cinq ans environ, un peu plus ou un peu moins; aujourd'hui il est dans toute la force de l'âge, il a quarante-huit ans au plus. Mon grand'-père en fit naturellement un chasseur et, pour le retenir dans la tribu, il le maria fort jeune à une charmante Indienne parente de Kouha-handé et ma mère, par conséquent. Ainsi que je crois vous l'avoir dit, nous sommes deux enfants ; moi, qui ai vingt ans à peu près, et ma sœur, âgée de quinze ans, jolie comme la vierge des premières amours et qui se nomme Angèle, un nom que mon père a tenu à lui donner ; mais les Indiens ne l'appellent jamais que *Rosée du soir*. Voilà tout. Je suis chasseur, comme avant moi l'ont été mon père et mon grand'père ; je hais les Anglais et les Américains du Nord, qui sont, si c'est possible, plus mauvais encore que les John-Bull, et j'adore les Français, dont je suis fier de descendre et dont je me considère comme étant le compatriote.

— Vous avez cent fois et mille fois raison ; peu de Français nés en Europe ont le sentiment de la patrie plus développé que vous.

— Que voulez-vous ? l'amour pour notre pays est le seul bien que l'on n'a pu nous ravir, aussi le conservons-nous précieusement dans nos cœurs.

— Et vous, maintenant ?

— Moi ?

— Oui ; je ne sais rien de vous ; j'ignore jusqu'à votre nom.

— C'est juste ; où diable ai-je la tête. Je me nomme Pierre Berger, mais les Indiens, qui ont la rage des surnoms, m'ont donné celui de *Balle-Franche*, je ne sais trop pourquoi.

— Je le sais, moi ! c'est à cause de votre adresse.

— Vous croyez ? c'est possible, après tout ; car, sans me vanter, je me sers assez proprement d'un fusil.

— J'en ai eu la preuve.

— Donc, je suis un chasseur déterminé ; j'adore le désert, dans lequel ma vie s'écoule heureuse et tranquille, sans chagrin et sans soucis ; je suis naturellement gai ; je me crois bon et je passe pour brave. Je suis arrivé ici hier au coucher du soleil ; j'ai rendez-vous avec un ami, qui doit me rejoindre d'une à deux heures ; voilà tout ce que je puis vous dire sur mon compte. Maintenant, vous me connaissez comme si nous ne nous étions jamais quittés. A votre tour à me dire votre histoire, à moins cependant que vous ayez des motifs pour garder le silence, auquel cas je n'insisterais pas ; les secrets d'un homme lui appartiennent ; nul n'a le droit d'essayer de les connaître malgré lui.

— Je n'ai pas de secrets, pour vous surtout, mon cher Balle-Franche, et la preuve c'est que, si vous voulez-bien me prêter attention, je vais vous dire qui je suis et quels motifs m'ont conduit en ce pays.

— A la bonne heure ! parlez, compagnon, je vous écoute, répondit le Canadien avec un sourire de bonne humeur.

Dès le premier instant qu'il avait aperçu le chasseur et s'était trouvé en contact avec lui, Olivier s'était senti entraîné par un de ces mouvements de sympathie irrésistible qui proviennent d'une intuition secrète du cœur, et qui font que, dans la première minute, dans l'inconnu que le hasard place à l'improviste en face de soi, on devine aussitôt un ami ou un ennemi; le jeune homme, impressionnable comme toutes les natures énergiques, s'était laissé aller, sans essayer de le combattre, à ce sentiment de bienveillante sympathie envers le Canadien, et la conversation qu'il avait eue avec lui, en lui révélant les naïves délicatesses et la loyauté rigide qui faisaient le fond du caractère du chasseur, l'avait engagé à lui ouvrir son cœur et, si faire se pouvait, à devenir son ami.

Olivier, ne lui cacha rien de son histoire, qu'il lui raconta dans ses plus intimes détails; et que le Canadien écouta avec l'attention la plus profonde et la plus soutenue, sans l'interrompre une seule fois; paraissant s'intéresser sincèrement aux émouvantes péripéties de cette existence malheureuse dès la première heure; et que le jeune homme lui narra franchement et simplement, sans amertume, avec une impartialité qui prouvait la grandeur et la noblesse de son caractère.

Lorsqu'enfin Olivier eut achevé son récit, le chasseur secoua la tête à plusieurs reprises, d'un air profondément préoccupé.

— Triste histoire que la vôtre, dit-il doucement, combien vous avez dû souffrir de cette haine injuste dont on vous a fait la victime innocente, mon pauvre compagnon ! Seul dans le monde, sans une créature qui s'intéresse à soi ; entouré d'êtres hostiles ou indifférents ; trouver enfin, sans être coupable en aucune façon, une répulsion systématique et générale ; subir sans pouvoir se défendre les inimitiés sourdes et implacables de ceux-là mêmes auprès desquels on est en droit de réclamer aide et protection ; se sentir fort, intelligent, capable de grandes choses peut-être, et se voir fatalement condamné à l'impuissance, parce que ceux qui vous ont donné le jour sans le vouloir, ne vous pardonnent pas la faute qu'ils ont commise, oh ! c'est affreux, cela ! Combien vous êtes à plaindre ! Pardonnez-moi de vous avoir obligé, par ma cruelle curiosité, à rouvrir cette plaie toujours saignante dans votre cœur.

Il se tut un instant ; puis, par un mouvement spontané, tendant la main au jeune homme :

— Voulez-vous être mon ami, lui dit-il avec âme, je sens que je vous aime déjà et que s'il me fallait vous quitter je souffrirais de votre absence.

— Merci ! s'écria Olivier avec élan, en répondant par une énergique étreinte à celle du Canadien, moi aussi je vous aime et j'accepte votre proposition avec joie.

— Alors, c'est convenu, à compter de ce moment

nous sommes frères, comme on l'est dans la prairie, c'est-à-dire que joie et tristesse, richesse et misère, danger et plaisir, tout sera commun entre nous.

— C'est dit et pour toujours : je le jure.

— Nous serons deux maintenant, pour soutenir cette lutte terrible qu'on nomme la bataille de la vie, et nous serons forts, car nous nous compléterons l'un par l'autre.

— Béni soit le hasard qui m'a fait vous rencontrer, Balle-Franche.

— Ce n'est pas le hasard, ami, c'est la providence; le hasard n'existe que pour les orgueilleux; les hommes simples de cœur ne reconnaissent que Dieu; car il est au fond de toutes choses.

— C'est vrai, répondit Olivier devenu subitement rêveur, rien n'arrive sans la toute-puissante volonté de Dieu, c'est lui qui nous a réunis.

— Et pour ne plus nous quitter, Olivier : cette famille qui vous manque, je vous la donnerai moi, frère, et cette famille vous aimera. Vous verrez, ami, comme c'est bon d'être aimé par des cœurs simples et sincères.

— Oh ! je m'en doute ; mais, Balle-Franche, est-ce que des frères se disent vous ?

— Tu as raison, ami, ils se disent tu, car c'est toujours à la moitié d'eux-mêmes qu'ils s'adressent.

— A la bonne heure ainsi, Balle-Franche. Vive Dieu ! s'écria-t-il avec un mouvement de joyeuse conviction, la vie m'apparaît maintenant sous un jour tout nouveau, il me semble que moi aussi je puis avoir ma part de bonheur en ce monde.

— N'en doute pas, ami ; du reste, cela dépendra de toi seul ; oublie le passé, qui ne doit plus exister que comme un rêve ; regarde en avant et ne songe qu'à l'avenir.

— Ainsi ferai-je, dit le jeune homme avec un soupir étouffé.

— A présent que tout est bien arrêté entre nous, reprit Balle-Franche, je crois que nous ne ferons pas mal de causer un peu de nos affaires.

— Je ne demande pas mieux.

— La vie du désert est difficile, elle demande à être sérieusement étudiée, afin d'être appréciée à sa juste valeur.

— Je m'en suis aperçu déjà, dit Olivier en souriant.

— Ce que tu as vu n'est rien, laisse-moi te donner quelques conseils et t'initier à cette existence que tu crois connaître et dont tu ne sais pas le premier mot ; moi qui ai été pour ainsi dire élevé dans le désert, je possède une certaine expérience qui pourra t'être fort utile.

— Je t'écoute, mon ami.

— L'homme, dans son orgueil, s'est figuré qu'en se réfugiant au désert il se soustrairait ainsi aux liens si gênants dont la société garrotte ses membres ; ceci est une erreur qu'il est important de rectifier : l'homme n'est pas créé pour vivre seul ; abandonné à lui-même, il est le plus faible, le plus incapable de vivre et de se défendre de tous les êtres que Dieu a placés sur la terre ; il est né pour vivre en commun avec ses semblables ; c'est à cette condition seulement que son existence devient possible. Tous les hommes sont solidaires les uns des autres, car, par égoïsme, ils sont contraints de s'entr'aider mutuellement, en un mot de se prêter aide et protection contre les innombrables ennemis de toutes sortes qui les entourent. La société n'est donc en fait qu'une alliance offensive et défensive essentiellement égoïste, je le répète, mais sans laquelle l'homme ne pourrait pas vivre et serait fatalement condamné à disparaître de la surface du globe.

— Oui, tout cela est vrai, murmura Olivier d'un air pensif.

— Or, les lois sociales existent, dans le désert comme dans les villes, basées sur d'autres principes, il est vrai, car elles sont restées ce qu'elles étaient dans les premiers jours du monde, c'est-à-dire essentiellement brutales et personnelles ; mais elles n'en sont peut-être que plus fortes pour cela. Dans la prairie, mon cher Olivier, un homme seul, quelles que soient d'ailleurs son énergie, son adresse, sa vigueur et son intelligence, est un homme perdu.

— Mais alors comment faire ? Il me semble

cependant que tous ces hardis chasseurs, pionniers, trappeurs, que sais-je? vivent seuls.

— Tu te trompes, ami, ils vivent seuls en apparence; l'abandon dans lequel ils se trouvent n'est que factice : tous ont des alliances plus ou moins étroites, soit avec d'autres chasseurs, soit avec des tribus indiennes par lesquelles ils se sont fait adopter et qui, en cas de besoin, n'hésiteraient pas à leur venir en aide; ils ont donc toute facilité pour errer à leur guise dans les savanes; parce qu'ils se savent soutenus moralement par leurs amis absents, et que leurs ennemis ou leurs adversaires, connaissant leur situation, se gardent bien de leur chercher querelle; et quand ils s'y décident, sois persuadé que ce n'est qu'à bon escient, c'est-à-dire seulement lorsqu'ils ont acquis la certitude que, grâce aux précautions qu'ils auront prises, le plus profond mystère enveloppera la trahison ou le crime dont ils se seront rendus coupables. Un chasseur inconnu, sans ami, sans allié, est tué au pied d'un buisson par un individu qui veut lui voler son cheval, ses trappes, son fusil, et souvent moins que cela encore; qui s'en occupe? personne; il ne tient à rien; nul n'a intérêt à le venger! Il n'en est pas de même pour celui qui, par des liens quelconques, se rattache aux autres habitants du désert; la loi des prairies, cette terrible loi de Lynch qui dit : œil pour œil, dent pour dent, devient sinon sa sauvegarde, du moins sa vengeresse en cas de malheur;

car ses amis se réunissent, recherchent le meurtrier, qu'ils finissent toujours par découvrir, et lorsqu'ils le tiennent en leur pouvoir, ils sont impitoyables pour lui.

— Je t'avoue, mon cher Balle-Franche, répondit le jeune homme d'un air assez triste, que non seulement je n'avais pas envisagé la question sous ce point de vue, qui me semble très-vrai, je dois en convenir; mais encore que je ne me faisais pas la plus légère idée des choses fort justes que tu me dis. Tout cela me plonge, je te l'avoue, dans une perplexité extrême, et je ne sais plus quel parti je dois prendre pour me sortir de la fausse position dans laquelle je me trouve.

— Rien de plus simple, mon ami, et ta position n'a, à mon avis, rien qui doive te causer le moindre souci. D'abord, permets-moi de te faire observer que depuis une heure environ ta situation a changé du tout, au tout en ce sens que tu n'es plus seul, puisque tu as un ami.

— Pardonne-moi, Balle-Franche, je me suis mal expliqué.

— Je n'ai rien à te pardonner, Olivier, l'intention fait tout et je sais que tu ne songeais pas à m'offenser.

— Merci, tu me juges comme je dois l'être.

— Je reprends : si petit que je sois, tu t'apercevras bientôt que je jouis d'une certaine réputation parmi nos confrères les chasseurs et parmi les

Peaux-Rouges ; bien peu d'individus, dans tout le Far west, s'aviseraient de s'attaquer à moi ; de plus j'ai été élevé dans une tribu indienne, par laquelle je suis adopté et qui me considère comme étant un de ses guerriers. Je t'ai dit, n'est-ce pas, que j'avais rendez-vous ici avec un jeune Indien, mon ami, mon parent même. Cet Indien va arriver d'un moment à l'autre, je te présenterai à lui ; je ne doute pas qu'à ma considération il ne t'accorde son amitié ; cela te fera déjà deux compagnons dévoués. Plains-toi donc, je te le conseille, ajouta-t-il en riant.

— En effet, répondit Olivier sur le même ton, j'étais fou de douter de toi, mais sois tranquille, cela ne m'arrivera plus à l'avenir.

— Je retiens ta promesse ; lorsque nous aurons terminé l'affaire qui nous a amenés dans ces parages, le guerrier peau-rouge, et moi, affaire pour laquelle, entre parenthèses, tu pourras être fort utile à l'Indien, nous reprendrons le chemin du village et je te ferai adopter par la tribu.

— Tu arranges tout cela d'une si charmante façon, mon cher Balle-Franche, que je ne sais réellement plus que te répondre.

— Ne réponds rien, ce sera plus tôt fait. Pardieu ! il n'y a point là de quoi me remercier : je te rends un service aujourd'hui, demain peut-être tu m'en rendras un plus grand et nous serons quittes.

— Puisqu'il en est ainsi, je n'insisterai pas davantage; mais, dis-moi, quelle est donc cette affaire à laquelle tu as fait allusion, il y a un instant?

— Cette affaire, je t'avoue que je l'ignore, ou du moins, pour être franc, je suis censé l'ignorer, car mon ami n'a pas jusqu'à présent jugé convenable de me faire la plus légère confidence sur ses projets; il s'est borné à me donner rendez-vous ici, en me disant qu'il avait besoin de moi. Cela m'a suffi, je suis venu; voilà tout. Je commettrais donc une indiscrétion si je t'instruisais d'une chose qu'on ne m'a pas dite ; d'autant plus que je pourrais me tromper en te parlant d'une toute autre affaire que de la véritable.

— C'est juste ; nous attendrons donc l'arrivée de ton ami.

— Et en l'attendant je vais préparer le souper, car il ne tardera plus bien longtemps; d'ailleurs il faudra bien qu'il s'explique.

— C'est probable. Quel homme est-ce? Ceci, tu peux me le dire.

— Parfaitement : c'est un jeune homme de notre âge à peu près, il est le petit fils de Kouha-handè, un des premiers sachems de la nation ; lui-même a le rang de chef, c'est un des grands braves de la tribu. Bien que fort jeune encore, il a accompli des actions extraordinaires et donné des preuves d'une intelligence, d'une finesse et d'un courage qui passent toute expression ; avec cela il est doux, aimable, serviable et ami solide; sa réputation est

immense, les Indiens et les chasseurs ennemis le
redoutent. Au physique, sa taille est haute, bien
prise, sa démarche élégante ; ses traits sont beaux,
un peu efféminés même ; son regard, d'une douceur
extrême dans la vie ordinaire, prend, lorsque la
colère l'agite, une expression si terrible que peu de
personnes en peuvent supporter l'éclat ; sa force
musculaire est énorme, son adresse et son agilité
incomparables. Voilà le portrait moral et physique
de mon ami. Du reste, tu le jugeras en le voyant et
je suis persuadé que tu reconnaîtras que je ne l'ai
pas flatté et que je ne t'ai dit que l'exacte vérité.
Ainsi que c'est la coutume dans les prairies de
l'Ouest, il porte deux noms, celui que lui ont
donné ses ennemis, auxquels il inspire une grande
terreur et qui est significatif : ils le nomment
Kristikum-Siksinam, c'est-à-dire, pour toi qui ne
comprends pas le langage des Peaux-Rouges, le
Tonnerre-Noir ; dans sa tribu au retour de sa première campagne contre les Pieds-Noirs, campagne
qui avait duré trois mois et pendant laquelle il
avait accompli des actions d'éclat d'une bravoure
qui passe toute croyance, les principaux sachems
réunis en conseil dans le grand cali-médecine lui
décernèrent à l'unanimité le surnom honorifique
de *Numank-Charaké*, mots qui signifient l'homme
vaillant ; nous avons pris l'habitude de l'appeler
tous ainsi, et maintenant le nom qu'il portait précédemment est complétement oublié des membres

de la tribu; je ne sais même pas si lui-même en a gardé le souvenir.

— Sais-tu, mon cher Balle-Franche, dit en souriant Olivier, que ce portrait sur lequel tu t'es étendu avec une si grande complaisance, si, comme je n'en doute pas, il est ressemblant, est tout simplement le portrait d'un héros?

— C'est que c'est cela même, mon ami; Numank-Charakè est un héros; d'ailleurs, je te le répète, tu le jugeras.

— Vive Dieu! tu me donnes le plus vif désir de faire sa connaissance.

— Cela ne tardera pas, répondit en souriant Balle-Franche.

Il leva les yeux vers le ciel, consulta pendant quelques secondes la déclinaison du soleil, puis il ajouta :

— Il est cinq heures du soir; c'est précisément à cinq heures que notre rendez-vous a été fixé. Dans quelques minutes il sera ici.

— Comment, dans quelques minutes, un rendez-vous donné il y a si longtemps! une telle exactitude tiendrait du prodige; tant de choses ont dû se passer depuis cette époque.

— Cela ne signifie rien, mon ami : il n'y a qu'une seule raison qui puisse faire manquer un chef indien à la parole donnée.

— Laquelle?

— La mort.

— Diable ! elle est brutale, mais elle est péremptoire.

— Ecoute, dit Balle-Franche.

Olivier prêta l'oreille.

Un bruit semblable au roulement d'un tonnerre lointain mais qui augmentait rapidement, se faisait entendre.

— Qu'est cela ? demanda le jeune homme.

— Le galop du cheval du chef.

Soudain le bruit cessa ; le cri de l'épervier d'eau traversa l'espace.

Balle-Franche poussa immédiatement le même cri, et cela avec une perfection telle que le Français s'y laissa prendre et leva machinalement les yeux comme pour découvrir l'oiseau dans l'air.

Presqu'aussitôt le galop du cheval recommença ; tout à coup les buissons furent violemment écartés et un cavalier fit irruption comme une trombe dans la clairière, au milieu de laquelle il s'arrêta subitement et demeura immobile comme si les pieds de son coursier avaient soudainement adhéré au sol.

Ce cavalier était bien tel que Balle-Franche l'avait décrit à Olivier. Il avait de plus, répandu sur toute sa personne, un air de grandeur et de majesté qui inspirait le respect sans cependant repousser la sympathie ; on sentait en le voyant qu'on se trouvait en présence d'une nature d'élite.

C'était la première fois, depuis son entrée dans les prairies, que le Français voyait un Indien d'aussi près et dans des conditions aussi favorables ; aussi l'admira-t-il franchement, et dès le premier moment se trouva-t-il animé des meilleurs sentiments à son égard, et par conséquent du désir de l'avoir pour ami.

Cependant le jeune chef, après avoir jeté un regard circulaire sur la clairière, s'inclina gracieusement pour saluer les deux chasseurs, puis il étendit le bras vers le soleil, alors presqu'au niveau de la cime des arbres.

— Il est cinq heures, dit-il d'une voix douce et parfaitement timbrée, et voici Numank-Charakè ; que dit mon frère le Chasseur-Pâle?

— Je dis, soyez le bienvenu, chef ! je vous attendais, votre exactitude m'est connue depuis longtemps ; le repas du soir est préparé, mettez pied à terre.

— Bien, reprit le chef, et d'un bond il sauta sur le sol ; son cheval alla de lui-même se placer auprès des deux autres.

Balle-Franche s'approcha alors du chef et, lui posant la main sur l'épaule :

— Que mon frère écoute, dit-il.

L'Indien baissa la tête en souriant.

— Ce chasseur est mon ami.

— Numank-Charakè l'avait deviné dans les yeux de Balle-Franche. Se tournant alors vers

Olivier : voici ma main avec mon cœur, ajouta-t-il, que me donnera mon frère en retour ?

— Ma main et mon cœur; frère, répondit le jeune homme avec âme, sauf la part qui déjà appartient à Balle-Franche.

— Bon! la part est belle encore, je l'accepte; désormais nous sommes trois dans un et un dans trois; Numank-Charakè se nommait autrefois la Panthère-Bondissante, ce nom sera maintenant celui de mon frère.

Les trois jeunes gens se réunirent alors dans une seule étreinte; ils se baisèrent sur les yeux, selon la coutume indienne, et tout fut dit : désormais ils étaient frères; tout à l'avenir devait être commun entre eux.

Pour son début dans le désert, Olivier jouait de bonheur en se trouvant tout à coup associé ainsi à deux hommes qui passaient à juste titre pour les plus honnêtes et les plus vaillants champions de la prairie.

VI

Comment Numank-Charakè et ses amis tinrent un grand conseil MÉDECINE, et ce qui s'ensuivit.

Ces trois hommes, de race, de naissance et de mœurs si différentes, et dont l'un, quelques heures auparavant, ignorait complétement l'existence des deux autres, se trouvaient ainsi attachés par des liens que la mort elle-même ne réussirait point à rompre; et cela bien plus par un élan spontané de leur cœur que par le serment qu'ils avaient si solennellement prononcé.

Quelle étrange chose que le hasard! ou plutôt, pour être vrai, combien sont mystérieuses et incompréhensibles les voies de la Providence! Quelle puissance immense et inexplicable que celle dont l'œil toujours ouvert veille avec une tendresse égale et une vigilance qui jamais ne se lasse sur les plus grandes comme sur les plus infimes de ses créatures et, où qu'elles soient, les suit sans cesse de son regard bienveillant pour les encourager, les secourir et les guider pas à pas à travers les rudes sentiers de la vie.

Telles étaient les pensées qui bruissaient dans la tête du jeune Français, tandis que, le menton dans la paume de la main et le coude sur le genou, il regardait nonchalamment Ballefranche activer la cuisson du repas du soir, et le chef donner la provende aux chevaux.

En ce moment, le Canadien interrompit ses réflexions.

— Le couvert est mis, dit-il en riant et en désignant du doigt les énormes *taches* destinées à servir d'assiettes; allons, allons, à table !

Les jeunes gens s'assirent sur l'herbe autour d'un magnifique cuissot de daim rôti à la boucanière.

Avant que d'aller plus loin, nous ferons observer au lecteur, afin de prévenir les reproches qu'il se croirait peut-être en droit de nous adresser, que la plupart des nations indiennes du Canada comprennent et parlent le français. Peut-être cela a-t-il changé depuis, et c'est probable ; mais à l'époque où se passe notre histoire, il en était encore ainsi ; il y avait fort peu de temps que le Canada avait été abandonné par la France, et un grand nombre de missionnaires catholiques parcouraient encore les tribus en prêchant l'Évangile. Numank-Charakè, un des chefs les plus importants de sa nation, parlait fort couramment le français, que son contact continuel avec les Canadiens habitant son village lui avait du reste rendu facile. D'ailleurs les Peaux-Rouges ont une aptitude merveilleuse pour parler les langues étrangères, et si presque toujours ils s'obstinent à ne s'exprimer que dans leur idiome paternel, c'est tout simplement par dédain et par mépris pour ceux avec lesquels ils traitent.

La conversation entre les trois aventuriers avait donc tout naturellement lieu en français, d'autant plus qu'Olivier, depuis deux mois en Amérique, ne comprenait pas un mot d'indien ou de huron, langue, entre parenthèse, excessivement difficile à entendre.

Les trois convives firent honneur au repas avec un véritable appétit de chasseurs, c'est-à-dire que le cuissot de daim fut littéralement dévoré jusqu'aux os.

Le souper, égayé par quelques gorgées de vieille eau-de-vie de France, fut semé de saillies et de bons mots qui, plusieurs fois, firent franchement rire les jeunes gens aux éclats.

Les Peaux-Rouges sont en général d'excellents compagnons et même de bons vivants; ils entendent la plaisanterie à merveille et, tout comme nous, ils savent rire, chanter et raconter des anecdotes bouffonnes.

Mais pour cela il faut qu'ils soient entre eux, avec des amis de leur choix, possédant toute leur confiance; avec les étrangers, et surtout avec les blancs, qu'ils détestent, ils sont graves, gourmés, sombres même, et quelques efforts que l'on tente pour les égayer ils ne se dérident jamais, à moins cependant qu'ils soient ivres; mais alors ce n'est plus qu'une joie factice, qui sert tant bien que mal de masque au *delirium tremens* et à la folie.

L'eau-de-vie, sous toutes les formes, est le poison dont se servent les Américains du Nord pour anéantir la race rouge sur leur territoire, et avant un siècle ils auront complétement réussi.

Le repas terminé, les jeunes gens, tout en fumant, causèrent de choses indifférentes. Ni Balle-Franche, ni Olivier, ne se seraient permis d'interroger le chef avant que celui-ci eût témoigné le désir de s'expliquer. L'étiquette indienne est excessivement sévère à cet égard : se permettre une interrogation envers un chef ou même un simple guerrier, lorsque celui-ci paraît déterminé à garder le silence, est commettre une faute grave contre le savoir vivre.

Cependant, depuis longtemps déjà, le soleil avait disparu au-dessous de l'horizon; la nuit s'était étendue dans le désert, noyant complétement le paysage et le fondant en masses presqu'indistinctes et de l'aspect le plus étrange. Le ciel, d'un bleu profond, était perlé d'une innombrable quantité d'étoiles brillantes ; la lune, alors à son deuxième quartier, commençait à paraître au-dessus des arbres, nageant dans l'éther et répandant à profusion ses rayons argentés qui éclairaient la prairie de lueurs fantastiques ; la brise nocturne frissonnait mystérieusement à travers les branches qui, en s'entrechoquant doucement, produisaient les accords plaintifs et mélodieux de la harpe éolienne. Les hôtes sombres du désert, éveillés au coucher du soleil, marchaient gravement dans les ténèbres en rompant parfois le silence par leurs rauques bramements, leurs abois saccadés et railleurs, ou leurs rugissements profonds. Sous chaque brin d'herbe, le monde innombrable des infiniments petits continuait son œuvre incessante avec ce susurrement mystérieux qui jamais ne se tait.

Le désert, à cette heure de la nuit, apparaissait dans toute sa sauvage et grandiose majesté.

Le temps était froid ; c'était l'époque des grandes chasses d'automne. Déjà quelques gelées blanches avaient refroidi la terre ; dans quelques jours peut-être la température baisserait au-dessous de zéro, les fleuves et les rivières seraient gelés à une grande profondeur, et la neige couvrirait de son linceul blanc toute la surface du désert.

Les aventuriers, après avoir jeté plusieurs brassées de bois sec dans le feu afin d'en raviver la flamme, s'étaient soigneusement enveloppés dans leurs couvertures et abrités tant bien que mal par les arbres qui les entouraient, ils continuaient à fumer silencieusement, tout en se chauffant et en prêtant l'oreille aux bruits vagues de la prairie.

— Voici l'heure de la deuxième veille, dit enfin Numank-Charakè en retirant de sa ceinture le calumet-médecine qui ne sert aux chefs que lorsqu'ils veulent fumer en conseil, la hulotte bleue a chanté deux fois, tout dort ou repose autour de nous; mes frères pâles veulent-ils se livrer au sommeil, ou préfèrent-ils entendre les paroles d'un chef et d'un ami?

— Le sommeil est bon pour les femmes et les enfants, répondit Balle-Franche, les hommes demeurent éveillés quand un ami désire les entretenir de choses sérieuses. Parlez, chef, nos oreilles sont ouvertes.

— Nous écoutons, ajouta Olivier en s'inclinant.

— Je parlerai donc, puisque mes frères y consentent; mais comme les paroles que je prononcerai sont très-graves et que je réclame ici leur avis, ceci ne sera pas un simple entretien entre chasseurs, mais un conseil-médecine.

— Qu'il en soit ainsi, reprit Balle-Franche.

Numank-Charakè se leva, puis en prononçant quelques paroles à voix basse il s'inclina successivement vers les quatre points cardinaux; cette formalité accomplie, le chef s'accroupit de nouveau, bourra son calumet avec du *morichée*, espèce de tabac sacré qui ne s'emploie que dans les grandes cérémonies, et laissa tomber dans le feu, où il produisit une fumée odorante, quelques pincées de ce tabac. Prenant alors une baguette *médecine* afin que le feu ne touchât pas sa main, il s'en servit pour placer un charbon ardent sur le foyer du calumet.

Le chef aspira alors deux ou trois bouffées de fumée, puis, tout en conservant le foyer de la pipe dans sa main gauche, il présenta le tuyau à Balle-Franche; le chasseur aspira la fumée à son tour et le calumet passa à Olivier, puis revint au chef. Ce manége dura tant que la dernière parcelle de tabac ne fut pas brûlée et sans qu'une seule parole eût été échangée entre les trois hommes.

Lorsqu'il ne resta plus que de la cendre dans le foyer de la pipe, Numank-Charakè se leva, s'inclina de nouveau devant les quatre points cardinaux, puis il secoua la cendre dans le feu en murmurant ces paroles :

— Wacondah! maître de la vie, tu vois et tu sais tout, enlève la peau de nos cœurs et fais que les paroles que soufflera ma poitrine soient inspirées par toi.

Cette dernière formalité accomplie, le chef repassa son calumet à sa ceinture, et s'assit devant le feu.

Quelques minutes s'écoulèrent encore pendant lesquelles il sembla se recueillir; enfin il releva la tête qu'il avait jusque-là tenue baissée sur la poitrine, et après avoir gracieusement salué ses auditeurs, il prit la parole d'une voix douce et sympathique :

— Il y a de cela huit lunes, dit-il, j'étais de retour d'une grande expédition contre les Piékans depuis quelques jours à peine. Après avoir présenté en conseil aux sachems de ma nation les scalps pris par moi et mes jeunes hommes sur les guerriers Pieds-Noirs et avoir reçu les félicitations des chefs, je reprenais le chemin de mon wigwam pour aller saluer mon père, que les douleurs causées par d'anciennes blessures avaient retenu à sa hutte, lorsqu'en traversant la place du village je vis, aux derniers rayons du soleil couchant, une jeune fille appuyée contre l'Arche du premier homme. Cette jeune fille, dont je sais le nom, avait quatorze ans à peine; elle était grande, svelte et belle comme la vierge des premières amours. Cette jeune fille, je l'aimais depuis longtemps déjà sans que jamais ma bouche lui eût révélé le secret que renfermait mon cœur; elle semblait m'attendre et me regardait venir d'un air mélancolique. Lorsque je fus près d'elle, la jeune fille étendit le bras et fit un pas vers moi; je m'arrêtai et, après l'avoir salué, j'attendis. Numank-Charakè est un grand guerrier, dit-elle en baissant timidement les yeux, les scalps qu'il a enlevés à ses ennemis tapissent sa hutte, il possède de nombreuses fourrures d'animaux de toutes sortes, la balle de son fusil ne dévie jamais du but qu'il veut atteindre, heureuse la femme qui sera aimée par lui.

A ces paroles, je me sentis ému, et saisissant la main que la jeune fille m'abandonna sans résistance : — *Onoura !* — belle enfant, — lui dis-je en me penchant à son oreille, j'ai dans mon cœur un petit oiseau qui chante sans cesse et me répète votre nom ; cet oiseau charmant chanterait-il aussi dans votre cœur ? Elle sourit et, me lançant un long regard sous ses prunelles mi-closes : — Nuit et jour, murmura-t-elle, il gazouille de tendres paroles à mon oreille en me redisant le nom du guerrier qui m'aime. Numank-Charakè ne trouve-t-il pas sa hutte bien solitaire pendant les longues nuits d'hiver, lorsque le vent mugit sourdement à travers les arbres de la forêt et que la neige éblouissante couvre la terre ? — Mon cœur s'est envolé vers vous, Onoura, repris-je avec feu, depuis le jour où pour la première fois je vous ai vue avec vos compagnes. Vous m'aimez ? — Pour la vie, répondit-elle en rougissant et baissant la tête. — Bon, lui dis-je, je tenterai une nouvelle expédition pour me procurer les présents du mariage, puis je vous demanderai à votre père. Vous m'attendrez, Onoura ? — Je vous attendrai, Numank-Charakè : ne suis-je pas votre esclave pour la vie ! Et sa main pressa doucement la mienne. Retirant alors un wampum de mon cou je le jetai sur le sien ; elle le baisa les yeux pleins de larmes, et sortant un anneau d'or qu'elle portait au pouce de la main gauche, elle le passa à un de mes doigts ; je la laissai faire en souriant : — Vous m'aimez, me dit-elle, rien ne pourra nous séparer. Et avant que je songeasse à la retenir elle fit un bond en avant et s'enfuit avec la rapidité de l'antilope poursuivie par les chasseurs. Je la suivis des yeux aussi longtemps que je pus l'apercevoir ; puis, lorsqu'enfin elle eut disparu, je repris tout pensif le chemin de la hutte de mon père.

Le chef fit une pause. Après un instant, le Canadien voyant qu'il ne reprenait pas la parole lui toucha légèrement le bras. Le jeune homme tressaillit.

— Pourquoi Numank-Charakè a-t-il manqué de confiance envers son frère ? dit alors le chasseur avec un léger accent de reproche.

— Que veut dire Balle-Franche ? demanda le chef avec un embarras que, malgré sa puissance sur lui-même, il ne parvint pas à dissimuler entièrement.

— Mon frère comprend fort bien ce que je veux dire, reprit le Canadien avec animation. Nés presque le même jour, nous avons été élevés ensemble, ensemble nous avons fait nos premières courses dans la prairie et nos premières expéditions contre les Sioux et les Piékans ; nos deux cœurs depuis longtemps se sont fondus en un seul, l'un ne peut avoir de secret pour l'autre ; je sais quelle est la femme aimée par mon frère, pourquoi ne me l'a-t-il pas dit au lieu de me le laisser deviner ? Ai-je démérité dans son estime? ne suis-je plus son ami ?

— Oh ! Balle-Franche, ne pense pas cela ! s'écria le jeune homme avec élan en lui serrant la main avec force; mais l'amour aime le mystère.

— Cependant il aime aussi à confier ses joies et ses douleurs au cœur d'un ami. Le soir même du jour où elle avait eu son entrevue avec le chef, *Rosée du Soir* — *Nouma-Hawa* — rentrée dans sa hutte, a tout avoué à son frère : son cœur débordait de joie, elle éprouvait le besoin de s'épancher ; qui mieux que moi la pouvait comprendre ?

— Ainsi Rosée du Soir a avoué son amour à Balle-Franche.

— Ne suis-je pas son frère, et de plus votre meilleur ami, chef?

— C'est vrai. Que mon frère me pardonne, j'ai eu tort de manquer de confiance envers lui ; je ne sais pourquoi, mais je craignais qu'il désapprouvât cet amour.

— Moi ! mais au contraire, il comble tous mes vœux, en nous liant encore plus étroitement l'un à l'autre.

— Mon frère est meilleur que moi, son cœur est généreux, il oubliera la faiblesse dont son ami s'est rendu coupable envers lui.

— Oui, répondit en souriant le chasseur, mais à la condition que Numank-Charakè n'aura plus de secrets pour son ami.

— Je le jure?

— Bien. Maintenant, que mon frère continue son récit.

Le chef secoua la tête :

— Ce que j'ai à dire est triste; mais les amis de Numank-Charaké doivent tout savoir ; je reprends : Deux lunes s'étaient écoulées depuis que Rosée du Soir et moi nous nous étions avoué notre amour ; il m'avait été jusque-là impossible d'accomplir mes projets. Un jour, je rencontrai de nouveau Rosée du Soir auprès de l'Arche du premier homme : Le chef a oublié sa promesse, me dit-elle? Non, lui répondis-je, demain sans plus tarder je l'exécuterai. Je la quittai après avoir échangé avec elle ces quelques paroles. Le lendemain, en effet, je me mis en mesure de tenir la parole que j'avais donnée à celle que j'aimais. Je fis en conséquence tout préparer, c'est-à-dire le *pushkwawgumme-genahgun*, ou pièce de terre défrichée où devaient s'accomplir les *ko-sau-bun-zichegun*, ou opérations divinatoires destinées à faire découvrir la position de l'ennemi que je voulais combattre. Vous connaissez ces cérémonies.

— Pardon, chef, interrompit Olivier. Balle-Franche, élevé au milieu de vos tribus, les connaît sans doute ; mais moi, je vous ferai observer que j'ignore complétement ces cérémonies et que, comme mon intention est de vivre parmi vous, il est pour moi de la plus haute importance de les connaître. Je vous serai donc obligé, si cela ne vous contrarie pas, de me les décrire afin que je sache de quelle façon vous vous mettez sur le sentier de la guerre.

— Mon frère a raison, répondit le chef en s'inclinant, je lui raconterai donc cette expédition dans tous ses détails : le lieu de la scène fut disposé en enlevant le gazon sur un espace considérable en forme de carré long, et en rompant la terre avec les mains afin de la rendre fine et meuble ; on l'entoura ensuite de perches qui en défendaient l'entrée. Lorsque je fus informé que tout était prêt, je vins m'asseoir au bout opposé au pays ennemi ; là, après avoir chanté et prié, je déposai devant moi, au bord de la pièce de terre, deux petites pierres rondes. Après être demeuré pendant environ une demi-heure à supplier le Wacondah de me montrer le sentier où je devais guider mes jeunes hommes, le *hachesto* ou crieur public sortit du village et vint à moi. Je lui donnai mes ordres ; il retourna alors sur ses pas jusqu'à moitié chemin à peu près et, appelant les principaux guerriers par leurs noms, il leur dit : Venez fumer ! Les guerriers de moindre réputation vinrent ensuite. Lorsque tous furent réunis, on examina attentivement à la lumière du feu, car cette opération se fait le soir, le résultat du ko-sau-bun-zichegun. Les deux pierres jetées par moi sur le haut de la pièce de terre avaient roulé jusqu'au bord inférieur ; c'était d'après l'espèce de sentier tracé par elles sur la terre meuble qu'on devait décider la direction qui serait suivie.

— Et quel fut le résultat de l'expérience? demanda Balle-Franche avec intérêt.

— Cette fois le Wacondah favorisa ses enfants bien-aimés : le sentier était tourné vers le pays de nos ennemis mortels, les Sioux de l'ouest.

— Bon, fit le chasseur en se frottant les mains.

— Notre détachement de guerre se composait de cent cinquante guerriers, tous choisis parmi les plus grands braves de la nation et armés de fusils. Chacun de nous emportait les *jébi-ugs* ou offrandes destinées à être jetées sur le champ de bataille ou, s'il est possible, cachées dans les entrailles déchirées de nos ennemis tombés dans le combat, afin de nous assurer la victoire.

— C'est une pieuse coutume, fit observer Balle-Franche.

Olivier regarda le Canadien afin de s'assurer s'il parlait sérieusement ou s'il plaisantait ; mais il n'y avait pas à se tromper à l'accent de conviction avec lequel le chasseur avait prononcé ces paroles : il était de bonne foi.

— Deux jours après le détachement se mit en marche. Un renfort de vingt guerriers, commandés par *Tubush-Shah* — le Chicaneur — ne tarda pas à nous rejoindre. Mon frère connaît ce chef : c'est un esprit inquiet et ambitieux ; il ne pouvait supporter qu'un autre que lui dirigeât une expédition contre les Sioux. Je voulais lui céder le commandement, mes guerriers n'y consentirent pas. La mésintelligence ne tarda pas à régner parmi nous. Après plusieurs jours de marche, comme nous traversions de vastes prairies, notre soif devint telle que le Chicaneur ne tarda pas, malgré mes observations sur le mauvais exemple qu'il donnait, à violer les lois de la guerre. Je connaissais le pays et je savais qu'il devait y avoir de l'eau à quelques milles de distance. Mais la plupart des vieux guerriers marchant à pied étaient épuisés de chaud et de fatigue. Le Chicaneur expédia plusieurs guerriers à cheval à la recherche de l'eau ; on indiqua des signaux pour se rallier quand elle serait découverte. Après plusieurs heures de recherches on trouva enfin une petite rivière. Les premiers arrivés tirèrent des coups de fusil ; mais avant que le détachement et les traîneurs restés en arrière eussent atteint la rivière, les souffrances de la plupart d'entre nous étaient devenues excessives. Quelques-uns vomissaient du sang, d'autres étaient en proie à un véritable délire. L'expédition était manquée. Que faire, en effet, avec des hommes complétement démoralisés, abattus par la souffrance, et qui n'avaient plus qu'un désir, retourner sur leurs pas. Le lendemain, la désertion commença parmi les guerriers du Chicaneur, qui lui-même partit des premiers. Bientôt il ne resta plus avec moi que vingt-cinq guerriers. Ceux-ci jurèrent de me suivre partout où il me plairait de les conduire. Mais que pouvais-je faire? Je repris, le désespoir dans l'âme, le chemin du village de ma tribu. A moitié chemin, à peu près, nos éclaireurs signalèrent la présence d'un fort parti ennemi ; la retraite nous était coupée, il fallait marcher en avant quand même. Je consultai mes guerriers ; tous se rangèrent à mon avis. Une heure plus tard, nous étions aux prises avec les Sioux. Leur détachement, six fois plus nombreux que le nôtre, était, heureusement pour nous, composé en grande partie de jeunes hommes qui pour la première fois suivaient le sentier de la guerre. Nos mesures furent si bien prises, notre résistance si opiniâtre, que les Sioux découragés et désespérant de nous vaincre renoncèrent à combattre plus longtemps, sans profit pour eux, des hommes résolus à se faire bravement tuer jusqu'au dernier, plutôt que de se rendre ; ils tournèrent bride et ne tardèrent pas à disparaître derrière les collines. Nous étions maîtres du champ de bataille, mais de vingt-cinq guerriers nous ne restions plus que dix, et blessés pour la plupart. La marche continua ; les souffrances que nous eûmes à supporter pendant qu'elle dura sont horribles ; je ne saurais dire aujourd'hui comment nous sommes parvenus à regagner le village. On savait déjà tout ce qui s'était passé pendant l'expédition. Loin de me blâmer, les Sachems réunis en conseil rendirent justice à mon courage, à ma persévérance, et me consolèrent, autant que cela fut en leur pouvoir, d'un insuccès dont la faute ne devait en aucune manière retomber sur moi, d'autant plus que je rapportais dix-huit scalps de guerriers Sioux tués dans le combat et que leurs compagnons avaient renoncé à enlever dans leur retraite précipitée. Mais si mon honneur comme chef et comme guerrier était sauf, mon bonheur était perdu ; Rosée du Soir n'était plus au village.

— Que voulez-vous dire, chef, s'écria le Canadien, ma sœur a été enlevée ?

— Non, répondit-il tristement ; mon frère ignore cela parce que depuis longtemps il a quitté la tribu : Rosée du Soir n'a pas été enlevée, elle est partie volontairement.

— Volontairement, dit-il avec stupeur.

— Pendant l'absence de Balle-Franche et la mienne, un visage pâle est arrivé dans le village. Cet homme, ainsi que je l'ai appris indirectement, car le père et le grand'père du chasseur ont refusé de me donner la plus légère explication à ce sujet et se sont toujours renfermés dans un silence hostile, dont je n'ai pu comprendre la cause, cet homme, dis-je, paraît être un parent de mon frère. Après un séjour de près de deux semaines dans le village, un matin il est parti ; le père de mon frère l'accompagna, Rosée du Soir les suivit. La jeune fille pleurait en quittant la tribu ; cependant elle n'opposa pas la moindre résistance, et obéit, en apparence du moins, aux ordres de son père. Trois jours plus tard, le père de mon frère revint dans la tribu; il était seul. Qu'était devenue la jeune fille? Nul ne put ou ne voulut me renseigner à cet égard; les plus minutieuses recherches tentées par moi démeurèrent sans succès. Ce fut alors que, fou de désespoir, ne sachant plus quel moyen employer, j'expédiai un guerrier à mon frère pour lui assigner un rendez-vous. Maintenant, me voici : que mon frère parle. Que dois-je faire? Quel que soit le conseil qu'il me donnera, je le suivrai.

— Chef, ce que vous m'apprenez me semble tellement extraordinaire que je vous avoue en toute humilité de cœur que je n'y comprends rien; je ne sais en vérité quel parti prendre.

— Voulez-vous me permettre de vous donner mon avis, dit alors Olivier. Je suis entièrement désintéressé dans la question; il m'est donc possible de l'envisager froidement, ce que ni l'un ni l'autre, en l'état où vous êtes, vous ne sauriez faire en ce moment.

— Parlez, parlez, s'écrièrent les deux jeunes gens.

— Voici donc ce que je crois urgent de faire : il faut sans retard, demain par exemple au lever du soleil, reprendre le chemin du village. Je comprends jusqu'à un certain point que le père de Balle-Franche ait refusé de donner au chef les explications que celui-ci lui a demandées; ce sont affaires de famille qui ne doivent regarder que les membres mêmes de la famille, et dans lesquelles un étranger n'a aucun titre pour s'immiscer ; mais ces raisons, fort bonnes peut-être vis-à-vis du chef, perdent toute leur valeur auprès de Balle-Franche ; comme frère de Rosée du Soir, il a droit de savoir ce qu'est devenue sa sœur et pourquoi on a disposé de sa personne sans l'en avertir. Je suis convaincu que ces explications, demandées respectueusement par Balle-Franche, lui seront aussitôt données par son père, qui n'a pas de raisons pour lui faire un mystère des motifs de sa conduite. C'est donc au village qu'il faut se rendre d'abord ; les explications obtenues ou refusées, nous verrons ensuite ce qui nous restera à faire ; dans tous les cas, je vous prie, mes chers compagnons, de compter sur mon concours absolu en toutes choses.

— Que dit le chef ? demanda Balle-Franche.

— Numank-Charaké remercie la Panthère-Bondissante, répondit le jeune homme avec émotion, son cœur est loyal et son âme généreuse. Son conseil est bon, le chef pense qu'il doit être suivi ; avec deux amis comme Balle-Franche et la Panthère-Bondissante, le guerrier Peau-Rouge est certain du succès ; au lever du soleil, les trois chasseurs prendront le sentier qui conduit aux grands lacs.

La conversation continua quelque temps encore sur ce sujet inépuisable entre un frère et un fiancé parlant de la personne chérie à divers titres par chacun d'eux ; puis, après avoir jeté quelques brassées de bois sec dans le feu, les trois hommes se roulèrent dans leurs couvertures et s'étendirent sur le sol.

Les deux coureurs des bois se couchèrent la face tournée vers leur terre natale, ainsi que le prescrit expressément la loi indienne, fort sévère à cet égard, puisqu'elle ordonne que, si incommode que soit leur position, quelque fatigue qu'ils aient supportée, pour aucun motif les guerriers ne changent d'attitude pendant leur sommeil.

Quant à Olivier, il se plaça simplement les pieds au feu.

Au premier houhoulement du hibou, le premier oiseau qui chante pour annoncer le lever du soleil, le chef éveilla ses compagnons, et dix minutes plus tard tous trois quittaient le campement.

VII

Comment Samuel Dickson tira un élan et ce qui en advint.

Les exigences de notre récit nous contraignent à abandonner provisoirement les trois chasseurs, pour transporter le lieu de l'action à cent milles plus haut environ, dans les montagnes Rocheuses où vont se passer certains événements importants.

Le voyageur qui pour la première fois arrive dans les montagnes Rocheuses, ne peut contenir son étonnement et son admiration lorsqu'il contemple cette couche de montagnes auxquelles les premiers explorateurs espagnols ont donné le nom significatif de *Sierra de la rivière du Vent*, cet immense réservoir dont les sources, les lacs et les neiges fondues donnent naissance à quelques-uns de ces fleuves puissants qui, après avoir parcouru des centaines de milles d'un territoire pittoresque et accidenté, vont porter le tribut de leurs eaux, les uns dans l'Atlantique, les autres dans le Pacifique.

Les monts de la rivière du Vent sont certainement les plus remarquables de toute la chaîne Rocheuse : ils forment pour ainsi dire une couche de montagnes d'une longueur d'environ quatre-vingts milles sur une largeur moyenne de vingt à trente, avec des pics escarpés couverts de neiges éternelles et des vallées étroites pleines de sources, de ruisseaux et de petits lacs encadrés dans les rocs.

De ce vaste trésor des eaux sortent de limpides rivières qui, grossissant incessamment dans leurs cours tortueux, deviennent les principaux affluents du Missouri d'un côté et de la Colombie de l'autre, et donnent naissance au *Sids-Ki-di-agie*, ou rivière Verte, ce grand Colorado de l'ouest qui décharge ses eaux dans le golfe de Californie.

C'est près de la fourche formée par une rivière assez large descendue des montagnes du Vent, à l'endroit où elle se jette dans le Missouri, que nous nous arrêterons, au centre d'une vallée délicieuse large d'une vingtaine de milles au plus, séparée à angle droit en deux parties presqu'égales par la rivière dont nous avons parlé et le Missouri, et de tous les côtés encadrée par les verts sommets de montagnes boisées jusqu'aux deux tiers de leur hauteur et dont les pics neigeux cachent leur tête chenue dans les nuages.

Cette charmante vallée, de l'aspect le plus enchanteur, était coupée çà et là par des bois touffus, de jeunes futaies et de gras pâturages arrosés par de nombreux cours d'eau qui tombaient en cascatelles argentées, des montagnes et allaient, après mille et mille capricieux détours, se perdre dans le Missouri.

Cet Éden ignoré, enfoui au milieu des montagnes, avait depuis quelque temps été découvert par un hardi explorateur, et déjà la main de l'homme avait imprimé une trace visible sur le paysage auquel elle avait commencé à enlever sa sauvage grandeur, pour l'accommoder aux exigences de ses besoins ; en un mot un défrichement de squatters était en pleine voie d'exécution.

Disons d'abord ce que sont les squatters, cette race d'hommes aux mœurs si curieuses, au caractère si singulier, aux habitudes si excentriques, et qu'on chercherait vainement autre part que dans l'Amérique du Nord, où elle a pris naissance et s'est multipliée dans des conditions énormes.

Les squatters sont des hommes d'un esprit inquiet, avides d'émotions n'importe lesquelles, impatients de tout frein, et par conséquent ennemis nés de la vie sédentaire paisible et réglée des grands centres de population. Doués d'un courage de lion, d'une volonté ou plutôt d'un entêtement que rien ne peut vaincre, ces hommes d'une énergie indomptable, dans la poitrine desquels bouillonnent sans cesse les passions les plus violentes, sont réellement les pionniers du désert et les éclaireurs de la civilisation dans le nouveau monde; et certes ils méritent bien ce nom, car dans leur marche incessante ils précèdent la population plus tranquille et plus civilisée et, à leurs risques et périls, ils frayent la route que celle-ci parcourra après eux.

Habitués à se mettre au-dessus de la loi aussitôt que la marée de la civilisation, qui toujours monte, les atteint, ils abandonnent sans regret tout ce qu'ils possèdent, maisons et terres, saisissent leur hache et s'enfoncent gaiement dans le désert, puis lorsqu'un site leur plaît, sans aucun titre de propriété, sans demander la permission à personne, ils s'emparent du terrain *squat them selves*; nul n'est là pour contester leurs droits et, dans tous les cas, ce ne serait pas une entreprise prudente, car ils en appelleraient immédiatement à leur rifle et le chargeraient du règlement de la question en litige.

Voilà quels sont les squatters, un composé de bons et de mauvais instincts, de vertus et de vices, n'étant en réalité ni sauvages ni civilisés, mais se tenant constamment sur l'extrême limite qui sépare les uns des autres, appropriant les lois à leurs besoins, les faisant et les défaisant selon leur caprice, et en résumé ne s'y soumettant que lorsqu'ils y trouvent avantage.

En somme, ces hommes étranges font après tout beaucoup de bien aux pays où ils campent ; aussi on les encourage plutôt qu'on ne les tracasse, à moins cependant qu'ils ne se permettent, comme cela leur arrive souvent, de trop fortes excentricités ; telles que de recevoir à coups de fusil le propriétaire du terrain dont ils se sont indûment emparés, de lui déchirer au nez ses titres de propriété, et de le renvoyer à demi-mort demander aide et protection à la loi ; si mieux ils ne préfèrent le pendre à un arbre pour servir de pâture aux oiseaux de proie.

Avec le temps, la plupart de ces squatters deviennent des membres utiles d'une société qui s'est peu à peu groupée autour d'eux ; les autres, c'est-à-dire les incorrigibles, continuent à s'avancer plus loin dans le désert, pour ne s'arrêter définitivement que lorsque la mort les surprend et les couche dans une tombe souvent sanglante.

Samuel Dickson était un squatter pur sang, sa vie entière n'avait été qu'un long pèlerinage à travers tous les États de l'Union ; fatigué enfin de parcourir sans cesse des pays civilisés dans lesquels il se sentait mal à l'aise et poursuivi par son inquiétude naturelle ; un jour, ainsi que nous l'avons rapporté plus haut, il avait pris une grande résolution et, abandonnant sans regret tout ce qu'il possédait, il s'était mis résolûment en route avec sa famille et ses serviteurs, pour aller à la recherche d'une terre où nul avant lui n'avait posé les pieds.

C'était lui qui avait découvert la vallée décrite au commencement de ce chapitre.

Nous ne rapporterons pas les péripéties d'un voyage fait à travers des contrées incultes, sans guides et sans renseignements d'aucune sorte, ce récit exigerait un volume : les difficultés que les pionniers eurent à surmonter, les périls qu'ils coururent, les souffrances auxquelles ils furent exposés dépassent de bien loin les limites du possible ; mais ils ne se laissèrent décourager ni arrêter par rien, et à travers tous les obstacles ils continuèrent impassiblement à marcher droit devant eux.

Un soir, ils avaient établi leur camp non loin d'une gorge assez étroite et si boisée qu'ils n'avaient pas voulu s'aventurer à la traverser pendant les ténèbres, et comme après tout rien ne les pressait, que leur voyage n'avait pas de but marqué, ils s'étaient philosophiquement installés pour la nuit sur le bord d'un petit cours d'eau, au milieu d'une verte prairie qui leur offrait d'excellents pâturages pour leurs bestiaux et leurs chevaux.

Le lendemain, un peu avant le lever du soleil, tandis que ses compagnons dormaient encore Samuel Dickson s'était levé, avait pris son rifle et s'était avancé dans la direction du défilé, dans le double but de le reconnaître et d'abattre, s'il était possible, une ou deux pièces de gibier pour le repas du matin, car les vivres étaient excessivement rares en ce moment dans la caravane, et la veille les aventuriers s'étaient couchés à peu près sans souper.

Harry Dickson, placé en sentinelle aux abords du camp pour veiller à la sûreté commune, avait seul vu sortir son oncle, mais comme celui-ci n'avait pas jugé à propos de lui adresser la parole, il s'était donné garde de l'interroger.

Samuel Dickson s'était donc éloigné le rifle sous le bras, les mains dans ses poches, en sifflant le *yankee Doodle* et n'avait pas tardé à disparaître du milieu des hautes herbes sans qu'il fût possible à son neveu de reconnaître la direction qu'il avait prise.

Vu à la clarté du soleil, le défilé n'était pas aussi obstrué par les arbres et les buissons qu'il avait paru l'être la veille aux lueurs douteuses du crépuscule ; l'entrée seulement était masquée par un rideau de jeunes arbres faciles à abattre avec quelques coups de hache.

L'Américain poussa en avant, se frayant un passage avec son bowrie-knife, résolu à aller jusqu'à l'extrémité du défilé, afin de bien s'assurer de l'état des choses et être ainsi en mesure de donner à son frère des renseignements positifs.

Tout à coup un brusque mouvement s'opéra dans les buissons, un élan se leva et s'élança en avant à toute course.

7.

— By god ! s'écria l'Américain, voilà un démon qui n'a pas de rhumatismes. Comme il détale ! Je l'aurai ou le diable m'emporte ! C'est mon déjeuner qui court devant moi.

Tout en faisant cet aparté il se mit à la poursuite de l'élan, qu'il apercevait parfois à travers les éclaircies des arbres et des buissons, mais toujours à une trop grande distance pour qu'il pût le tirer avec l'espérance de le toucher.

Depuis plus de vingt minutes il courait ainsi le canon du rifle en avant, ne regardant ni à droite ni à gauche, lorsqu'il vit l'élan arrêté droit sur ses jarrets tremblants et donnant des signes d'inquiétude, comme s'il eût découvert un autre ennemi dans la direction qu'il suivait.

L'Américain ne voulant pas laisser échapper l'occasion que lui offrait si généreusement le hasard, épaula vivement son rifle, visa une seconde ou deux et tira.

L'élan bondit sur lui-même en bramant de douleur et reprit sa course affolée.

Samuel Dickson s'élança à sa poursuite ; l'animal en tenait.

Il s'agissait maintenant de ne pas le perdre.

Malheureusement pour lui, le chasseur emporté par son ardeur et les yeux constamment fixés sur son gibier qui détalait à toute vitesse, ne songeait pas à regarder où il marchait ; au moment où il lui semblait que l'élan commençait à faiblir et qu'il redoublait de vitesse pour l'atteindre, le pied lui manqua tout à coup, il fit une affreuse culbute et dégringola d'une hauteur de quinze pieds environ sur un lit de cailloux parfaitement durs.

La chute fut si lourde que l'Américain brisé, moulu et contusionné perdit complétement connaissance.

Une vive impression de fraîcheur lui fit ouvrir les yeux.

Il regarda d'un air effaré autour de lui.

Un jeune homme de vingt-sept à vingt-huit ans portant le costume complet des coureurs des bois, et dont le beau et mâle visage était penché vers lui avec une expression de vif intérêt, lui humectait les tempes et la poitrine avec un linge imbibé d'eau.

— Vous sentez-vous mieux, master Samuel, lui demanda-t-il d'une voix douce et sympathique, aussitôt qu'il lui vit les yeux ouverts.

— Hein ! s'écria l'Américain au comble de la surprise, qu'est-ce que cela signifie. Suis-je fou ?

— Pas le moins du monde, master Samuel, vous êtes dans votre bon sens, ou du moins tout me le fait supposer.

— Mais que m'est-il donc arrivé, reprit l'autre en essayant avec une affreuse grimace causée par la douleur de se mettre sur son séant.

— Une chose bien simple, reprit en souriant le jeune homme, vous avez tiré un élan et, dans la précipitation que vous avez mise à le poursuivre, vous n'avez pas remarqué que vous étiez au sommet d'une éminence et vous avez roulé en bas, voilà tout.

— Voilà tout, voilà tout, dit l'autre en grommelant, vous en parlez bien à votre aise, vous Georges, on voit bien que vous n'avez pas fait cet exécrable saut; je n'ai rien de cassé au moins?

— Non, grâce à Dieu. Pendant votre évanouissement je vous ai visité, vous en serez quitte pour une courbature et quelques contusions.

— Hum! maudit élan, si je l'avais encore! ce ne serait que demi mal, mais il s'est échappé, le misérable.

— Mais non, vous êtes un trop adroit chasseur pour manquer ainsi le gibier que vous tirez, le pauvre animal est mort, il est là près de vous, à votre droite, regardez.

— C'est ma foi vrai! Tant mieux. C'est égal, je souffre comme si j'avais reçu une volée de coups de bâton; aidez-moi donc à me lever, Georges, voulez-vous?

— Je ne demande pas mieux, mais peut-être serait-il préférable que vous attendiez encore un peu que vos forces soient complétement revenues.

— Du diable si j'attends une seconde : je ne suis pas une petite fille pleurarde comme ma nièce, moi! Mais à propos, dit-il en changeant subitement de ton et regardant le jeune homme d'un air soupçonneux, dites-moi donc, mon gaillard?

— Quoi donc, master Samuel? Tenez, prenez

mon bras, là, soulevez-vous, ne craignez pas d'appuyer ferme, je suis fort; encore un peu, bien! vous voilà debout. Voici votre rifle, il vous servira pour vous soutenir.

Grâce au secours du jeune homme, l'Américain était enfin parvenu à se remettre sur ses jambes, bien qu'en geignant et en se plaignant, le tout accompagné d'horribles grimaces.

— Je voudrais que mon frère fût à tous les diables, avec sa sotte manie d'émigrer de partout, dit-il en grommelant, dès qu'il se vit debout; mais ce n'est pas de cela qu'il s'agit en ce moment. Voulez-vous me répondre?

— Je ne demande pas mieux, master Samuel, interrogez. Que voulez-vous faire de l'élan, vous ne pouvez l'emporter dans l'état où vous êtes, désirez-vous que je l'accroche à une branche jusqu'à ce qu'on vienne le prendre?

— By god! une fois pour toutes, je désire que vous répondiez à ma question, Georges, s'écria-t-il en frappant du pied avec colère.

— Mais à quelle question voulez-vous donc que je vous réponde, master Samuel, dit le jeune homme avec douceur, vous ne m'en avez adressé aucune.

L'Américain le regarda un instant avec une expression de raillerie sournoise, puis il se mit à rire et, lui tendant la main:

— Pardonnez-moi, Georges, lui dit-il avec bonhomie, je suis un vieux fou, je vous cherche sottement querelle quand, au contraire, je devrais vous remercier du service que vous m'avez rendu, car il n'y a pas à le nier, vous m'avez sauvé la vie ou à peu près.

— Oh! master Samuel, vous exagérez.

— By god! vous trouvez, mon ami; eh bien, cela me semble ainsi, à moi. Qu'est-ce que je serais devenu tout seul évanoui dans ce désert, si vous ne vous étiez pas trouvé là tout à point pour me secourir.

— Le hasard a tout fait.

— Le hasard, reprit-il avec finesse, je le veux bien, il a les épaules solides, le hasard, on peut le charger tant qu'on veut.

Le jeune homme baissa les yeux en rougissant.

— Allons, allons, je ne veux pas vous taquiner davantage, Georges, reprit l'Américain, vous êtes un brave et excellent cœur; j'étais l'ami de votre père et vous savez que je vous aime.

— Et je vous remercie bien sincèrement de l'intérêt que vous me portez, master Samuel.

— C'est entendu. Seulement, maintenant que nous nous entendons, causons un peu comme deux vieux amis, le voulez-vous?

— Je ne demande pas mieux.

— Voilà votre éternel refrain, mais ce n'est pas cela que je vous demande; je sais que je n'ai pas le droit de connaître vos secrets, cependant je crois ne pas dépasser les limites des convenances en vous adressant une question.

— Parlez, master Samuel, et soyez convaincu que s'il m'est possible de vous répondre je le ferai et cela franchement.

— Hum, voilà déjà des réticences ; enfin, je n'insiste pas. D'abord asseyons-nous, car je me sens réellement brisé.

Le jeune homme se hâta de se rendre au désir de son ami ; il l'aida à s'asseoir sur un tertre de gazon et se plaça à son côté.

— Là, nous voici plus à notre aise ; j'ai plus d'une heure devant moi, causons.

— Causons, soit, mon vieil ami.

— Comment se fait-il, master Georges Clinton, dit-il avec un clignement d'yeux assez narquois, que vous que j'ai laissé il y a trois mois à Boston à la tête d'une maison de commerce fort considérable, dont vous étiez le chef comme successeur de votre père ; je vous retrouve aujourd'hui en costume de chasseur, à cent lieues au moins du premier défrichement américain, et cela juste à point pour me sauver la vie, ce dont au reste je vous remercie sincèrement.

— Mon voyage n'aurait pas d'autre but que je me féliciterais de l'avoir entrepris, mon vieil ami, répondit-il en souriant ; mais comme je ne pouvais prévoir l'avenir, je vous avouerai naïvement que c'est un autre motif qui m'a poussé à le faire.

— Je le crois sans peine, mon cher Georges, aussi est-ce ce motif que je désire connaître, si toutefois vous ne voyez pas d'inconvénient à me le révéler.

— Moi? nullement, master Samuel. Je suis jeune, vigoureux, adroit à tous les exercices du corps; assez habile tireur et de plus doué d'un caractère très-aventureux; maintes et maintes fois à Boston le hasard m'a fait rencontrer des personnes qui avaient accompli de grandes excursions dans l'intérieur si peu connu de notre continent, et qui racontaient des merveilles de leurs voyages; ma curiosité s'éveilla et je sentis, moi aussi, naître le désir de tenter une de ces expéditions extraordinaires à la recherche de l'inconnu.

— Ou de l'idéal, interrompit finement l'Américain.

— Ou de l'idéal, soit. Tant que mon père exista je renfermai soigneusement dans mon cœur ces velléités aventureuses qui sans doute lui auraient déplu; mais aussitôt que je me vis libre de mes actions, mes désirs se réveillèrent plus ardents que jamais; je n'eus pas la force de résister à mon penchant: une occasion se présenta, je la saisis avec empressement. Après avoir mis ordre à mes affaires, confié ma maison à un associé dont l'intelligence et la probité me sont connues depuis longtemps, rien ne s'opposant plus à l'exécution de mes projets, je partis.

— Mais vous vous étiez donné un but ?

— Non, je marchais devant moi, au hasard, me laissant guider par...

— L'idéal toujours, interrompit en riant l'Américain. Tenez, mon jeune ami, le hasard joue un trop grand rôle en cette affaire; excusez-moi de vous dire franchement ma pensée, votre histoire est charmante, parfaitement arrangée, elle fait honneur à votre imagination, mais du diable si j'en crois un traître mot.

— Ah! master Samuel, vous n'êtes pas généreux.

— Comment je ne suis pas généreux.

— Dame! vous ne voulez pas croire que moi un jeune homme je cède à mes instincts aventureux; et pourtant vous, un homme sage, beaucoup plus âgé que moi, vous dont la position était convenablement assurée, je vous retrouve dans la même situation; sans que vous ayez, pour justifier votre conduite peut-être un peu légère, un motif raisonnable à faire valoir en votre faveur.

— Bien riposté, Georges, je ne m'attendais pas à celle-là. Ma foi, mon garçon, vous m'avez touché du premier coup; mais moi, vous les savez, je suis un vieux fou.

— Pouvez-vous parler ainsi.

— Pourquoi m'en cacherais je? by god. Vous avez raison, mon ami, il faut être fou à lier pour commettre une pareille sottise; bref, ce que je vois de plus clair dans tout cela c'est que vous ne voulez pas m'instruire des motifs véritables qui ont occasionné votre voyage.

— Je vous assure...

— Que vous voulez m'en donner à garder, interrompit-il vivement; by god, je le sais bien, Georges; mais vous aurez beau faire, mon ami, tôt ou tard il faudra bien vous résoudre à me prendre pour confident. C'est là que je vous attends ; alors soyez tranquille, beau mystérieux, je prendrai ma revanche.

— Master Samuel, vous m'en voulez de mon silence.

— Moi! pas le moins du monde, mon garçon, et, ajouta-t-il en lui pressant la main, souvenez-vous, Georges, que je suis votre ami ; gardez vos secrets quant à présent, ils ne regardent que vous seul; mais plus tard, quoi qu'il arrive, si vous avez besoin de moi, n'hésitez pas, vous me trouverez toujours disposé à vous être utile.

— Je ne sais comment vous exprimer ma reconnaissance pour tant de bonté.

— Ta, ta, ta, paroles que tout cela, viande creuse; vous ne me devez rien, c'est moi qui suis votre débiteur, je m'en souviendrai; mais il commence à se faire tard, il est temps que je retourne au camp, mon frère pourrait s'inquiéter de mon absence. Je suis maintenant, grâce au repos que j'ai pris, non-seulement en état de marcher convenablement, mais même d'emporter ce diable d'élan avec moi.

— Vous avez peut-être tort.

— Allons donc, je ne suis pas aussi faible que vous le supposez : vous allez voir.

— Attendez quelques minutes.

— Que voulez-vous faire ?

— Le vider et l'écorcher, je pendrai la peau à cet arbre, vous la prendrez en repassant.

— By god ! ceci est une idée ! faites donc, d'autant plus que nous ne sommes pas riches en comestibles.

— Cette contrée foisonne de gibier, et voyez quel magnifique paysage.

— C'est ma foi vrai ! je ne l'avais pas remarqué.

Le jeune homme se mit à l'œuvre, l'élan fut vidé et dépouillé en quelques minutes et attaché en bandoulière sur l'épaule de Samuel Dickson, qui assura son ami qu'il se sentait parfaitement capable de le porter sans s'arrêter jusqu'au camp.

— Laissez-moi vous conduire jusqu'au défilé en vous donnant le bras, dit Georges Clinton.

— J'y consens. Mais comment donc savez-vous que je dois passer par le défilé ?

— C'est le seul chemin pour sortir de la vallée de ce côté, à moins de faire un long détour.

— Allons, il est dit que je ne saurai rien, reprit l'Américain en riant : Venez.

Ils se mirent en route.

En effet, soit que Samuel Dickson eût recouvré ses forces, soit, ce qui est plus probable, qu'il se roidît contre la souffrance et la domptât par son énergique volonté, il marcha assez facilement.

— Voulez-vous me faire une grâce? demanda le jeune homme lorsqu'ils atteignirent l'entrée du défilé.

— Laquelle, mon ami?

— C'est de taire à tout le monde votre rencontre avec moi; je désire que ma présence soit ignorée.

— Sérieusement, vous le voulez?

— Très-sérieusement.

— Puisqu'il en est ainsi, soyez tranquille, je ne soufflerai mot de notre rencontre, tout le monde ignorera ce qui s'est passé. Bah! ajouta-t-il finement, je ferai comme certaines personnes, j'inventerai une histoire, cela ne doit pas être difficile, n'est-ce pas, Georges?

— Merci et adieu, mon ami, dit le jeune homme avec embarras.

— Non pas adieu, mais au revoir! répondit cordialement l'Américain.

Les deux hommes se donnèrent une énergique poignée de main et ils se séparèrent.

Samuel Dickson s'enfonça dans le défilé tandis que Georges Clinton rentrait à pas lents dans la vallée.

VIII

Comment Joshuah Dickson s'improvisa maître et seigneur de la vallée de l'Élan.

Demeuré seul, Samuel Dickson avait continué sa route d'un pas assez rapide en s'appuyant sur son rifle dont il se servait en guise de canne pour assurer sa marche; mais bientôt il s'aperçut qu'il avait trop présumé de ses forces, et il fut contraint de s'avouer à lui-même que si le courage et l'énergie étaient, dans certaines circonstances, de puissants auxiliaires, ils ne suffisaient pas toujours et que parfois ils étaient plutôt nuisibles qu'utiles; et qu'en somme c'était une tâche presque surhumaine à accomplir, lorsqu'on était littéralement moulu, à la suite d'une chute affreuse de plus de quinze pieds faite du haut d'un rocher, que celle de marcher pendant près de deux lieues avec une charge de quatre-vingts livres sur les l'épaules, et cela à travers des chemins impraticables.

Cependant il ne voulait pas abandonner l'élan dont la conquête lui avait coûté si cher et que sans doute ses compagnons, manquant presque totalement de vivres et supposant qu'il était parti pour la chasse, attendaient avec une vive impatience.

Le brave Américain essuya la sueur froide que la souffrance faisait ruisseler sur son front, reprit haleine pendant quelques instants et se remit résolûment en route.

Ce qu'il lui fallut d'efforts et de volonté pour traverser le défilé est chose impossible à dire ; dans la dernière partie du parcours il se traînait et rampait plutôt qu'il ne marchait ; s'arrêtant à chaque pas, sentant le sang envahir son cerveau, voyant des lueurs de feu scintiller dans ses yeux, en proie à une espèce de vertige, la gorge sèche, la poitrine haletante, ses tempes battant à se rompre, ses oreilles remplies de bourdonnements sinistres, chancelant comme un homme ivre, retenant son intelligence prête à lui échapper, et comprenant que s'il tombait il ne lui serait pas possible de se relever.

Enfin, après plus d'une heure de cette lutte follement héroïque de la volonté contre la matière en révolte, il atteignit l'extrémité du défilé et déboucha dans la plaine.

Il n'avait plus que quelques pas à faire pour être

auprès des siens, une distance de cinq à six cents mètres au plus le séparait du camp; mais ses forces étaient à bout, l'énergie qui jusqu'alors l'avait soutenu était vaincue elle aussi ; il se laissa glisser sur l'herbe et, pendant près d'un quart d'heure, il demeura immobile, inerte, sans pensées, presque évanoui; heureusement pour lui un mince filet d'eau coulait avec un bruit argentin à travers les herbes presqu'à ses pieds ; il se traîna comme il put jusque là et plongea à diverses reprises son visage et ses mains dans l'eau glacée. Cette immersion lui fit du bien, sa fièvre se calma, ses idées devinrent plus nettes et plus lucides.

Essayer d'aller plus loin eût été une insigne folie, complétement irréalisable dans l'état de prostration dans lequel il se trouvait ; il n'y songea pas, mais il pensa qu'il était assez rapproché du camp pour être entendu et que si on l'entendait on viendrait aussitôt à son secours ; car l'inquiétude devait être grande parmi les siens et probablement on s'était mis déjà à sa recherche.

Il s'agissait donc simplement de diriger sûrement ces recherches au moyen d'un signal qui fût compris : crier était inutile, sa voix n'aurait pas été entendue à dix pas; mais son rifle lui restait; il parvint à le charger et, appuyant le canon contre le sol, il pesa sur la gachette, le coup partit; il recommença aussitôt et déchargea ainsi son arme quatre fois consécutives sans recevoir de réponse.

Il commençait à s'étonner de ce silence obstiné auquel il ne comprenait rien, lorsque tout à coup des cris d'appel assez rapprochés se firent entendre dans plusieurs directions à la fois ; et presqu'aussitôt son frère et ses neveux apparurent et accoururent vers lui en donnant des marques non équivoques de la joie qu'ils éprouvaient.

Il était temps que ce secours lui arrivât. Épuisé par les derniers efforts qu'il avait faits, Samuel Dickson avait complétement perdu connaissance et était retombé tout de son long sur l'herbe. Le premier soin des Américains fut de le délivrer de l'élan qu'il portait toujours ; puis deux de ses neveux l'enlevèrent sur leurs robustes épaules et le cortége se dirigea à grands pas vers le camp où mistress Dickson et miss Diana attendaient en proie à la plus vive anxiété le résultat de l'expédition.

En voyant arriver de cette façon le pauvre chasseur, les dames le crurent mort et poussèrent des cris affreux.

Joshuah eut beaucoup de peine à les calmer et à leur faire comprendre qu'il n'était qu'évanoui et que grâce à Dieu, du moins il le supposait, la vie de son frère ne courait aucun danger.

Les Américains du Nord, grâce à la vie qu'ils mènent, et surtout les squatters et les coureurs des bois, sans être positivement médecins, possèdent en général des notions médicales assez étendues et se connaissent fort bien au traitement des plaies et des blessures.

Joshuah Dickson, dont la vie s'était écoulée à parcourir le territoire américain dans toutes les directions, avait acquis à ses dépens, peut-être, une certaine expérience qui lui tenait lieu de science et le mettait à même, en cas de maladie, de se passer d'un médecin et de se traiter soi-même.

Le malade fut transporté dans un wagon couvert, étendu sur un matelas et dépouillé de ses vêtements.

En apercevant les larges plaques noires dont le corps de son frère était marbré, Joshuah Dickson reconnut aussitôt la cause de son mal.

— By'god ! dit-il à son fils aîné qui l'aidait dans les soins qu'il donnait à son frère, ce pauvre Samuel a fait une rude chute, c'est miracle qu'il ne soit pas resté sur le coup.

— Et, de plus, qu'il s'en soit tiré sans avoir rien de brisé, répondit le jeune homme.

— C'est juste, Harry ; Dieu l'a évidemment protégé, car il en est quitte après tout pour des contusions.

— Nous allons mettre ordre à cela, pendant que votre mère fera cuire un cuissot d'élan pour déjeuner. Pauvre Samuel, c'est pour nous qu'il a ainsi risqué sa vie. Allez chercher l'eau-de-vie camphrée, Harry ; demandez de la laine à votre mère et

8

en même temps recommandez-lui de surveiller la cuisson de l'élan ; elle a l'habitude de laisser brûler la venaison, ce qui lui donne un goût détestable ; vous apporterez en même temps du rhum ; j'essayerai d'en faire boire une gorgée à ce pauvre Sam ; cela lui fera du bien. Allez et surtout hâtez-vous.

Après avoir donné ces différents ordres à son fils, Joshuah Dickson s'occupa activement à humecter les tempes de son frère avec de l'eau fraîche et à lui passer sous le nez des plumes brûlées ; mais ces moyens, si efficaces d'ordinaire, n'obtinrent cette fois aucun succès, le malade demeura plongé dans la même immobilité sans donner la la plus légère marque d'un retour prochain à la vie.

En ce moment Harry revint portant l'eau-de-vie camphrée, la laine et la gourde de rhum.

— Faisons-le boire d'abord, dit Joshuah.

Tout en parlant il desserra avec son couteau les dents de son frère, lui introduisit le goulot de la gourde dans la bouche et laissa couler le liquide.

Soudain Samuel Dickson fit deux ou trois mouvements brusques, ouvrit et referma convulsivement les yeux.

— Bon ! le remède opère, dit joyeusement le squatter. A l'œuvre, garçon !

Les deux hommes, s'armant alors de morceaux de laine imbibés d'eau-de-vie camphrée, commencèrent à frictionner le malade par tout le corps à tour de bras.

L'effet d'un tel remède, employé dans des conditions aussi brutales, fut presqu'immédiatement efficace.

Le malade se rua hors du lit où ses deux bourreaux essayaient vainement de le maintenir, et essaya de s'échapper en poussant des hurlements affreux.

Mais il avait affaire à des hommes convaincus de l'excellence du remède qu'ils employaient, et, bon gré mal gré, leur victime priant, hurlant et maugréant, fut contrainte de se soumettre à ce traitement barbare qui dura pendant près d'une demi-heure sans interruption.

— Là, voilà qui est fait, dit enfin Joshuah en se frottant joyeusement les mains; tâchez de dormir maintenant.

— Allez au diable! bourreaux que vous êtes, s'écria Samuel avec colère, vous m'avez écorché vif.

— Bah! vous êtes douillet comme une vieille femme; c'est à peine si nous avons appuyé : ce soir nous vous frictionnerons de nouveau, et demain il n'y paraîtra plus, vous serez frais et dispos comme si rien ne vous était arrivé.

A la perspective que son frère lui faisait entrevoir, Samuel frissonna de tous ses membres; mais il ne répondit pas, et pour échapper à une plus longue conversation il ferma les yeux : cinq minutes plus tard il dormait à poings fermés.

Le soir, ainsi qu'il l'avait promis, Joshuah Dickson revint accompagné de son fils aîné, et malgré les protestations, les prières et la résistance désespérée de son frère, il le frictionna de nouveau ; mais cette fois plus vigoureusement et pendant plus longtemps que l'autre ; ne se laissant ni attendrir par les prières, ni emporter par les injures que lui prodiguait Samuel Dickson ; mais continuant ses frictions avec le calme impassible d'un homme qui est convaincu qu'il accomplit un devoir.

La torture terminée, comme il l'avait fait le matin il recommanda à son frère de dormir, en l'assurant que le lendemain il serait complétement guéri ; mais que, dans tous les cas, il pouvait être tranquille, que s'il se ressentait encore de sa chute, il n'hésiterait pas à continuer ses frictions.

Cette promesse, peu agréable pour le malade, fut efficace et suffit pour le guérir.

Le lendemain il fut levé avec le soleil, et lorsque Joshuah s'éveilla, déjà depuis longtemps il se promenait dans le camp en sifflant d'un air délibéré le *yankee Doodle*.

Son frère fut charmé de le voir dans d'aussi bonnes dispositions ; il le félicita sur son rétablissement et ne manqua pas de lui vanter la bonté du remède qu'il avait employé, ce qui fit intérieurement frissonner Samuel au souvenir de l'horrible supplice que deux fois il avait subi.

Dès qu'il fut bien constaté que Samuel Dickson était définitivement guéri, on lui demanda des détails sur son excursion, et quelle était la cause de sa chute.

L'ex-fermier ne se fit pas prier pour raconter ce qui lui était arrivé, en passant bien entendu sous silence sa rencontre avec Georges Clinton.

Ce récit fut fait pendant le déjeuner et écouté avidement par tous les assistants; les deux dames surtout, fatiguées de la longueur de ce voyage interminable, prirent le plus vif intérêt à la description de la charmante vallée dans laquelle Samuel Dickson avait fait une entrée si singulière.

— Je suis convaincu, dit celui-ci en se résumant, qu'il nous sera très-difficile de trouver un emplacement plus convenable pour un établissement.

— Il faudra voir, répondit Joshuah en hochant la tête.

Samuel connaissait son frère de longue date, il savait comment il fallait s'y prendre pour obtenir de lui ce qu'on désirait.

— Quant à moi, reprit-il avec indifférence, je ne tiens pas plus à m'arrêter là qu'autre part. Puisque nous avons tant fait que de nous enfoncer aussi loin dans le désert, cinquante lieues de plus ou de moins ne signifient rien : poussons en avant, il faut laisser de bonnes positions à ceux qui nous sui-

8.

vront, nous trouverons toujours de la terre et de l'eau, ne serait-ce qu'à la baie d'Hudson.

— Diable! dit vivement Joshuah, je ne veux pas aller jusque là, et si cette vallée est telle que vous la dépeignez peut-être nous y arrêterons-nous.

— Je ne crois pas que la position vous convienne, mon frère.

— Pourquoi donc cela? je vous prie.

— Que sais-je? moi; ce qui plaît à l'un déplaît fort souvent à l'autre, et en y réfléchissant, cette position n'a rien de bien agréable!

— Hum! il faudra voir machonna Joshuah entre ses dents.

Samuel n'insista pas, il vit que le coup avait porté, il changea de conversation.

— Si nous demeurons encore ici aujourd'hui, dit-il, j'irai avec Harry chercher la peau de l'élan que j'ai laissée pendue à un arbre.

— Pourquoi n'iriez-vous pas avec moi? lui demanda Joshuah d'un air rogue.

—Avec vous si cela vous fait plaisir, mon frère, je serai charmé d'avoir votre compagnie.

— By god! s'écria le squatter, puisqu'il en est ainsi nous irons tous, ce sera une promenade. Harry, Sam, Jack, dites à Sandy d'avertir nos gens. Qu'on lève le camp immédiatement, nous camperons cette nuit dans la vallée, de cette façon nous serons à même de l'examiner tout à notre aise.

— Comment, mon ami, fit observer mistress Dickson, vous levez le camp pour faire un si court trajet ?

— En quoi cela vous déplaît-il ? mistress.

— En rien, mon ami; mais, à mon avis, c'est fatiguer inutilement les chevaux et les hommes.

— Je suppose, ma bonne amie, dit le squatter d'un ton sec, que je sais ce qu'il convient de faire.

Et il se leva pour aller presser lui-même ses serviteurs.

Les deux dames et Samuel Dickson échangèrent un sourire d'intelligence; ils s'étaient compris tous trois et maintenant ils étaient certains que le voyage se terminerait à la vallée.

Une heure plus tard, le camp était levé et la longue caravane prenait lentement la direction du défilé, précédée par une dizaine d'engagés et de serviteurs armés de haches et chargés de lui ouvrir passage.

Quoiqu'il soutînt que sa santé était complétement rétablie, Samuel Dickson, au lieu de monter à cheval, avait trouvé préférable de prendre place dans un wagon, entre sa belle sœur et sa nièce, avec lesquelles il causait gaiement pour charmer les ennuis du chemin.

Parfois l'ex-fermier fixait sur le visage pâle et mélancolique de la jeune fille un regard d'une expression finement narquoise et il se frottait les mains avec fureur l'une contre l'autre en poussant à pleins poumons deux ou trois Hem! sonores.

Les deux dames ne comprenaient rien à cette pantomime excentrique; mais c'était vainement qu'elles interrogeaient le vieux fermier; celui-ci se contentait pour toute réponse de hocher mystérieusement la tête et détournait adroitement la conversation sur des sujets indifférents.

Cependant Joshuah Dickson, sans qu'il eût voulu le laisser voir, avait été fortement impressionné par ce que son frère lui avait dit; aussi au lieu de marcher selon sa coutume sur les flancs de la caravane et d'obliger son cheval à suivre le pas tranquille des bêtes de somme, il s'était placé en avant du premier wagon.

Mais bientôt, ne pouvant plus résister à la curiosité qui le dévorait, il avait d'un geste appelé ses trois fils auprès de lui et au bout d'un instant les quatre hommes avaient piqué leurs chevaux, s'étaient élancés à fond de train et s'étaient engouffrés dans le défilé.

— Voilà le poisson dans la nasse, dit gaiement Samuel Dickson en faisant remarquer à sa belle-sœur la manœuvre de son frère.

— Cette vallée est-elle réellement aussi belle que vous le dites? lui demanda mistress Dickson avec intérêt.

— Beaucoup plus encore: c'est un véritable paradis terrestre, vous en jugerez. Il est impossible à cent lieues à la ronde de rencontrer une position plus agréablement et plus convenablement située ; tout s'y trouve en abondance : bois, eaux, pâturages, gibier de toute sorte, que sais-je encore ?

— Pourvu que master Joshuah consente à se fixer là.

— Dame, ma chère sœur, ceci dépendra un peu de vous.

— Hélas ! mon frère, vous me supposez sur mon mari une influence que je suis loin de posséder ; vous connaissez son humeur vagabonde, rien ne le satisfait, il ne se trouve bien nulle part.

— Il se trouvera bien ici, je vous le promets, si vous le voulez toutefois.

— Que Dieu vous entende ! dit elle avec un soupir étouffé.

— Chut ! le voilà. Attention, voici le moment décisif.

En effet, Joshuah Dickson arrivait avec la rapidité vertigineuse d'une trombe ; il s'arrêta auprès du wagon.

— Holà ! dit-il à son frère d'une voix haletante, je viens de la vallée.

— Ah ! répondit Samuel d'un air indifférent. Avez-vous trouvé la peau de l'élan à l'endroit où je l'avais accrochée ?

— Il s'agit bien de la peau de votre élan, ma foi ! reprit-il brusquement.

— De quoi s'agit-il donc ? mon frère.

— By god ! ne me comprenez-vous pas, de cette

vallée délicieuse ! Sur mon âme, en ma vie tout entière, je n'ai jamais rencontré nature plus sublime et plus pittoresque !

— Allons, voilà que vous exagérez à présent ; l'endroit n'est pas mal, je le veux bien, mais il est loin de mériter les éloges outrés que vous lui donnez.

— Quel homme singulier vous faites, mon frère, dit-il avec impatience, pour vous obstiner à être toujours d'un avis différent du mien : il suffit qu'une chose me convienne pour qu'aussitôt elle vous déplaise !

— Avez-vous donc l'intention de faire un défrichement dans cette vallée, master Joshuah ? demanda mistress Dickson.

— Un défrichement ! mistress, répondit brusquement son mari, allons donc ! j'ai l'intention de m'emparer de toute la vallée ; elle n'appartient à personne, eh bien ! elle sera à nous, je compte en faire le partage entre mon frère et moi.

— Oh ! dit Samuel, j'ai besoin de bien peu de terrain, moi.

— Vous aurez la quantité de terre à laquelle vous avez légitimement droit, mon frère ; supposez-vous que je veuille frustrer vos intérêts ?

— Dieu me garde d'avoir une telle pensée ! mon frère.

— Vous devriez réfléchir, mon ami, avant de prendre une résolution aussi grave.

— Mes réflexions sont faites, mistress, et ma résolution est prise irrévocablement, c'est dans cette vallée, je vous le répète, que nous nous arrêtons, et ce que je vous dis est si vrai que j'ai laissé les enfants à l'œuvre.

— Comment à l'œuvre?

— Oui, mon frère, ils abattent des arbres et déblayent le terrain; ce sera autant de fait pour plus tard, la saison est avancée, nous n'avons pas un instant à perdre si nous voulons que notre établissement soit terminé pour l'hiver.

Pendant cette conversation, faite un peu à bâtons rompus, la caravane avait continué à s'avancer; elle se trouvait même presqu'à la moitié du défilé.

— Voyez, reprit Joshuah, rien n'est plus facile que de boucher ce passage s'il en était besoin.

— En effet; il doit y avoir beaucoup de Peaux-Rouges dans les environs.

— Que nous importe, ne sommes-nous pas en nombre?

— C'est vrai; mais, en cas d'attaque de leur part, nous ne pourrions compter sur aucun secours étranger et nous serions réduits à nos propres forces.

— Elles seraient suffisantes, croyez-le bien, mon frère.

— Je l'espère; seulement je crains que les Indiens ne nous laissent pas paisibles possesseurs de cette région, surtout si elle est aussi giboyeuse qu'elle le paraît.

— Bah! bah! qui songe à cela? Si les Indiens viennent, by god! nous les recevrons de telle sorte qu'ils perdront pour toujours l'envie de nous chercher noise.

— Enfin, qui vivra verra!

— Vous êtes désolant avec vos sinistres pensées, mon frère.

— Eh non! vous vous trompez, Joshuah, je suis prudent, voilà tout.

Le squatter, froissé de la manière dont son frère s'obstinait à lui répondre, renonça subitement à causer plus longtemps avec lui ; il fit sentir l'éperon à son cheval et s'éloigna au galop.

Samuel le suivit gaiement du regard.

— Maintenant vous pouvez être tranquille, dit-il en riant à sa belle-sœur, Joshuah est convaincu que je suis contrarié de la résolution qu'il a prise et ne serait-ce que pour me taquiner, pour rien au monde il ne renoncera à présent à son projet de se fixer ici.

— N'avez-vous pas été un peu trop loin dans ce que vous lui avez dit?

— Nullement, je n'ai fait que le stimuler, au contraire.

— Je vous avoue que ce que vous avez dit des Indiens m'a inquiétée ; pensez-vous qu'il y en ait par ici?

— Je le suppose, nous nous trouvons au milieu de leur territoire ; mais je ne pense pas qu'à moins d'agression de notre part ils songent à nous attaquer.

— Mais si cette vallée leur appartient?

— Eh bien, ma sœur, nous en serons quittes pour traiter avec la tribu qui en est propriétaire : nous l'achèterons aux Peaux-Rouges, cela se fait tous les jours.

— Vous connaissez master Joshuah, jamais il ne consentira à faire un pareil marché avec qui que ce soit. Avez-vous donc oublié sa maxime : la terre est à celui qui l'occupe?

C'est vrai ; eh bien, ma sœur, nous tâcherons de le faire changer d'avis, le cas échéant, et j'espère que nous réussirons. Mais tenez, regardez, voici que nous entrons dans cet Éden qui désormais sera le vôtre.

— Oh! quelle magnifique contrée ! s'écria-t-elle en joignant les mains avec admiration.

Miss Diana, malgré sa tristesse et son mutisme habituels, ne put retenir une exclamation de surprise à la vue du paysage grandiose qui tout à coup se déroula devant elle.

— Modérez-vous, dit Samuel Dickson, voici mon frère, s'il vous entendait tout serait à recommencer.

A cent pas en avant Joshuah Dickson s'était arrêté, ses fils se tenaient rangés derrière lui, à cheval et le fusil à la main.

9

Le squatter tenait un drapeau américain de la main droite.

Lorsque tous les wagons eurent pénétré dans la vallée, le squatter fit un geste, la caravane s'arrêta.

Les engagés et les serviteurs vinrent alors se ranger en ligne à vingt pas de leur chef; Samuel Dickson, sa belle-sœur et sa nièce étaient seuls demeurés dans leur wagon.

Le squatter fit alors flotter son drapeau autour de sa tête, tandis que son cheval exécutait des courbettes et caracolait presque sur place; puis au bout d'un instant il planta en terre la hampe du drapeau, et d'une voix haute et ferme :

— Je prends possession de cette terre vague, dit-il, par le droit du premier occupant; je m'en proclame le seul maître, et si quelqu'un, blanc ou Peau-Rouge ose en revendiquer la propriété, je saurai la défendre comme étant la mienne. Vive l'Amérique !

— Hurrah ! Vive l'Amérique, crièrent les assistants avec enthousiasme.

— Mes amis, reprit le squatter, nous sommes sur notre terrain maintenant; cette vallée, que nous défricherons et qui, je l'espère, verra bientôt luire pour elle une ère de prospérité et de civilisation, se nommera désormais la vallée de l'Élan.

— Hurrah ! pour la vallée de l'Élan ! Vive Joshuah Dickson ! répétèrent les assistants.

Le squatter se mit alors avec ses fils à la tête de la caravane et la guida vers l'endroit où devait s'élever le campement principal et définitif.

Il était midi; lors de la prise de possession, à deux heures de l'après-dîner les arbres séculaires commençaient à tomber avec fracas sous la hache implacable des squatters.

IX

Où Diana Dickson est attaquée par un ennemi avec lequel, malgré sa férocité, son chien Dardar fait cause commune.

L'activité des Américains du Nord est prodigieuse ; ils possèdent surtout une habileté à manier la hache véritablement remarquable ; leur manière d'opérer le défrichement du sol et le déboisement des forêts est quelque chose d'incompréhensible et qui dépasse tout ce que l'imagination pourrait inventer de plus bizarre et de plus incroyable.

Cinquante bûcherons américains suffisent pour coucher sur le sol tous les arbres d'une forêt immense en moins d'un mois.

La façon dont ils procèdent est caractéristique.

Ils agissent toujours au désert dans la prévision, fort logique, du reste, et passablement orgueilleuse, que la modeste plantation créée par eux deviendra plus tard une ville importante, et ils prennent leurs précautions en conséquence.

Le terrain qu'on veut exploiter est d'abord divisé par lots ; des sentiers tracés à coups de hache figurent les rues, des espaces plus larges forment les places, des poteaux indicateurs plantés de distance en distance, ou des arbres laissés exprès et fortement entaillés, font reconnaître la direction des rues transversales et la position que devront plus tard occuper les maisons, les magasins, les ateliers et les écuries.

Ce premier devoir accompli et tout bien arrêté, on se met à l'œuvre avec une ardeur fébrile, et les arbres centenaires, d'une hauteur et d'une grosseur souvent prodigieuses, tombent avec une rapidité vertigineuse.

On installe d'abord les étables, les écuries, puis les ateliers de forgerons, de menuisiers ; les scieries mécaniques sur les cours d'eaux, etc., dont les ouvriers prennent immédiatement possession et se mettent à l'œuvre.

La terre, à peu près déblayée, et sur laquelle sont demeurées les souches des arbres que plus tard on enlèvera, est aussitôt labourée et ensemencée ; tout marche à la fois, dans le plus grand ordre et avec un entrain qui ne se relentit jamais.

En quelques jours à peine le paysage est complétement transformé, et là où régnait une forêt vierge aux profondeurs mystérieuses et impénétrables, on voit soudain surgir, comme par le coup de baguette d'un puissant enchanteur, un embryon de ville qui, moins de dix ans plus tard, sera une cité riche, commerçante, florissante, surtout ; et dont la population, accourue de tous les points de l'horizon, montera à cinquante ou soixante mille habitants.

Mais le squatter, premier fondateur de cette cité nouvelle, aura disparu sans laisser de traces : personne ne le connaît, on ne sait même pas son nom ; son œuvre accomplie, il aura mélancoliquement jeté les yeux autour de lui et, effrayé de voir le désert si peuplé, la civilisation qu'il fuyait si rapprochée de lui ; il se sera de nouveau enfoncé plus avant dans le désert à la recherche d'une autre terre vierge ; qu'il transformera comme la précédente, sans en tirer plus de bénéfice ; et ira mourir obscurément dans une embuscade indienne, sous la griffe d'un ours gris, ou de misère et de faim dans quelque coin ignoré du désert.

Mais son passage sur la terre n'aura pas été inutile ; il aura accompli une œuvre grandiose dont profiteront des milliers d'individus : grâce à lui le progrès aura marché, la civilisation remplacé la barbarie ; et il sera sans le savoir, sans même s'en soucier probablement, un des bienfaiteurs inconnus de l'humanité, dont le martyrologe glorieux impossible à faire compte tant de nobles et modestes victimes.

Joshuah Dickson ne procéda pas autrement que les autres squatters ses confrères : après avoir partagé la vallée en deux parties égales entre lui et son frère, il fixa sa résidence à l'extrémité même de la fourche formée par la rencontre des deux rivières ; Samuel Dickson s'établit sur le côté opposé de la vallée, au bord de la rivière à laquelle, en souvenir de la chasse du brave fermier, on avait donné le nom de rivière de l'Élan.

Puis chacun commença les travaux de son côté.

Ces travaux furent menés avec une rapidité telle que trois semaines au plus s'étaient écoulées depuis l'arrivée des squatters, et déjà les principaux bâtiments étaient construits.

Les maisons, en blocs de bois auxquels on avait laissé l'écorce, empilés les uns sur les autres, maintenus par des crampons de fer et recouverts de larges attaches, avaient une apparence véritablement confortable, avec leurs fenêtres vitrées, garnies à l'intérieur de forts contrevents, et leurs cheminées qui déjà laissaient échapper des flots de fumée bleuâtre.

Les engagés et les serviteurs s'étaient, eux aussi, construit des maisons, mais plus modestes et simplement en écorce. Ce n'étaient, en réalité, que des huttes destinées à disparaître plus tard et à être remplacées par des logements plus solides.

Les moyens de défense, très-importants en plein territoire indien, n'avaient point non plus été négligés; de solides parapets en troncs d'arbres entouraient d'un double rempart toute la plantation ; le milieu de ce rempart était occupé par un fossé large de dix mètres et profond de quinze.

Des ponts-levis ménagés de distance en distance, et qu'on relevait le soir, donnaient seuls entrée dans l'intérieur de l'établissement ; auprès de chaque pont-levis des espèces de redoutes en terre, surmontées d'une rangée de pieux, étaient destinées en cas d'attaque à défendre le passage ; les maisons elle-mêmes avaient été crénelées et garnies de meurtrières.

Pour surcroît de précaution, une vingtaine de dogues terribles, de la race de ceux amenés par les Espagnols en Amérique et dont ils se servaient pour faire la chasse aux Indiens, étaient chaque jour lâchés dans les cours intérieures et aux environs des étables et des écuries.

Les deux habitations principales, celles de Samuel et de Joshuah, étaient en outre surmontées de deux immenses drapeaux aux couleurs américaines, dont les larges plis flottaient au vent et indiquaient clairement à tout venant l'audacieuse prise de possession de la vallée par les squatters.

Un matin, un peu après le lever du soleil, miss Diana, accompagnée d'un énorme dogue qu'elle affectionnait, quitta l'habitation de la Pointe, ainsi qu'on nommait la maison de son père, et se dirigea vers la demeure de Samuel Dickson.

9.

Les deux frères, occupés chacun de leur côté par les travaux de leurs défrichements, restaient parfois deux ou trois jours sans se voir, d'autant plus que leurs résidences respectives étaient éloignées d'environ une lieue et demie l'une de l'autre.

Joshuah Dickson, dont la dévorante activité avait sans cesse besoin d'aliment, émerveillé par la vue du magnifique cours d'eau au bord duquel sa maison était construite et qu'il ignorait être le Missouri, s'était demandé un jour vers quelles régions ce fleuve majestueux portait le tribut de ses eaux; et si, dans son cours capricieux jusqu'à la mer, car il ne doutait pas qu'il n'allât jusque-là, il ne traversait pas quelques États de la république américaine? Il conclut qu'il en devait être ainsi.

Alors, avec cette entente du commerce innée chez tous les Américains du Nord et qui leur fait accomplir de si grandes choses, il comprit tout l'avantage qu'il lui serait facile de retirer du fleuve pour l'écoulement de ses céréales et autres productions de son établissement; et en même temps pour le ravitaillement de la nouvelle colonie; il résolut donc de tenter une reconnaissance du fleuve et de le descendre jusqu'au premier défrichement qu'il rencontrerait ou le premier village qu'il trouverait sur sa route; et cela aussitôt que les travaux les plus urgents seraient terminés.

Or, comme dès qu'un projet germait dans la cervelle du squatter ce projet passait presqu'immédiatement à l'état de fait accompli, en même temps que Joshuah Dikson terminait les travaux indispensables de défense et autres de sa plantation, il faisait construire une pirogue légère, assez grande pour contenir quatre personnes avec les vivres et les provisions nécessaires pour un long voyage, et assez solide pour descendre un fleuve pendant plusieurs centaines de milles, peut-être, sans risquer de sombrer ou de faire de trop graves avaries.

Or la pirogue avait été terminée la veille au soir, et Joshuah Dickson, pressé de commencer son voyage, envoyait sa fille auprès de son frère pour le prier de se rendre à Dickson-Pointe, afin de s'entendre avec lui sur les dernières mesures qu'il convenait de prendre en cette circonstance ; nous ajouterons, entre parenthèse, que Samuel Dickson ignorait complétement les projets de son frère, et que la jeune fille n'en savait rien non plus.

Joshuah Dickson était un de ces hommes qui sans être dissimulés n'ont point l'habitude de faire confidence de leurs projets ; et qui ne les révèlent que lorsque le moment de les mettre à exécution est arrivé.

Miss Diana, en véritable héroïne de roman, marchait légèrement à travers les sentiers à peine tracés, un couteau de chasse à la ceinture et une courte carabine à la main, et par surcroît de précaution mistress Dickson avait exigé qu'elle se fît accompagner de Dardar, magnifique chien noir et blanc, croisé de loup et de terre-neuve, d'une férocité à toute épreuve, d'une force prodigieuse, haut comme un âne, auquel un ours n'aurait pas fait peur et qui adorait sa jeune maîtresse à laquelle il obéissait avec une docilité d'enfant.

Avec un tel défenseur auprès d'elle, miss Diana n'avait rien à redouter de qui que ce fût, bêtes ou gens; d'ailleurs, la contrée était encore trop peu connue des squatters pour qu'il fût prudent de laisser une jeune fille s'aventurer seule et sans défense dans la campagne, si court que fût le trajet quelle eût à faire.

Contrairement à son habitude, la jeune fille se sentait toute joyeuse; la quasi liberté dont elle jouissait, en lui laissant la faculté de se livrer sans contrainte à ses pensées, avait presque fait disparaître le nuage de tristesse qui ordinairement assombrissait son charmant visage.

Elle s'en allait nonchalante et rêveuse à travers les chemins, jouant avec Dardar qui, fier du précieux dépôt confié à sa fidélité, tournait sans cesse autour d'elle; sondant les buissons et les taillis et la regardant de ses yeux intelligents à l'expression presqu'humaine.

La jeune fille atteignit ainsi en se jouant le bord de la rivière de l'Élan.

Juste en face de l'habitation de son oncle, un bac avait été installé pour la commodité des communications; du reste, la rivière était assez étroite en cet endroit et surtout peu profonde.

Miss Diana sauta dans le bac et bientôt elle se trouva transportée de l'autre côté; une cinquantaine de pas à peine la séparaient de la maison de son oncle, habitation très-confortablement établie et construite sur le même modèle que celle de son frère.

Pendant que Diana Dickson était en chemin pour se rendre chez son oncle, dans la maison de celui-ci deux personnes assises dans une salle à laquelle en Amérique on donne le nom de *parlour*, causaient vivement entre elles, tout en dégustant un verre de véritable wiskey :

Ces deux personnes étaient Samuel Dickson lui-même et Georges Clinton.

Deux chevaux encore sellés, fumants et attachés dans la cour, montraient qu'ils arrivaient de faire une longue course.

— Le diable vous emporte ! mon cher Georges, s'écria Samuel avec un ton de cordialité bourrue, vous m'avez fait galoper pendant plus d'une lieue par des chemins exécrables pour vous atteindre ; by god! bien que je ne sois pas beau, je ne suis pas cependant assez laid pour vous faire peur.

— Nullement, master Samuel, seulement je ne vous voyais pas, répondit Georges en souriant.

— Allons donc, jeune homme, pas de faux-fuyants avec moi, je vous prie ; croyez-vous que j'ignore le motif qui vous a conduit dans ces parages?

Le jeune homme rougit et, par contenance, il porta son verre à ses lèvres.

— Connaissez-vous mon frère ! continua Samuel.
— Moi?
— Dame, qui donc? nous sommes seuls ici, il me semble.

— Je l'ai vu plusieurs fois à Boston, dit le jeune homme avec embarras, mais je ne pense pas qu'il m'ait remarqué.

— Voulez-vous que je vous présente à lui? ce sera bientôt fait. Joshuah, malgré ses défauts, est un excellent homme, je suis convaincu qu'il vous recevra bien.

— Je vous remercie, mais je crois que le moment de tenter cette démarche n'est pas venu encore.

— Je suis bien sûr, reprit l'Américain d'un ton goguenard, que vous n'avez eu besoin de personne pour vous présenter à ma nièce.

— Oh ! s'écria le jeune homme, tellement décontenancé par cette attaque subite qu'il laissa tomber son verre qui se brisa sur le plancher.

Le squatter se mit à rire.

— Bon, voilà que vous brisez ma vaisselle à présent, dit-il. Au diable les amoureux ! on ne sait jamais comment les contenter. Allons, remettez-vous, ajouta-t-il en prenant pitié du trouble du jeune homme, ce n'est pas à un vieil opossum comme moi qu'on en donne à garder : vous aimez ma nièce, quoi de plus naturel, le petit lutin est assez joli pour justifier votre passion ; vous êtes un brave garçon, vous Georges, je suis certain que tous deux vous feriez un couple charmant.

— Malheureusement, jamais ce bonheur ne se réalisera, dit-il en baissant tristement la tête.

— Hein ? pourquoi donc cela s'il vous plaît ?

— Mon Dieu, vous me tirez malgré moi mes secrets du cœur, et vous êtes si bon que je ne sais comment vous résister.

— Confessez-vous, by god! et soyez tranquille ; je vous aime, moi ; je voudrais vous voir heureux.

— Puisque vous m'encouragez ainsi, je vous dirai tout ; mon récit ne sera pas long. J'ai rencontré miss Diana à Boston chez mistress Marshall, votre parente, je crois ; chez laquelle votre nièce est demeurée l'année dernière pendant quelques mois ; et dans la maison de laquelle j'étais reçu sur le pied de la plus complète intimité.

— Je me rappelle en effet que ma nièce fit un assez long séjour chez cette dame, qui est notre cousine éloignée. Continuez.

— Que vous dirai-je de plus : la première fois que je vis miss Diana, je l'aimai ; de sorte que mes visites à mistress Marshall, fort rares d'ordinaire, devinrent si fréquentes que cette dame finit par s'apercevoir de mon inclination pour sa parente ; un jour elle me prit à part et comme elle me portait un intérêt réel ; tout en rendant justice à ma loyauté et à la pureté de mes intentions, elle m'engagea à ne pas persévérer dans ma recherche et à ne plus voir miss Diana ; parce que, ajouta-t-elle, jamais son père ne consentirait à son mariage avec moi. En vain je la pressai et je la priai de s'expliquer et de me faire connaître les motifs de ce refus, elle éluda toujours de me répondre. Enfin, un jour touchée de mon désespoir, elle m'avoua d'une manière évasive que le père de miss Diana et le mien avaient eu à une époque déjà éloignée certains démêlés qui rendaient toute alliance impossible entre les deux familles.

Pendant le récit du jeune homme, la figure joviale de Samuel Dickson était peu à peu devenue sérieuse, son front s'était plissé et une expression de tristesse s'était répandue sur ses traits.

— Vous le voyez, s'écria Georges, vous-même partagez cet avis maintenant.

— Pas tout à fait, mon jeune ami, répondit-il en lui pressant la main, le cas est grave, j'avais oublié complétement cette affaire, si vieille déjà; ne m'interrogez pas, je ne pourrais vous répondre; mais prenez courage, les circonstances peuvent changer, la situation se modifier et j'y aiderai je vous le jure de toutes mes forces ; rien n'est désespéré encore.

— Non, je vois qu'il ne me reste plus d'espoir.

— Vous êtes fou ; laissez-moi faire, vous dis-je,

et avec le temps j'espère que nous réussirons.

— Oh! si je pouvais vous croire.

— Quand je vous donne ma parole, cela n'est pas si difficile que diable ! Allons, au diable le chagrin, nous déjeûnons ensemble, c'est convenu. A propos, comment avez-vous appris le départ de mon frère pour l'ouest.

— C'est miss Diana elle-même qui m'en a informé.

— Alors je ne m'étonne plus de vous voir ici, votre présence me paraît maintenant parfaitement justifiée; venez vous mettre à table.

— Je vous prie, master Samuel, dit-il en s'inclinant et prenant son bonnet de chasseur pour se retirer.

— Au diable les cérémonies! s'écria joyeusement le squatter, vous déjeunerez, vous dis-je; si ma nièce était ici, vous ne feriez pas tant de façons! et, au contraire, vous resteriez malgré moi.

Au même instant la porte du parloir s'entrouvrit, et une voix douce, qui fit tressaillir le jeune homme, murmura :

— Puis-je entrer? mon oncle.

A cette singulière coïncidence, amenée fortuitement par le hasard, Samuel Dickson fut pris d'un fou-rire et se renversa sur son siége; tandis que miss Diana demeurait interdite à la porte, et que Georges Clinton, planté comme une statue au milieu de la pièce, tournait son bonnet entre ses doigts et jetait des regards égarés autour de lui sans savoir quelle contenance tenir et sans trouver une parole ; tant il était surpris par ce qui arrivait.

Ce fut Dardar qui se chargea de mettre fin à cette situation qui, en se prolongeant, devenait embarrassante pour tout le monde.

Le brave chien était demeuré un instant en arrière pour renouveler connaissance avec les domestiques, voyant la porte ouverte, il s'élança bravement en avant et bondit au milieu du salon sans crier gare; en apercevant Georges Clinton, il accourut vers lui en remuant la queue, se dressa, appuya ses pattes sur son épaule et se mit à lui lécher sans façon le visage en poussant de petits cris de joie.

— By god! s'écria le squatter au comble de la surprise, ce gaillard-là est né coiffé, sur ma parole, tout le monde l'aime, jusqu'au féroce Dardar qui lui fait fête! Et il désespère! Se tournant alors vers sa nièce toujours immobile à l'entrée du parloir : « Allons, venez, petite sournoise, ajouta-t-il en riant, et embrassez-moi. »

La jeune fille ne se fit pas répéter l'invitation ; en un instant elle fut dans les bras de son oncle.

— Soyez la bien-venue, mademoiselle, dit-il d'un air goguenard, vous déjeunerez avec nous. Je suppose que je n'ai pas besoin de vous présenter le grand garçon qui est là, et que votre présence semble, sur ma parole ! avoir changé en statue.

— Non, mon bon oncle, répondit la jeune fille avec un charmant sourire, j'ai l'honneur de connaître Monsieur depuis longtemps déjà.

Et elle lui tendit sa main mignonne, sur laquelle le jeune homme déposa un respectueux baiser.

— A la bonne heure ! à la bonne heure ! reprit Samuel Dickson en se frottant les mains, cela marche ; allons nous mettre à table, je meurs de faim, moi ; en mangeant nous causerons, et ma nièce me fera connaître les motifs de sa visite matinale ; car je ne suppose pas que c'est tout exprès qu'elle a fait au moins une lieue et demie, et mis ses jolis pieds dans la rosée, pour venir embrasser un vieux barbon comme moi.

— Et pourquoi donc ne l'aurais-je pas fait ? mon oncle, répondit-elle en souriant d'un air mutin.

— Après cela, c'est possible, car vous ne vous attendiez pas, mignonne, à la surprise qui vous attendait ici, hein?

La jeune fille sourit et baissa les yeux en rougissant.

Samuel Dickson ne voulant pas augmenter l'embarras des jeunes gens les fit passer dans la salle à manger, et l'on se mit à table.

Il va sans dire que Georges Clinton ne parla plus de se retirer ; il s'assit au contraire à table avec une satisfaction visible.

Les commencements du déjeuner se ressentirent naturellement de la position gênée dans laquelle les convives se trouvaient vis-à-vis les uns des autres; mais la glace fut vite rompue : le squatter fit preuve d'une si fine bonhomie; il éluda avec tant d'adresse tout ce qui aurait pu augmenter l'embarras des jeunes gens; que ceux-ci ne tardèrent pas à se laisser aller à une gaieté douce et communicative; et la conversation d'abord presque monosyllabique devint bientôt ce quelle devait être, c'est-à-dire enjouée.

Samuel Dickson, après avoir demandé à sa nièce les motifs de sa visite et l'avoir assurée qu'il se rendrait le soir même, après la fin des travaux, à l'invitation de son frère, pria Georges Clinton de lui raconter les péripéties de son voyage à travers le désert.

Le jeune homme, parfaitement à son aise maintenant et certain d'intéresser ses auditeurs, s'exécuta de bonne grâce; il fit ce récit avec tant de verve et de laisser-aller, que miss Diana et Samuel Dickson lui-même l'écoutèrent avec un plaisir véritable.

— Maintenant, mes enfants, dit le squatter avant de quitter la table, écoutez-moi bien; vous êtes deux charmants enfants que j'aime beaucoup et au bonheur desquels je m'intéresse vivement; laissez-moi mener cette affaire à ma guise; mieux que personne je connais mon frère et sais comment il faut agir avec lui pour en obtenir ce qu'on veut; comptez-donc sur moi comme sur un allié dévoué; seulement, prenez bien garde de commettre quelque imprudence qui gâterait tout. Vous, maître Georges, malgré le plaisir que vous éprouveriez à accompagner ma nièce pendant une partie du chemin, vous me ferez le plaisir de rester avec moi, elle retournera seule chez son père; cela vaudra mieux, d'autant plus que si on vous voyait ensemble cela donnerait lieu à des suppositions et à des commentaires qu'il est important d'éviter; je n'ai pas besoin de vous dire, n'est-ce pas, mes enfants, que ma maison vous est ouverte : et plus vous viendrez me voir, plus vous me ferez plaisir. Courage et prudence, voilà ce que je vous recommande. Maintenant, miss Diana, embrassez-moi vite; dites adieu à votre fiancé, car vous devez le considérer comme tel, et en route!

— Oh! mon oncle, que vous êtes bon! s'écria-t-elle en se jetant dans ses bras et appuyant câlinement sa charmante tête sur ses épaules.

— Je suis bon, parce que je fais tout ce que vous voulez, n'est-ce pas, petite masque?

La jeune fille sourit avec finesse et tendit sa main au jeune homme.

— Au revoir, Georges, lui dit-elle.

— Au revoir, Diana, répondit-il avec émotion; quand vous reverrai-je? le plus tôt possible, n'est-ce pas? le temps me semble si long, loin de vous.

— Ingrat! dit Samuel Dickson, ingrat! qui ose se plaindre lorsque tout commence à lui réussir.

— C'est vrai, pardonnez-moi, mais je l'aime tant!

— Et moi! est-ce que je ne vous aime pas? répondit-elle d'un ton de reproche; croyez-vous donc que je n'ai pas souffert de notre séparation?

— Je suis fou, Diana, vous le voyez, puisque je devrais bénir la Providence qui nous a réunis, et que je murmure.

Il lui baisa une dernière fois la main et la jeune fille sortit escortée par son fidèle Dardar qui ne l'avait pas quittée d'un pas.

— Maintenant, dit Samuel Dickson lorsqu'il fut seul avec le jeune homme, vous allez, mon cher Georges, compléter les renseignements que vous m'avez donnés, en me disant où vous avez planté votre tente et de quelle façon vous vivez; je ne voudrais pas que vous fussiez dans une situation précaire.

— Rassurez-vous, mon vieil ami, j'ai une hutte à trois ou quatre lieues d'ici, au plus, dans une situation charmante, et où j'ai réuni tout le comfort possible; vous la visiterez si vous le désirez.

— Je ne demande pas mieux; aujourd'hui même, s'il est possible.

— Aujourd'hui, soit; d'ailleurs je ne suis pas seul, j'ai avec moi deux serviteurs de confiance et un chasseur canadien, que j'ai engagé à Boston avant de partir pour me servir pendant tout le cours de mon voyage ; de plus, j'ai des livres, des armes, des chiens, des chevaux, c'est-à-dire non-seulement le nécessaire, mais encore le superflu ; vous voyez qu'au point de vue matériel je ne suis pas à plaindre.

— Bon! me voilà complétement rassuré sur votre compte, je suis bien aise que vous ne manquiez de rien. Partons-nous?

— Quand vous voudrez.

— Alors à cheval!

Cinq minutes plus tard les deux cavaliers s'enfonçaient au galop dans la forêt.

X

De la rencontre imprévue que firent Samuel Dickson et Georges Clinton et ce qui en advint.

La partie de la vallée vers laquelle se dirigeaient les deux cavaliers n'avait encore subi aucun changement ; les squatters n'avaient pas eu le temps d'étendre leurs ravages jusque-là et par conséquent le paysage avait conservé toute sa beauté abrupte et toute sa majesté primitive.

Georges Clinton paraissait parfaitement connaître ces parages; il s'engageait, sans hésiter jamais et sans ralentir l'allure de son cheval, dans les sentes en apparence les plus sauvages, suivi pas à pas par Samuel Dickson qui, mis en gaieté par la manière dont il avait commencé la journée, était d'une humeur charmante et trouvait un plaisir extrême dans l'exploration de cette partie de ses domaines, car tout ce côté de la vallée lui avait généreusement été cédé par son frère, ainsi qu'il le disait plaisamment à son compagnon.

— Vous galopez par ici comme si vous habitiez ce pays depuis dix ans au moins, dit-il à Georges.

— Je n'y suis cependant arrivé qu'un mois au plus avant vous, répondit-il en riant, mais je l'ai tant parcouru dans tous les sens avec Charbonneau depuis cette époque qu'il n'a plus de secrets pour moi.

— Qu'est-ce que Charbonneau?

— C'est mon chasseur; un grand diable de Canadien, long comme une perche, maigre comme un clou et dévoué comme un terre-neuve; auquel j'ai été à même de rendre un assez grand service à Boston où il s'était fourvoyé au milieu d'assez mauvais drôles, et qui s'est attaché à moi.

— Eh! eh! c'est assez avantageux pour vous cela.

— Plus que vous ne le supposez, mon vieil ami. Figurez-vous que ce gaillard-là a été à peu près élevé dans une tribu indienne; sa vie entière s'est écoulée dans le désert dont pas une sente ne lui est inconnue; il a des amis parmi les trappeurs et les chasseurs blancs et métis; parle la plupart des dialectes si difficiles des Peaux-Rouges et, malgré sa jeunesse, car il a à peine vingt-deux ou vingt-trois ans, autant que j'ai pu en juger : vous savez combien il est difficile de reconnaître avec certitude l'âge d'un Indien ou d'un *bois-brûlé*, il jouit d'une grande réputation dans la prairie ; ses amis l'ont surnommé *Bon-Affut*, à cause de son adresse qui est réellement prodigieuse.

— Ce nom est d'un bon augure, ce doit être un brave homme.

— Oui, et un brave compagnon, toujours gai et content, et quoi qu'il arrive, en bien comme en mal, il trouve aussitôt le beau côté de la situation avec une philosophie que je ne puis m'empêcher d'admirer ; c'est, je vous assure, un type curieux à étudier. Ainsi, pour vous en donner une idée, c'est lui qui m'a engagé à me fixer ici, m'assurant qu'il était impossible qu'un véritable squatter traversât cette vallée sans avoir aussitôt la pensée de s'y fixer : vous voyez qu'il ne s'est pas trompé.

— En effet, cela prouve chez ce chasseur une connaissance approfondie du cœur humain.

— Et une grande finesse ; d'ailleurs vous le verrez bientôt.

— Diable ! mais c'est une précieuse connaissance à faire. Il vous a sans doute renseigné sur cette contrée.

— Qu'entendez-vous par là ?

— Je veux dire que sans doute il vous a parlé de la situation de cette vallée, de la distance à laquelle elle se trouvait des établissements les plus proches.

— Certes, ne le savez-vous pas ?

— Ma foi non, j'en ignore le premier mot; je vous avoue que j'ai constamment marché en aveugle; s'il vous est possible de me donner quelques renseignements, vous me ferez plaisir.

— Parfaitement, rien ne m'est plus facile.

— Alors parlez, je vous écoute.

— Deux rivières traversent la vallée; celle sur le bord de laquelle vous vous êtes établi descend des montagnes de la rivière du Vent, qui font partie de la chaîne des montagnes Rocheuses; l'autre rivière dans laquelle elle se jette n'est rien moins que le Missouri.

— Le Missouri! s'écria le squatter avec surprise, vous ne vous trompez pas?

— Nullement, je suis très-sûr de ce que j'avance au contraire.

— By god! mais le Missouri traverse les États-Unis; nous sommes chez nous alors!

— A peu près, et plus même que vous ne le supposez-vous-même, bien que vous vous trouviez ici en plein territoire rouge.

— Ah! et quelles nations avons-nous pour voisines?

— De fort belliqueuses.

— Diable!

— Mais, en général, assez amies des blancs.

— Ceci vaut mieux.

— Cependant vous connaissez les Peaux-Rouges, il n'y a pas trop de fond à faire sur leurs protestations d'amitié.

— Ce n'est malheureusement que trop vrai : et vous nommez ces nations?

— Les Sioux ou Dacotahs, les Piékanns, les Corbeaux, les Hurons des grands lacs, voici les principales, avec les Assiniboines et les Mandans. Les autres sont peu à redouter.

— Hum! je trouve que c'est déjà bien assez comme cela; surtout isolés comme nous le sommes et privés par conséquent de tout secours étranger.

— Au besoin, ce secours ne vous manquerait pas; voici pourquoi : A une cinquantaine de lieues environ en amont du Missouri et sur le fleuve même se trouve un comptoir de traite, une espèce de fort appartenant à la compagnie des pelleteries et dans lequel il y a une soixantaine de blancs, Américains et Canadiens, soldats et chasseurs.

— Très-bien, dit Samuel Dickson, cinquante lieues ce n'est rien à faire.

— Oui, dans un pays civilisé; mais au désert, où les routes manquent complétement, c'est autre chose et la distance se trouve plus que doublée.

— C'est vrai, je n'avais pas réfléchi à cela, dit le squatter dont le visage d'abord joyeux se rembrunit subitement; et en aval, quels sont nos plus proches voisins?

— Des squatters comme vous, depuis deux ans déjà établis sur le Missouri; vous vous trouvez

presque à moitié chemin du fort et du défrichement.

— C'est assez singulier, et ce défrichement est-
il considérable ?

— Mais oui ; il paraît que depuis quelques mois
il a pris un grand accroissement, c'est presqu'un
village aujourd'hui, et si cela continue ainsi avant
deux ans ce sera une ville : seulement, d'un côté
comme de l'autre, vous êtes séparés des hommes
de votre couleur par plusieurs nations indiennes
dont il serait dangereux, à moins d'être en grand
nombre, de traverser les villages. Vous êtes donc
en réalité complétement isolés, car la seule route
qui reste libre est le Missouri.

— Je suis de votre avis, c'est quelque chose,
mais pas assez cependant, car le fleuve, facile à
descendre, doit être très-rude à remonter.

— Sans compter que tout le parcours que vous
auriez à faire est bordé de villages de Peaux-Rouges.

— Pour le coup, mon cher Georges, voilà qui
gâte tout. Au diable l'idée saugrenue qui s'est implantée dans la cervelle de mon frère de nous conduire ici ! il est fou, sur ma parole, et moi encore
plus que lui de l'avoir suivi.

Ceci fut dit avec une telle expression de désespoir comique que Georges ne put s'empêcher de
rire.

— Vous riez, mauvais cœur, reprit le squatter,

quand nous avons la triste perspective tous tant que nous sommes de laisser nos os dans cette vallée maudite.

— Oh! j'espère qu'il n'en sera pas ainsi.

— Moi aussi, by god! C'est égal, bien que vos renseignements soient très-peu rassurants, je ne vous en remercie pas moins; on aime toujours savoir à quoi s'en tenir, de cette façon l'on n'est pas surpris au moins.

Ils continuèrent ainsi à causer gaiement, tout en continuant à marcher d'une allure aussi vive que l'état des sentes qu'ils suivaient le permettait.

Ils allaient émerger de la forêt et déboucher dans une prairie verdoyante qu'ils apercevaient à une courte distance devant eux, lorsque tout à coup ils entendirent un coup de fusil.

— Eh! dit le squatter; qu'est cela?

— C'est Charbonneau qui a tiré, répondit Georges, je reconnais le bruit de son rifle; il me cherche probablement; attendez.

Et sans attendre la réponse de Samuel Duckson, il arma son rifle et le déchargea en l'air.

Presque aussitôt un grand mouvement s'opéra dans les halliers qui s'écartèrent violemment, et deux magnifiques chiens de la même race que Dardar vinrent se dresser tout droits de chaque côté du cheval du jeune homme pour mendier une caresse, tout en grondant sourdement en regardant sournoisement le squatter assez peu rassuré sur leurs intentions à son égard.

— Tout beau les chiens! dit Georges en caressant les magnifiques bêtes. A bas, Nadèje, à bas mademoiselle, à bas Drack; ne soyez pas méchants, mes bellots, monsieur est un ami, allez le saluer; et prouvez que vous êtes de braves bêtes intelligentes et bonnes.

Comme s'ils eussent compris ce que leur disait leur maître, les deux chiens cessèrent de gronder et allèrent se dresser auprès de Samuel Dickson; qui, très-amateur de chiens et reconnaissant la beauté de ceux-ci, les flatta en leur adressant des compliments mérités; ce qui les rendit tout joyeux; la chienne surtout; Nadèje, magnifique bête presqu'entièrement blanche et dont la robe n'avait que quelques rares taches noires, sembla avoir pris le squatter en amitié, elle ne se lassait pas de recevoir ses caresses.

Presqu'au même instant apparut un homme revêtu du costume de chasseur, aux traits anguleux mais fins, ouverts et intelligents; cet homme tenait à la main un rifle dont le canon fumait encore; il salua les cavaliers et, après avoir appelé les chiens qui vinrent aussitôt se ranger derrière lui :

— Pardieu! dit-il gaiement, monsieur Georges, je suis content de vous rencontrer, j'avais tiré à l'aveuglette pour vous appeler; c'est une bonne idée que j'ai eue là.

— Est-ce que vous êtes en chasse, Bon-Affut? demanda le jeune homme après avoir serré cordialement la main au chasseur.

— A cette heure-ci il faudrait être fou, et je ne le suis pas encore : non, non, la chasse n'est bonne que le soir et le matin, n'est-ce pas, monsieur? ajouta-t-il en s'adressant au squatter.

— C'est mon avis, répondit celui-ci.

— M. Samuel Dickson, un de mes meilleurs amis, dit Georges ; j'espère qu'il deviendra le vôtre.

— Moi aussi, répondit en riant Charbonneau, car il a l'air d'un brave homme.

— Merci, répondit gaiement le squatter.

— Il n'y a pas de quoi ; je n'en dis pas autant de tout le monde, du reste ; et vous avez peut-être raison de me remercier ; mais je vous connais, je vous ai vu déjà, ainsi que tous ceux qui sont arrivés depuis un mois dans la vallée.

— Mais si vous ne chassiez pas, que faisiez-vous donc par-ici, Bon-Affût?

— Voilà, il y a du nouveau au wigwam.

— Du nouveau?

— Oui, trois voyageurs, deux chasseurs blancs et un chef indien, sont arrivés pendant votre absence et ont demandé l'hospitalité.

— Vous la leur avez accordée, j'espère.

— Pardieu ! c'est un droit, je ne pouvais pas refuser ; d'ailleurs, de ces trois chasseurs deux sont mes amis et l'autre ne tardera pas probablement à le devenir.

— Bon! vous avez bien fait ; du reste, vous savez que vous avez le droit d'agir à votre guise. Alors vous vous êtes mis à ma recherche.

— Pas précisément : j'allais au devant de vous pour vous prévenir, voilà tout. Je n'avais pas besoin de vous chercher, puisque je savais où vous étiez.

Le jeune homme rougit à cette allusion transparente à son amour, tandis que le squatter le regardait en riant.

— Eh bien, maintenant que me voilà, retournons à la loge.

— Attendez, ce n'est pas tout.

— Il y a autre chose encore?

— A cinquante pas d'ici les chiens ont éventé quelque chose. Je me suis mis sur la piste, et qu'est-ce que j'ai découvert? Vous ne le devineriez jamais.

— Quoi donc? un ours demanda le squatter.

— Je le préférerais, foi de chasseur; non, ce n'est pas un ours. J'ai découvert un homme, un blanc ; il était étendu sur la terre sans connaissance, le crâne ouvert par une affreuse blessure qu'il se sera faite en tombant, et le bras gauche égratigné par une balle. Son cheval broutait tranquillement auprès de lui ; c'est quelque voyageur sur lequel un Indien maraudeur, comme il y en a tant, aura tiré traîtreusement. Je crois en effet avoir entendu le bruit d'une détonation ; l'approche des chiens aura fait fuir le misérable ; car les habits en désordre de l'étranger montrent qu'on a essayé de le dépouiller, bien qu'on n'ait eu le temps de rien lui prendre.

— Vous l'avez secouru?

— Il le fallait bien ; je ne pouvais pas le laisser mourir comme une bête puante sur le bord d'un fossé ; et cependant, ajouta-t-il en hochant la tête, peut-être cela eût-il mieux valu.

— Comment! Charbonneau, s'écria le jeune homme d'un ton de reproche, c'est vous qui parlez ainsi ?

— Tenez, monsieur Georges, vous me connaissez, n'est-ce pas ? Eh bien la figure de cet homme ne me revient pas, bien qu'elle soit belle ; elle a une expression qui m'a fait frissonner, et je ne m'émeus pas facilement, vous le savez ; j'éprouve malgré moi une répugnance invincible pour cet homme que cependant je n'ai jamais vu ; et tenez, les chiens, ce ne sont que des bêtes pourtant, eh bien, elles sont comme moi ; j'ai eu toutes les peines du monde à les empêcher de le dévorer : Nadèje surtout était comme une enragée après lui ; elle voulait absolument l'étrangler, et les animaux, voyez-vous, monsieur Georges, leur instinct ne les trompe jamais ; c'est Dieu qui les guide dans la connaissance du bien et du mal.

— Tout cela est bel et bon, Charbonneau, mais ce malheureux est grièvement blessé, exposé à mourir ; c'est notre semblable, nous devons mettre de côté toute considération personnelle ; l'humanité nous commande de le secourir.

— Je le sais bien ; aussi je l'ai pansé, j'ai lavé ses blessures, enfin je l'ai soigné comme je l'aurais fait pour moi ou pour mes chiens ; mais c'est égal, monsieur Georges, souvenez-vous de ce que je vous dis, c'est un ennemi que vous allez abriter sous votre toit.

— A la grâce de Dieu ! Charbonneau ; quand même cela serait, nous n'en devrions pas moins accomplir notre devoir.

— Enfin, comme vous voudrez, monsieur Georges, mais c'est égal, je le surveillerai.

— Et où est ce malheureux ?

— Là, couché auprès de ce bouquet de chênes que vous apercevez d'ici. C'est après l'avoir pansé que j'ai tiré un coup de fusil au hasard, dans l'idée que peut-être vous pourriez m'entendre.

— Il ne vous a rien dit ?

— Lui, allons donc ; il n'a même pas repris connaissance ; il a énormément perdu de sang par ses deux blessures.

— Hâtons-nous de nous rendre auprès de lui, et si les chiens sont si mal disposés que vous le dites pour cet étranger, surveillez-les afin qu'il n'arrive rien de fâcheux.

— Soyez tranquille, monsieur Georges, je réponds de leur sagesse. Allons, venez mes bellots, et ne grognez point ou nous nous fâcherons.

Le chasseur se remit en marche flanqué des deux terre-neuve qui marchaient gravement à ses côtés, les cavaliers le suivirent.

Au bout de quelques minutes on atteignit le bouquet de chênes; le blessé était toujours sans mouvement; les chiens grondèrent en l'apercevant, mais sur un signe de Bon-Affut ils se turent et se couchèrent à l'écart.

Georges et Samuel Dickson mirent pied à terre et s'approchèrent de l'étranger.

C'était un homme de trente à trente-cinq ans environ, d'une taille haute, bien prise et élégante; il était d'une pâleur cadavérique; ses traits fins et bien modelés étaient, ainsi que l'avait dit le chasseur, d'une rare beauté; ses cheveux d'un noir de jais, longs et bouclés, encadraient sa figure et tombaient en désordre sur ses épaules, une barbe noire et touffue cachait le bas de son visage; sa bouche, grande, légèrement entr'ouverte et aux lèvres minces et pincées, laissait apercevoir des dents magnifiques et d'une éblouissante blancheur; son nez fort et un peu arqué donnait à sa physionomie une expression de dureté impossible à rendre; ses yeux un peu trop écartés étaient à demi-clos, garnis de longues paupières et couronnés d'épais sourcils qui se joignaient à la naissance du nez.

11

La vue de cet homme inspirait un sentiment de répulsion instinctif, quelque chose de semblable à la sensation de froid, de terreur et de dégoût qu'on éprouve en apercevant un reptile; et pourtant, nous le répétons, cet homme était beau, distingué; la coupe de ses habits était élégante, ses armes de prix; son cheval paraissait être de race, tout en lui enfin dénotait un rang assez élevé dans la société et, particularité étrange! tous ces détails ajoutaient encore à l'éloignement qu'on ressentait pour lui; malgré soi on se demandait ce que cet homme était venu faire dans cette contrée sauvage; quel motif assez puissant l'avait conduit si loin des régions civilisées et du monde au milieu duquel, par sa fortune et sa position, il était sans doute appelé à vivre.

Toutes ces réflexions les deux Américains les firent en quelques secondes.

— Hum! murmura à demi-voix Samuel Dickson, je ne sais pourquoi, mais la figure de cet homme ne me revient pas du tout.

— Elle ne me revient pas non plus, répondit Georges sur le même ton; mais est-ce une raison pour le laisser mourir?

— Non certes, reprit-il vivement; puisque Dieu l'a jeté sur notre route, c'est que probablement il veut que nous lui venions en aide.

— C'est aussi mon avis. A l'œuvre donc, et arrive que pourra.

— Sommes-nous encore éloignés de votre loge ?
— Une lieue au plus. N'est-ce pas Charbonneau ?
— Oui, à peu près.
— Comment allons-nous le transporter ? Cela me semble assez difficile, à moins de construire un brancard.
— Cela nous prendrait trop de temps, répondit le chasseur, laissez-moi faire.
— Je ne demande pas mieux, mais encore faut-il que nous sachions quel moyen vous comptez employer.
— Vous allez voir; monsieur Georges, je vais monter sur le cheval de cet étranger, que vous enlèverez et placerez devant moi ; je le soutiendrai dans mes bras et nous irons doucement jusqu'au wigwam. Comment trouvez-vous ce moyen?
— Excellent.
— Eh bien alors, enlevez-le.

Charbonneau monta sur le cheval qu'il avait eu le soin d'attacher de peur qu'il ne s'écartât, lui remit la bride et attendit.

Georges et Samuel Dickson enlevèrent alors doucement le blessé toujours évanoui, le portèrent avec précaution et le placèrent sur le cou du cheval.

Charbonneau lui appuya la tête sur sa poitrine et l'on se mit en marche au petit pas.

Il fallut près d'une heure pour atteindre la loge.

Cette loge ou ce wigwam, ainsi que la nommait le chasseur, était une charmante habitation bâtie en bois et construite au sommet d'une légère éminence, au pied de laquelle coulait un étroit ruisseau qui lui formait comme une ceinture argentée; une rangée de palissades lui servait de rempart.

— Mais votre loge est délicieuse, s'écria Samuel Dickson dès qu'il aperçut la maison enfouie au milieu d'un bouquet d'arbres, vous devez être fort bien là.

— Ne vous l'ai-je pas dit, mon vieil ami, rien ne me manque que le bonheur.

— Bah! prenez patience, nous comblerons cette lacune.

— Le ciel vous entende!

— Allez-vous vous chagriner encore et retomber dans vos idées noires.

— C'est que je n'ose espérer.

— Vous avez tort : quand on est riche, jeune et aimé, on doit espérer toujours.

— Que vous êtes cruel de plaisanter ainsi avec ma douleur!

— Je ne plaisante pas, seulement je tâche de vous donner du courage. Mais tenez, voici vos hôtes qui viennent au devant de vous, si je ne me trompe, et vos domestiques qui paraissent tout effarés sur le seuil de la porte; les dignes serviteurs ne comprennent rien à ce qui se passe.

— Probablement. Avouez qu'ils ont le droit d'être surpris, depuis notre arrivée ici ils n'ont vu âme qui vive.

— Eh bien ! dit en riant le squatter, aujourd'hui ils n'auront pas à se plaindre, les visites ne leur manqueront pas.

Trois personnes s'avançaient en effet, ainsi que l'avait dit le squatter, au devant de la petite troupe.

Ces trois personnes, le lecteur les connaît déjà : c'étaient Balle-Franche, Numank-Charaké, le chef huron, et Olivier.

Ils saluèrent cérémonieusement Georges Clinton qui leur répondit de même et leur renouvela en son nom l'invitation que Charbonneau leur avait faite ; puis il mit pied à terre, et le blessé, enlevé doucement dans les bras d'Olivier et de Balle-Franche, fut transporté dans la chambre à coucher du jeune homme, placé sur son lit et laissé aux soins des serviteurs du maître de la maison et qui avaient quelques notions de médecine.

— Quelle figure patibulaire, murmura Olivier en quittant la pièce.

— Il n'a pas l'air tendre, ajouta Balle-Franche, qu'en pensez-vous, chef ?

— Cette face pâle est un traître, dit sentencieusement l'Indien, on aurait dû le laisser mourir dans la prairie.

— Allons ! fit gaiement Bon-Affût en déposant la valise de l'étranger dans un coin de la chambre, je vois que je ne suis pas seul de mon avis, cela me fait plaisir.

— Que mon frère veille, reprit Numank-Charaké en désignant le blessé du doigt.

— Je ne le perdrai pas de vue, soyez tranquille.

— Je me trompe fort, dit Balle-Franche, ou cet homme est un pirate du désert, cette figure ne m'est pas inconnue : il faudra que j'essaye de me souvenir où je l'ai vu ; il est important de mettre notre hôte sur ses gardes.

Tout en conversant ainsi, les quatre hommes sortirent de la chambre à coucher et se rendirent dans la salle à manger, où Georges Clinton avait préparé des rafraîchissements et les attendait en compagnie de Samuel Dickson.

Quelques minutes plus tard, un des serviteurs entra et annonça à son maître que le blessé avait ouvert les yeux, mais qu'il était trop faible pour parler et que d'ailleurs il était en proie à une fièvre terrible.

XI

Quel était le blessé auquel Georges Clinton avait donné l'hospitalité.

Samuel Dickson, fort satisfait de tout ce qu'il avait vu dans la hutte de Georges Clinton, pour lequel il éprouvait une véritable amitié, et rassuré désormais sur sa position, prit presqu'immédiatement congé du jeune homme pour retourner chez lui ; la journée s'avançait et il ne voulait pas manquer de se rendre auprès de son frère, convaincu que si celui-ci désirait le voir, c'est qu'il avait de graves communications à lui faire.

Au moment de quitter Georges, le squatter se pencha vers lui et, après avoir jeté un dernier regard sur la hutte :

— Prenez garde, mon ami, dit-il d'une voix

contenue en serrant la main du jeune homme, le blessé que vous avez recueilli chez vous et auquel vous avez donné un si généreuse hospitalité, me paraît être un drôle de la pire espèce ; croyez-moi, débarrassez-vous-en le plus vite possible.

— Je suivrai votre conseil, répondit Georges sur le même ton ; cet homme ne m'inspire aucun intérêt, et je vous promets que dès qu'il sera en état de reprendre son voyage je le congédierai.

— Vous aurez cent fois raison. Allons, au revoir !

— A bientôt, n'est-ce pas ?

— Certes, de votre côté, j'espère que maintenant vous ne refuserez pas d'entrer chez moi.

— Pardonnez-moi cette timidité, bien excusable de ma part dans la position où je me trouve.

— Ne parlons plus de cela, reprit-il gaiement ; j'attends incessamment votre visite.

— C'est convenu.

— Je retiens votre parole. Au revoir.

Ils se serrèrent une dernière fois la main, puis Samuel Dickson rendit la bride à son cheval et s'éloigna au grand trot.

Georges le suivit du regard pendant quelques instants, mais bientôt le cavalier disparut derrière un bouquet d'arbres.

Le jeune homme étouffa un soupir, le départ de Samuel Dickson rompait le dernier lien qui le rattachait aux événements si pleins de charme pour lui de la matinée, à l'apparition de Diana et à la douce causerie que pendant le déjeuner il avait eue avec elle; instants de bonheur trop courts, hélas, qui s'étaient si rapidement écoulés et qu'il ne retrouverait pas peut-être avant bien longtemps.

Il reprit tristement le chemin de sa demeure; mais à peine avait-il fait quelques pas dans cette direction qu'il vit ses hôtes, en compagnie de Bon-Affût, sortir de la hutte et venir à sa rencontre en causant entre eux avec une certaine vivacité.

— Vous ne me quittez pas encore, je l'espère, leur dit-il gracieusement.

— Non, monsieur, répondit Balle-Franche, telle n'est point notre intention; nous comptons au contraire, si vous n'y voyez pas d'inconvénient, profiter pendant quelques jours de votre cordiale hospitalité.

— En agissant ainsi vous me ferez plaisir, messieurs; cette maison et tout ce quelle contient est à votre disposition, veuillez donc en user comme bon vous semblera.

Les chasseurs s'inclinèrent courtoisement et remercièrent le jeune homme avec effusion.

— Nous sommes venus à votre rencontre, monsieur, dit Olivier, parce que nous désirons vous entretenir et qu'il nous a paru plus sûr de causer au grand air que dans l'intérieur de votre maison.

— Oui, reprit Balle-Franche, bien que le blessé que vous avez si généreusement secouru paraisse ne pas avoir conscience de ce qui se passe autour de lui, nous croyons cependant qu'il est plus prudent que nos paroles n'arrivent pas jusqu'à ses oreilles. Quant à vos serviteurs...

— Ce sont des hommes de confiance, secrets, dévoués, interrompit Georges avec vivacité.

— Nous le savons ; aussi je vous le répète, monsieur, n'est-ce point pour eux que nous prenons cette précaution...

— Fort prudente, et que j'approuve entièrement. Morris et Stéphen m'ont vu naître, ils m'aiment comme si j'étais leur enfant, je n'ai pas de secret pour eux ; vous comprenez combien il me répugnerait de sembler me cacher d'eux pour m'entretenir d'affaires, si graves qu'elles fussent.

— J'avais prévu cette objection, observa Bon-Affût, aussi ai-je eu soin de les prévenir et ils sont de notre avis.

— Vous avez bien fait, Charbonneau, d'avertir ces braves gens, auxquels sous aucun prétexte je ne voudrais causer la plus légère contrariété. Veuillez me suivre, messieurs, je vais vous conduire dans un endroit où nous pourrons nous entretenir sans craindre que nos paroles soient entendues de qui que ce soit, en supposant que quelque espion inconnu se mette aux écoutes.

Georges s'éloigna alors de la maison, suivi par les chasseurs, et il se dirigea vers un léger monticule complétement déboisé qui commandait le cours de la rivière, et du sommet duquel la vue s'étendait à une longue distance dans toutes les directions.

— Voici mon observatoire, dit-il en souriant.

— L'endroit est parfaitement choisi, répondit Olivier.

— Maintenant, si vous voulez vous asseoir sur l'herbe, je suis à vos ordres.

Sur l'invitation de Georges Clinton chacun s'accommoda sur l'herbe, les pipes furent allumées, et Balle-Franche, qui semblait avoir été désigné par ses amis pour parler en leur nom, entama ainsi l'entretien.

— Monsieur, nous avons appris par Bon-Affût que, depuis peu de temps seulement, vous avez abandonné les villes de l'Union américaine pour venir vous fixer temporairement dans les prairies du far-west.

— C'est la vérité, messieurs, je n'ai aucun motif pour le cacher, répondit le jeune homme.

— Chaque homme est maître de ses actions, monsieur, reprit Balle-Franche, et libre d'agir à sa guise tant qu'il ne porte pas préjudice à ses semblables; nous ne prétendons donc en aucune façon nous immiscer dans vos affaires qui vous regardent seul; je n'ai parlé ainsi que je l'ai fait que pour constater que, étranger pour ainsi dire dans les prairies, vous devez en ignorer les usages et les coutumes.

— Je vous avoue, messieurs, qu'à ce sujet je

suis bien réellement d'une ignorance profonde; aussi je me laisse entièrement guider par mon ami Bon-Affût qui, lui, est un vieux coureur de bois malgré sa jeunesse et connaît à fond ces coutumes auxquelles vous faites allusion; seulement, avant que d'aller plus loin, permettez-moi de vous faire observer que je ne comprends rien encore à ces préambules dont je ne vois pas le but et que je vous serai très-reconnaissant de les abréger.

— Une simple question, monsieur.

— Je vous écoute.

— Habitant temporairement le désert, consentez-vous à obéir à ses lois et à ses usages?

— Certes, monsieur, quelles qu'elles soient, je m'y soumettrai en tant, bien entendu, quelles seront justes.

— Vous le jurez?

— Sur l'honneur, monsieur.

— Nous n'attendions pas moins de votre loyauté, monsieur. Je vois avec plaisir que Bon-Affût ne nous a point trompés dans les éloges qu'il a faits de vous.

— Je remercie mon ami Bon-Affût; et maintenant j'attends qu'il vous plaise enfin de vous expliquer.

— Deux mots suffiront, monsieur : je suis chargé par mes amis de vous prier de remettre en nos mains le blessé qui se trouve en ce moment dans votre hutte.

— Vous remettre ce blessé, s'écria-t-il avec surprise, qu'en voulez-vous donc faire?

— Lui appliquer la loi de lynch, répondit froidement le chasseur.

Le jeune homme frissonna, une pâleur livide envahit son visage et il regarda d'un air épouvanté les chasseurs qui, d'un muet hochement de tête, confirmèrent les paroles du Canadien.

— Qu'est-ce à dire, messieurs, reprit-il avec feu, prétendez-vous donc infliger une torture inutile à ce malheureux dont la vie ne tient peut-être qu'à un fil?

— C'est notre droit et notre devoir, monsieur, non pas, ainsi que vous le dites, de lui infliger une torture inutile, mais de le juger et, la sentence rendue, quelle qu'elle soit, de l'exécuter sur l'heure.

— C'est horrible! s'écria le jeune homme en cachant avec désespoir son visage dans ses mains.

— Vous ne connaissez pas cet homme, monsieur; si dans le premier moment, pour des motifs qui nous sont personnels, nous avons feint de ne pas le reconnaître, maintenant que l'étranger qui vous accompagnait s'est éloigné, l'heure est venue de vous révéler qui est ce misérable.

— Que m'importe qui il est! reprit-il avec feu; je ne vois en lui qu'un malheureux blessé, mourant, que mon devoir est de secourir sans lui demander compte de ses actions.

— Ces sentiments d'humanité font honneur à

votre philanthropie, monsieur, répondit Balle-Franche avec un sourire ironique, fort bons et fort louables dans la vie civilisée où les lois protégent les individus sans qu'il soit nécessaire qu'ils interviennent; au désert ils ne valent rien : ici chacun, sous peine de mort, est contraint de se protéger soi-même et de veiller à sa propre défense, s'il ne veut tomber sous les coups des ennemis qui sans cesse conspirent contre sa vie.

— Mieux vaut être victime que bourreau.

— Libre à vous de penser ainsi et de tendre complaisamment la gorge au poignard des assassins, mais vous nous permettrez de ne point partager votre opinion et d'être d'un avis diamétralement opposé.

— Cependant, messieurs.

— Brisons-là, je vous prie; nous avons votre parole: prétendez-vous l'éluder, ou êtes-vous résolu à la tenir?

— Est-ce donc ainsi, dit-il d'un ton de reproche, que vous reconnaissez mon hospitalité?

— Vous êtes injuste, monsieur, car en ce moment nous ne sommes que les instruments de la vindicte publique et nous accomplissons un devoir pénible.

— Qui vous oblige à le remplir, ce devoir?

— Notre conscience et le soin de notre salut. Nous livrez-vous cet homme, oui ou non?

— Prenez-le donc puisque vous l'exigez, répondit-il avec abattement, mais puisque de votre autorité privée vous vous érigez en tribunal pour condamner ce malheureux, eh bien ! moi, je le défendrai !

— Soit, monsieur, cette déclaration nous comble de joie; avant tout nous prétendons être justes.

— Mais, reprit le jeune homme, quand prétendez-vous procéder au jugement de ce malheureux.

— Tout de suite, monsieur, répondit froidement Balle-Franche en se levant, mouvement qui fut immédiatement imité par ses compagnons et par Bon-Affut lui-même.

— C'est impossible. Cet homme se trouve dans un état de prostration tel qu'il est incapable de répondre aux questions qu'on lui adressera.

— Il n'est pas aussi malade que vous le supposez; d'ailleurs, s'il vous plaît de nous conduire auprès de lui, vous le verrez, répondit avec ironie le Canadien.

— Venez donc alors, s'écria Georges avec une irritation contenue, car après tout mieux vaut en finir.

— C'est ce que nous désirons.

Les cinq hommes se mirent alors en devoir de regagner la hutte.

Olivier et Numank-Charaké avaient assisté muets et impassibles à l'entretien du chasseur et de Georges Clinton; mais à leur démarche ferme, au froncement de leurs sourcils et à l'éclat fulgurant de leurs regards, il était facile de reconnaître qu'ils partageaient complétement l'avis de Balle-Franche et étaient prêts à l'aider de tout leur pouvoir dans l'accomplissement de son projet.

Lorsque les coureurs des bois pénétrèrent dans la chambre où le blessé était couché, celui-ci avait entièrement repris connaissance ; son visage d'une pâleur terreuse était plaqué par la fièvre de deux taches d'un rouge ardent aux pommettes des joues ; des goutelettes de sueur perlaient à ses tempes, il tenait ses yeux fermés, mais il ne dormait pas, car son regard filtrait sournoisement à travers ses paupières demi-closes : en somme, sa position était celle d'un tigre aux aguets qui sent le danger se rapprocher de lui sans savoir encore ni de quel côté ni sous quelle forme il se présentera.

Balle-Franche examina pendant deux ou trois minutes le blessé avec une tenacité telle que malgré lui celui-ci, sentant ce regard inquisiteur. peser opiniâtrément sur lui, ouvrit les yeux et les referma presque aussitôt avec un frissonnement général de tout son corps.

Le Canadien sourit finement et, se penchant vers Bon-Affut, il lui dit quelques mots à l'oreille.

Le chasseur fit un geste d'assentiment, quitta aussitôt la chambre, et sortit de la hutte.

— Messieurs, dit Balle-Franche à voix haute, nous allons procéder, selon la coutume, à l'installation de la cour du juge Lynch. Qui nommez-vous président?

— Vous, répondirent d'une seule voix le chef indien et le Français.

— J'accepte, messieurs; vous serez mes assesseurs; la cour entrera tout de suite en séance : vous savez que nous sommes réunis pour juger cet homme.

— Vous oubliez, dit Georges Clinton, que je me présente pour le défendre.

— C'est juste, répondit doucement Balle-Franche. Veuillez donc prêter attentivement l'oreille à l'accusation que je vais formuler, afin de présenter ensuite sa défense, si toutefois, ajouta-t-il avec un sourire sardonique, cela vous est possible.

Le blessé était demeuré immobile et insensible en apparence à tout ce qui se passait autour de lui; mais en entendant les paroles généreuses prononcées par le jeune homme il eut un tressaillement nerveux; malgré lui ses yeux s'ouvrirent, et il fixa sur Georges Clinton un regard d'une expression étrange.

Balle-Franche sembla se recueillir pendant quelques instants, puis il croisa les bras sur la poitrine, rejeta la tête en arrière, et s'adressant au blessé d'une voix lente mais ferme et bien accentuée :

— Accusé, dit-il, vous êtes face à face avec un tribunal terrible : le juge Lynch a reçu la mission, coupable de vous condamner, innocent de vous absoudre; rentrez en vous-même, recueillez-vous, priez Dieu qu'il vous inspire et préparez-vous à répondre à l'accusation qui va être articulée contre vous.

— Je ne reconnais pas la juridiction du juge Lynch, répondit l'accusé d'une voix faible mais distincte : vous êtes un tribunal d'assassins ! je ne répondrai pas.

— Comme il vous plaira, reprit froidement le Canadien ; mais je dois vous avertir que votre silence sera considéré comme un aveu et que le verdict sera prononcé en conséquence.

Le blessé frissonna.

— Pourquoi, au lieu de me laisser mourir dans la prairie, m'a t-on conduit ici? dit-il d'un ton de reproche ; l'hospitalité au désert cache-t-elle donc l'assassinat et le guet-apens.

— Cet homme a raison, s'écria vivement Georges Clinton, je ne puis souffrir que sous mon toit se passent de telles choses ; je proteste au nom de l'humanité contre tout ce qui sera fait, c'est me déshonorer que de procéder ainsi en ma présence.

— La juridiction du juge Lynch est souveraine au désert, reprit froidement le Canadien, nul ne peut l'entraver. Cet homme est un pirate des prairies, couvert de sang et de crimes. Louis Querchard, Paul Sambrun, Tom Mitchell, à quel nom vous plaît-il de répondre ? Vous voyez que vous êtes bien connu? Nous ne commettons pas d'erreur, n'est-ce pas? Il y a onze jours, vous avez surpris dans une embuscade un vieillard qui accompagnait une jeune fille ; ce vieillard vous l'avez tué lâchement par derrière d'un coup de carabine, au saut de l'Elk, un peu avant le coucher du soleil. La jeune fille, qu'est-elle devenue ?

— Calomnie ! s'écrie le blessé en se dressant sur son séant avec une vivacité qu'on était loin d'attendre de sa faiblesse apparente ; je n'ai pas tué ce vieillard ; je ne sais ce que vous voulez dire.

— Je vous répète que vous avez tué le vieillard et que vous avez enlevé la jeune fille ; j'ai les preuves en main.

Le blessé baissa la tête avec confusion et se mordit les lèvres jusqu'au sang.

Balle-Franche continua.

— Ce matin vous vous êtes pris de querelle avec un de vos complices, en traversant cette vallée, et, victime à votre tour d'un guet-apens, vous êtes tombé sous une balle partie du rifle de ce complice.

— Mensonge ! murmura le blessé les lèvres serrées.

— Mensonge, dites-vous, reprit Balle-Franche, c'est bien ; nous allons voir.

Le Canadien porta alors ses doigts à sa bouche et poussa un cri strident.

Presqu'aussitôt un bruit de pas se fit entendre dans la pièce précédente, la porte s'ouvrit et plusieurs hommes entrèrent.

Ces hommes étaient Bon-Affut et les deux serviteurs de Georges Clinton ; ils amenaient au milieu d'eux et étroitement garrotté un individu à la mine chafouine et d'aspect ignoble.

— Voici votre complice, dit Balle-Franche.

— Je ne connais pas cet homme, répondit le blessé d'une voix rauque.

— Comment, vous ne me connaissez pas, mon noble seigneur, dit le prisonnier avec une expression doucereusement ironique ; est-il possible qu'en si peu de temps vous ayez oublié ce pauvre Camote ?

— Vous persistez à soutenir que vous ne connaissez pas cet individu ? reprit Balle-Franche.

— Je persiste, dit-il avec effort.

— C'est bien. Se tournant alors vers le bandit : Libre ou pendu, lui dit-il, réfléchis : veux-tu avouer ?

— Caraï ! je le crois bien, s'écria le prisonnier qui n'était autre qu'un métis mexicain, j'avouerai tout ce que vous voudrez, seigneurie.

— Parle, dit le chasseur.

— Misérable ! s'écria le blessé avec violence, veux-tu donc me trahir ?

— Écoutez donc, reprit l'autre de son même ton doucereux, je ne me soucie pas d'être pendu, mon maître, le juge Lynch ne plaisante pas.

Le blessé lui jeta un regard de souverain mépris, et s'adressant au Canadien :

— Il est inutile d'interroger ce drôle, fit-il avec

effort, je vous dirai, moi, ce que vous voulez savoir.
— Soit. Parlez, nous écoutons.
— Je parlerai, mais à une condition.
— Nous n'en acceptons pas.
— Prenez garde : moi seul sais où est la jeune fille que vous cherchez, si vous refusez d'accepter mes conditions je me tairai ; vous me tuerez, mais j'emporterai mon secret dans la tombe et jamais vous ne reverrez cette jeune fille.

Balle-Franche interrogea le Mexicain du regard.

— C'est la vérité, dit celui-ci en baissant les épaules.

Numank-Charaké, Olivier et Bon-Affut firent un geste de prière.

— Que voulez-vous? dit-il au blessé.
— La vie sauve, la liberté, et trois heures d'avance pour me mettre en sûreté.
— Est-ce tout? répondit Balle-Franche avec répugnance.
— Non; je veux que mon ami Camote m'accompagne.
— Je n'y tiens pas! s'écria vivement le bandit.
— Je l'exige, et de plus j'entends que mon cheval, mes armes et ma valise me soient rendus.
— Est-ce tout enfin?
— Oui.
— Et la jeune fille?
— Acceptez-vous?
— J'accepte.

— Vous le jurez.

— Je le jure.

— Un instant, dit Georges.

— Quoi encore, fit le Canadien d'un ton de mauvaise humeur.

— Je désire, reprit le jeune homme, que huit jours soient laissés à cet homme pour qu'il puisse sinon se guérir, du moins reprendre assez de forces pour s'éloigner; ces huit jours il les passera ici, sous votre garde et la mienne.

— J'y consens. La jeune fille?

— Elle est enfermée à six lieues d'ici dans la caverne de l'Elk; je me rendais près d'elle lorsque ce matin j'ai été traîtreusement blessé par ce drôle : hâtez-vous, car elle ne doit plus avoir de vivres.

A peine le blessé avait-il achevé de prononcer ces paroles que le chef indien et Olivier s'étaient élancés hors de la maison.

— Prenez garde, dit Balle-Franche, si vous avez menti, rien ne vous sauvera de ma vengeance.

— Sur Dieu! j'ai dit vrai, murmura le blessé, et il retomba évanoui sur le lit.

Camote, malgré ses protestations, fut étroitement enfermé par l'ordre exprès du Canadien.

XII

Comment Olivier arriva au village des Bisons-Hurons et quel accueil il reçut de l'aïeul et du père de son ami Balle-Franche.

Il nous faut maintenant faire quelques pas en arrière, afin d'expliquer au lecteur à la suite de quelles circonstances les trois chasseurs étaient venus demander l'hospitalité à la loge de Georges Clinton, et quels étaient les motifs réels de la haine qu'ils éprouvaient contre le blessé relevé dans la savane par Bon-Affût; haine qui les avait poussés à réclamer si fermement les droits redoutables de la loi du juge Lynch contre ce malheureux qui semblait ne plus avoir que quelques heures à vivre.

A l'époque où se passe cette histoire, le vaste continent américain, du nord au sud, était encore presque entièrement la propriété du gouvernement espagnol, qui faisait peser un joug de fer sur ses immenses colonies, fermées avec une jalousie implacable au commerce de toutes les nations et, comme la Chine, isolées au milieu du monde dont elles ignoraient presque l'existence.

Seuls les treize comtés confédérés des États-Unis avaient proclamé leur indépendance en 1776, et après une lutte acharnée avaient réussi à conquérir leur liberté et à contraindre l'Angleterre à signer, le 3 septembre 1783, le traité de Versailles, par lequel elle renonçait à tous ses droits sur ses anciennes colonies et reconnaissait enfin leur indépendance.

La guerre terminée et les Anglais à jamais chassés du territoire de la nouvelle république, les nouveaux affranchis, sans se laisser un instant éblouir par leurs succès, comprirent, avec ce bon sens qui est le côté saillant du caractère américain, que tant que le reste de l'Amérique demeurerait esclave leur liberté serait sans cesse menacée, et que leur isolement causerait inévitablement leur perte.

De plus, les citoyens qui avaient courageusement combattu pendant la longue guerre de l'indépendance, dont les propriétés avaient été pillées ou détruites et les familles massacrées ou dispersées, groupés autour de leur vaillant drapeau, ne connaissaient plus d'autre famille que l'armée, d'autre foyer que le bivouac. Réduits à l'inaction par la cessation des hostilités, ces généraux, ces officiers et ces soldats devenaient une menace pour la tranquillité intérieure du pays, il fallait porter un remède prompt et efficace à cet état de choses qui causait un malaise général.

Le gouvernement se mit aussitôt à l'œuvre.

Le territoire de la nouvelle république était déjà immense, mais peu peuplé, à peu près inconnu et partout mal défriché, et parcouru dans tous les sens par des tribus indiennes pour la plupart indépendantes, ennemies des blancs et ne vivant que de rapines; des expéditions furent organisées pour refouler les sauvages dans les vastes solitudes du far-west, établir des communications entre les grands centres de population et procéder à la régularisation des frontières.

On connaît l'activité des Américains, leur audace et leur caractère entreprenant. Tout marcha de front avec une rapidité merveilleuse : des forts furent construits pour maintenir les Peaux-Rouges, de hardis pionniers tracèrent des routes à travers les forêts vierges et portèrent la civilisation jusqu'aux extrémités du territoire, où ils fondèrent des établissements qui bientôt devinrent des villes riches et florissantes.

Les ports américains furent ouverts aux nations européennes; les colons de tous les pays furent appelés et bien accueillis aux États-Unis; les flottes de la nouvelle république traversèrent l'océan et entamèrent des relations commerciales qui, en peu de temps, s'accrurent dans des proportions immenses.

Dix ans à peine après la signature du traité de Versailles, toutes les traces de la formidable guerre de l'indépendance avaient disparu.

Le gouvernement des États-Unis avait, à la vérité, été grandement aidé par les circonstances; un souffle puissant de liberté soulevait toutes les poitrines; le vieux monde, sapé jusque dans ses fondements, s'écroulait avec fracas sous les pas pressés des jeunes phalanges républicaines de la France régénérée qui appelaient tous les peuples de l'Europe à l'indépendance; l'Espagne agonisait; impuissante à se défendre elle-même, elle ne songeait à ses colonies que pour leur arracher leurs dernières richesses.

Le point d'appui que cherchaient les États-Unis, ils crurent avec raison l'avoir trouvé : d'un côté, ils entamèrent avec la France des négociations pour l'achat de la Louisiane dont la possession devait les rendre maîtres du golfe du Mexique, et, de l'autre, ils créèrent des corps francs destinés à ravager les frontières des colonies espagnoles et à répandre l'esprit révolutionnaire dans ces contrées depuis si longtemps esclaves et qui aspiraient la liberté par tous les pores, en même temps que des agents mystérieux s'introduisaient dans toutes les possessions espagnoles et préparaient les esprits à la révolte; en cela, du reste, ils étaient puissamment secondés par la France, dont les agents y débarquaient par toutes les côtes de l'Atlantique et du Pacifique et, nouveaux missionnaires, prêchaient la liberté et l'indépendance à tous les peuples du Nouveau Monde.

Malheureusement, lorsqu'un gouvernement, quelle que soit du reste l'honorabilité du but qu'il se propose, se laisse entraîner dans des voies peu avouables, les résultats sont ordinairement funestes : les États-Unis en firent à leurs dépens la triste expérience.

Les compagnies franches, isolées, livrées à elles-mêmes, n'ayant à redouter aucun contrôle, ne tardèrent pas à se recruter de ces bandits de toute sorte qui de tout temps ont pullulé sur les frontières, et commencèrent à faire la guerre pour leur propre compte, rançonnant amis et ennemis, attaquant les convois, pillant les plantations, brûlant les haciendas, s'alliant aux Peaux-Rouges et souvent prenant leur costume afin de donner le change à ceux qu'ils dévalisaient ; commettant enfin les actes les plus blâmables sans qu'il fût possible aux gouvernements, américain ou espagnol, de sévir avec efficacité contre eux, tant ils avaient réussi à se rendre redoutables dans ces déserts au fond desquels ils se retiraient, comme dans une inexpugnable forteresse, après chacune de leurs expéditions.

Parmi ces troupes de bandits auxquelles on avait

appliqué comme une flétrissure le nom de pirates des prairies, une surtout avait conquis une triste et monstrueuse célébrité. Cette bande, forte de deux cents hommes environ, n'était composée que d'exilés de tous les pays, de désespérés de la civilisation chassés de leurs patries respectives et qui étaient venus chercher un refuge et l'impunité sur le territoire américain.

Cette troupe qui s'intitulait cyniquement elle-même la bande des *Outlaws*, c'est-à-dire hors la loi, avait, croyait-on, car personne ne le savait positivement, établi son quartier général dans une île du haut Missouri et de là étendait ses déprédations jusqu'à plus de cent lieues à la ronde.

Puissamment organisée, soumise à une discipline d'une implacable sévérité, cette bande avait dans toutes les villes et dans tous les établissements des espions qui la tenaient au courant non-seulement du nombre et de la force des caravanes qui se préparaient à traverser le désert, de la direction qu'elles devaient suivre, etc. ; mais encore des expéditions que le gouvernement envoyait souvent contre elles ; aussi les bandits, parfaitement renseignés et toujours sur leurs gardes, déjouaient-ils avec la plus grande facilité les tentatives faites pour les détruire.

Le chef de ces terribles Outlaws, espèce de Protée insaisissable, qui changeait avec une égale facilité de nom, de visage et de nationalité, n'était, autant qu'on le pouvait savoir, que depuis cinq ou six ans en Amérique et pourtant le désert n'avait pas conservé de secrets pour lui ; il luttait avec avantage de ruse et d'astuce avec les coureurs des bois les plus fins et les Peaux-Rouges les plus expérimentés ; cet homme, dont on ignorait même l'âge tant il savait prendre avec perfection toutes les apparences qui plaisaient, passait pour Français, bien qu'il parlât avec une égale facilité l'anglais, l'espagnol et même plusieurs langues indiennes ; les uns lui donnaient le nom de Louis Guerchard, d'autres celui de Paul Sambrun, de Francis Magnaud, de Tom Mitchell, de Pedro Lopez, et cinquante autres encore.

Peut-être que de tous ces noms aucun n'était le véritable.

On disait, car l'histoire de ce bandit redouté était passée déjà à l'état de légende parmi les planteurs, les pionniers et les trappeurs de la frontière ; on disait, mais tout bas, d'oreille à oreille, que cet homme, intimement lié avec Jourdan coupe-tête, Fournier l'Américain et d'autres scélérats de même sorte, avait à Paris, à l'époque de la Terreur, joué un rôle sanglant et sinistre ; que, à la suite d'un événement mystérieux, il avait disparu tout à coup sans que pendant plusieurs années on entendît parler de lui, et qu'il avait même passé pour mort, lorsqu'il avait subitement signalé sa présence sur le haut Missouri, à la tête d'une troupe de brigands féroces, par des attentats et des déprédations effroyables.

Quelques-uns ajoutaient timidement, à la vérité, que cet homme valait beaucoup mieux que sa réputation ; que loin d'encourager ses bandits au meurtre, souvent il les avait retenus et empêchés de se livrer aux cruautés dont ils se faisaient un jeu envers les malheureux qui tombaient entre leurs mains ; que les femmes et les enfants n'étaient jamais maltraités par lui ; on racontait même certains actes de bienfaisance dont il aurait été le héros ; bref, le terrible chef comptait presque autant d'amis que d'ennemis sur les frontières.

Maintenant, de tous ces récits contradictoires dans lesquels la vérité était presqu'impossible à découvrir, il résultait que Tom Mitchell, ainsi qu'on le nommait plus habituellement, était entouré d'une espèce d'auréole fantastique et que, bien que depuis près de deux ans les gouvernements américain et espagnol eussent mis sa tête à prix, personne, soit à cause de la terreur qu'il inspirait, soit pour tout autre motif, n'avait essayé de gagner la prime énorme de dix mille dollars offerte pour sa capture, et qu'il continuait avec la plus complète impunité à attaquer les caravanes, dévaliser les voyageurs, piller les haciendas et brûler les plantations.

Après le conseil médecine qu'ils avaient tenu, ainsi que nous l'avons précédemment rapporté, Numank-Charaké et ses deux amis blancs s'étaient au lever du soleil mis en marche pour se rendre au village des Bisons-Hurons; la route était longue, à peine tracée à travers des sentes de bêtes fauves qui se croisaient dans tous les sens; mais les voyageurs étaient bien montés : deux d'entre eux connaissaient à fond le désert, s'égarer était impossible.

En effet, le septième jour après leur départ, une heure avant le coucher du soleil, ils se trouvèrent en vue d'un village construit au confluent de deux rivières assez larges.

Ce village, entouré de tous les côtés de hautes palissades reliées entre elles par de forts crampons de fer, et au bas desquelles s'ouvrait un fossé large et profond rempli d'eau vive fournie par les deux rivières, paraissait avoir une certaine importance; trois ouvertures pratiquées sur trois faces des palissades donnaient entrée dans le village, au moyen d'un pont-volant jeté en travers du fossé et qu'on retirait le soir.

Les voyageurs, dont les chevaux étaient fatigués d'une longue traite, n'atteignirent le bord du fossé qu'au moment où le soleil se cachait et où les ponts allaient être enlevés.

Le bruit de leur arrivée se répandit rapidement, et bientôt ils furent entourés d'une foule empressée qui leur donnait la bienvenue avec des cris et des rires assourdissants.

C'était la première fois depuis son débarquement en Amérique qu'Olivier pénétrait dans un village des Peaux-Rouges ; aussi, malgré toute l'impassibilité que recommande l'étiquette indienne, ne pouvait-il s'empêcher de jeter autour de lui des regards curieux.

Ce village offrait, en effet, un aspect étrange fait pour attirer et captiver l'attention.

Au lieu de cet amas de huttes informes faites en peaux de bisons ou en branches d'arbre entrelacées, la plupart des *callis,* des cabanes, étaient de confortables chaumières construites suivant la mode canadienne et qui rappellent à s'y tromper les habitations de nos paysans de Basse-Normandie.

Ces cabanes alignées avaient chacune un jardin clos d'une haie et parfaitement entretenu ; çà et là quelque calli indien surgissait à l'improviste, mais il n'empiétait aucunement sur la rue, qui était large, tirée au cordeau ; toutes les rues rayonnaient vers une place centrale, espèce de *forum,* au centre de laquelle se trouvait l'*Arche* du premier homme et sur une de ses faces la grande case médecine où se tenaient les assemblées générales de la nation.

Les Canadiens, qui, lors de la cession de leur pays à l'Angleterre, s'étaient retirés avec leurs familles dans la tribu des Bisons-Hurons et avaient fini par faire corps avec eux, avaient transporté parmi les Indiens leur industrie européenne et avaient continué à suivre les coutumes de leurs pères.

De là l'aspect singulier et hybride du village où à chaque pas se coudoyaient, sans se heurter cependant, la civilisation et la barbarie ; car les Peaux-Rouges, tout en respectant les habitudes et les mœurs de leurs hôtes, avaient continué à rester obstinément attachés aux leurs.

Arrivés sur la place du village, Numank-Charaké se sépara de ses amis.

Balle-Franche posa alors le bras sur l'épaule d'Olivier, et lui désignant une cabane d'un aspect très-confortable bâtie à l'angle opposé de la place :

— Voilà ma demeure, lui dit-il.

Olivier regarda.

Deux hommes se tenaient droits, immobiles, devant la porte de la cabane, les deux mains appuyées sur le canon de leur rifle dont la crosse reposait à terre.

Le premier, vieillard presque centenaire, mais encore vert et robuste, avait une épaisse barbe blanche qui tombait jusque sur sa poitrine ; son regard vif semblait lancer des éclairs, son teint avait presque la couleur de la brique, ses muscles saillaient sur sa peau parcheminée et témoignaient d'une force presque surnaturelle chez un vieillard d'un âge aussi avancé ; sa physionomie respirait a bonté, l'intelligence et surtout le courage ; il portait le costume de chasseur.

Celui-là était l'aïeul de Balle-Franche, le rude soldat des dernières guerres entre la France et l'Angleterre, le vétéran de Montcalm.

Le second était son fils, le père du chasseur, un peu moins grand que le robuste vieillard dont la taille était presque gigantesque; comme lui il était maigre mais bien pris et solidement charpenté; quoiqu'il eût dépassé la soixantaine, sa longue barbe blonde n'avait pas encore un poil blanc; ses traits énergiques, ses yeux bleus pleins de feu, lui donnaient une expression de force et de volonté que tempérait en ce moment un sourire d'une douceur extrême.

— Pardieu, ne put s'empêcher de s'écrier Olivier, je te félicite, cher ami, d'avoir de tels parents. Quelles puissantes natures! Ces hommes-là ont été taillés dans le granit.

— Oui, répondit doucement le chasseur, ce sont de rudes hommes; le cœur est encore plus beau que le corps.

— Je n'en doute pas : j'ai hâte de les connaître.

— Viens, fit-il laconiquement.

Ils traversèrent la place.

Arrivés à quelques pas de la cabane, Balle-Franche et son compagnon s'arrêtèrent et descendirent de cheval.

Puis Balle-Franche, jetant la bride à Olivier, s'approcha à pas lents jusqu'auprès des deux vieillards toujours immobiles devant la porte de la cabane, ôta son bonnet de fourrure et, mettant un genou en terre :

— Me voici de retour, dit-il, en courbant la tête. Pendant mon absence, j'ai toujours agi d'après les leçons que j'ai reçues de vous : bénissez votre enfant avant qu'il franchisse le seuil de votre demeure.

— Sois béni, mon fils, répondirent les deux vieillards en étendant d'un mouvement simultané le bras au-dessus de la tête du jeune homme.

— Relève-toi, Pierre, ajouta son père, je suis content de toi !

Le chasseur obéit et fut aussitôt serré dans les bras de son père et de son aïeul.

Cette scène si simple, et si grande dans sa simplicité, avait fortement ému Olivier.

— Qui n'envierait une telle famille, murmura-t-il en étouffant un douloureux soupir, lui le fils abandonné, renié de tous et qui à peine avait un nom.

En ce moment Balle-Franche s'approcha de lui.

— Suis-moi, lui dit-il.

Olivier s'avança, pâle et triste.

— Grand-père, dit le chasseur, et vous, mon père, voici Olivier, mon ami. Mon père, je l'ai rencontré il y a huit jours dans la savane, nous ne nous sommes plus quittés ; il m'aime et je l'aime ; c'est un brave cœur et un bon chasseur : nos amis les Peaux-Rouges l'ont nommé la Panthère-Bondissante.

— Qu'il soit le bienvenu, répondit l'aïeul ; les Français sont nos frères ! tant qu'il nous restera un toit pour nous abriter, un quartier de venaison, nous partagerons avec eux.

— Bien parlé, père, s'écria François Berger en donnant une vigoureuse poignée de main au jeune homme. Ne sommes-nous pas Français nous aussi ! Mon fils vous aime, désormais vous êtes de la famille.

— Messieurs, répondit Olivier en les saluant respectueusement tandis qu'un charmant sourire éclairait son visage, ce n'est pas avec des mots qu'on répond à de telles paroles et qu'on remercie d'un si cordial accueil, c'est avec un dévouement sans bornes : usez de moi à l'occasion, je vous suis acquis à tout jamais.

— Bravo ! au lieu d'un fils nous en aurons deux, maître Olivier, reprit le vieux chasseur. Entrez, ami, et disposez du peu que nous possédons.

Ils franchirent alors le seuil de la cabane dont la porte se referma derrière eux.

Sur un signe de Balle-Franche, un jeune Indien à mine éveillée avait pris la bride des chevaux et il les avait emmenés.

La chaumière, construite en troncs d'arbres, était blanchie à l'intérieur et à l'extérieur à la chaux et percée de quatre fenêtres sur chaque face et deux sur les côtés.

Olivier fut introduit d'abord dans une salle assez grande, éclairée par deux fenêtres et dont le plancher était en bois et le plafond à poutres saillantes ; au fond se trouvait une vaste cheminée à large manteau, adossée à la cuisine ; une table, quelques bancs, quelques chaises, deux dressoirs en chêne garnis de vaisselle en terre brune, et un immense coucou dans une gaine, formaient tout l'ameublement de cette pièce, la principale de la maison.

De chaque côté de la cheminée il y avait une porte donnant, la première dans la cuisine, et la seconde dans une chambre à coucher, qui fut destinée à Olivier comme étant la chambre des hôtes et par conséquent la sienne.

A droite et à gauche de la grande salle il y avait deux pièces : celles de droite étaient les chambres à coucher de l'aïeul et du père de Balle-Franche, celles de gauche servaient, la première au chasseur, et la seconde à sa sœur, absente en ce moment.

Toutes ces pièces étaient meublées de la même façon : un grand lit entouré de serge verte suspendue aux poutres du plafond par une targette en fer, un bénitier et un petit crucifix à la tête du lit, des coffres à clous de cuivre pour renfermer les vêtements, une petite table ; deux ou trois chaises, un miroir et quelques images venues d'Épinal affreusement peinturlurées attachées au mur ; ainsi que des pipes de toutes formes et de toutes grandeurs, le *tulle* ou fusil à long calibre français, remplacé maintenant par le riflé américain ; la corne à poudre, le sac à plomb, la gibecière, la hache, le couteau, la ceinture en peau d'élan, et voilà tout.

Qui a vu l'intérieur d'une cabane de *bois-brûlé* canadien, les a vu toutes, il n'y a pas la plus légère différence entre elles.

La chaumière n'avait qu'un rez-de-chaussée ; un vaste grenier occupait tout le haut.

Derrière la maison, il y avait une écurie pour six chevaux, une basse-cour avec quelques poules, et un jardin assez grand, bien clos et parfaitement entretenu, destiné à fournir les légumes nécessaires à la famille ; c'était l'aïeul qui, malgré son grand âge, prenait soin du jardin, labeur un peu rude dont cependant il s'acquittait comme en se jouant, tout en fumant sa pipe indienne.

Lorsqu'après s'être débarrassé de ses bagages et avoir remis un peu d'ordre dans ses vêtements, Olivier rentra dans la grande salle, le couvert était dressé et les trois Canadiens n'attendaient plus que lui pour se mettre à table.

Chacun prit place, l'aïeul prononça le *benedicite* qui fut écouté religieusement et le repas commença.

— Avez-vous fait bonne chasse, père, demanda Balle-Franche au bout d'un instant.

— Comme ça, pas trop ; le gibier diminue ; cependant en quinze jours j'ai fait trois cent soixante-dix dollars.

— Hum! c'est joli. Qu'avez-vous donc chassé?

— Le renard bleu à l'est de la baie d'Hudson.

— Vous êtes revenu depuis longtemps?

— Trois semaines. Ah ça, tu ne me demandes pas des nouvelles de ta sœur, garçon?

— Ce n'est pas à moi à vous interroger, père.

— L'enfant a raison, dit l'aïeul, c'est à toi à lui parler de la fillette.

— Bon; ce ne sera pas long, fit en riant le chasseur : Angèle est, je le suppose, chez une amie dans le village?

— Tu te trompes, garçon, elle est absente.

— Absente! fit-il avec une surprise parfaitement jouée.

— Oui, reprit l'aïeul avec bonhomie, et pour ma part cela me chagrine, la fillette était la joie de notre foyer.

— Où donc est-elle allée, père?

— Pas bien loin d'ici, à cinq jours de marche tout au plus, chez notre cousin Lagrenay.

— Le squatter de la rivière du Vent?

— Juste. Sa femme est malade, il est seul; ne pouvant la soigner, il est venu me prier de lui confier Angèle pour quelques jours; je n'ai pas osé lui refuser ce service. Ai-je mal fait?

— Ce n'est pas à moi, père, répondit respectueusement le jeune homme, à vous faire des observations à ce sujet.

— Parle, je te le permets.

— Eh bien, peut-être n'auriez vous pas dû consentir ; le défrichement de notre cousin Lagrenay est isolé sur le territoire indien et...

— Oui, oui, interrompit vivement François Berger, tu as raison ; j'ai peut-être agi avec trop de précipitation dans cette affaire. Je ne sais pourquoi je suis inquiet ; aussi mon intention est-elle de me mettre en route demain et de me rendre sur le défrichement.

— Je vous accompagnerai, père.

— Non, c'est inutile ; seul je suffirai. A votre santé, mon hôte ! Y a-t-il longtemps que vous avez quitté la France ?

— A la vôtre ! monsieur, répondit Olivier en choquant son gobelet contre celui du chasseur : je ne suis que depuis deux mois en Amérique.

— Ah ! mais c'est tout nouveau cela ; donnez-nous des nouvelles de notre pays.

— Avec le plus grand plaisir.

— C'est que, dit l'aïeul, quoique le gouvernement du roi nous ait vendus aux Anglais, nous sommes toujours restés Français, nous autres ; parlez, parlez, nous vous écoutons. Que fait le roi, maintenant ?

— Il n'y a plus de roi en France.

— Plus de roi ! est-ce possible ? s'écrièrent les trois Canadiens avec stupéfaction.

— Qui donc gouverne alors ?

— La République.

— La République! murmurèrent les chasseurs en hochant la tête.

Il y eut un silence.

En ce moment on frappa à la porte, Balle-Franche se leva et alla ouvrir.

Numank-Charaké entra.

— Prenez place, buvez et mangez avec nous, chef, lui dit l'aïeul.

Le jeune Indien secoua négativement la tête.

— Je ne viens ici ni pour boire ni pour manger, répondit-il tristement.

— Pourquoi venez-vous donc alors, reprit le vieillard avec un froncement de sourcil.

— Je viens pour vous dire que votre enfant Rosée-du-Soir a été enlevée par Tom Mitchell le Pirate, et qu'il faut la sauver si elle existe encore, ou la venger si elle a été assassinée!

XIII

Où est expliquée la présence des trois chasseurs à la loge de Georges Clinton.

Cette révélation terrible éclata comme un coup de foudre au milieu des quatre personnages.

Il y eut un silence de stupeur qui dura pendant deux ou trois minutes.

Ce silence, ce fut l'aïeul qui le rompit.

— Vous êtes un sinistre messager, chef, dit-il avec amertume; qui vous a donné cette affreuse nouvelle?

— Peut-être vous a-t-on trompé, ajouta le père.

— Dieu veuille qu'il en soit ainsi! murmura Olivier.

Le chef hocha tristement la tête.

— Voici ce qui s'est passé, dit-il :

L'aïeul l'interrompit.

— Je n'écouterai rien, reprit-il, avant que vous ayez pris place à notre foyer et ayez rompu le pain avec nous; nous sommes parents et amis, chef, cette épouvantable catastrophe vous touche autant que nous.

— C'est vrai, murmura-t-il.

Il s'inclina respectueusement et s'assit entre Balle-Franche et Olivier.

— Mangez et buvez, reprit l'aïeul; après le repas nous tiendrons un conseil médecine.

Personne ne fit d'objection; le repas continua silencieusement.

Olivier observait curieusement ces mœurs étranges; il ne comprenait pas le calme et le sang-froid de ces quatre hommes, en présence d'un aussi affreux événement, et dans son for intérieur il était prêt à les accuser de sécheresse de cœur.

Il ignorait encore que l'étiquette indienne, bien plus sévère que ne le fut jamais la nôtre, exigeait impérieusement cette apparente froideur; ce qui se passa ensuite lui prouva qu'il s'était trompé et que ces braves cœurs avaient été bien douloureusement meurtris.

Le repas fut triste et morne; les convives n'échangèrent pas une parole; ils mangèrent comme s'ils accomplissaient un devoir auquel ils ne voulaient ou ne pouvaient pas se soustraire.

Le dîner dura peu, quelques minutes à peine;

lorsqu'il fut terminé, enfin, au moment de se lever de table, l'aïeul se pencha vers Olivier et le regardant avec un mélancolique sourire :

— C'est à une mauvaise heure, monsieur, lui dit-il, que vous avez franchi le seuil de notre porte; pardonnez-nous ce que notre hospitalité vous a semblé avoir de rude; le malheur a pénétré dans notre maison.

— Vous m'avez dit, monsieur, répondit aussitôt le jeune homme, que vous me considériez comme faisant maintenant partie de votre famille, laissez-moi donc prendre part à votre douleur, qui me touche plus que vous ne sauriez le croire, et me considérer comme étant à vos yeux le frère de Balle-Franche, mon ami.

— Merci, répondit doucement le vieillard, j'ai eu tort de vous parler comme à un hôte, vous êtes, en effet, bien réellement de la famille.

— Vous êtes mon second fils, dit vivement le père du chasseur, rien de ce qui nous touche ne vous sera caché.

— C'est moi maintenant qui vous remercie, reprit Olivier avec émotion; je vous prouverai, je l'espère, que je suis digne de l'honneur que vous me faites.

On se leva alors de table : il y eut un silence pendant lequel chacun bourra sa pipe et l'alluma; puis, sur un signe de l'aïeul, après que les plats et les reliefs du dîner eurent été enlevés, chacun se rassit, non autour de la table, mais devant la cheminée dans laquelle brûlait un feu clair de sarment.

— Chef, dit alors l'aïeul, le moment de vous expliquer est venu; nos oreilles sont ouvertes, nous vous écoutons avec la plus sérieuse attention; veuillez donc parler sans plus attendre.

Le chef se leva.

Après s'être respectueusement incliné, il promena un regard triste sur les assistants, se redressa d'un mouvement brusque et prit la parole.

Sa voix, malgré les efforts qu'il faisait pour l'assurer et la rendre claire, était sourde et tremblante; on devinait que malgré lui le jeune Indien était dominé par une émotion qu'il ne réussissait que difficilement à contenir.

— Votre cousine Lagrenay n'a jamais été sérieusement malade, dit-il; votre fille Rosée-du-Soir a été enlevée par Tom Mitchell le pirate, à la ferme même du squatter dont il s'est emparé par un coup de main.

— Ces nouvelles sont-elles certaines? demanda l'aïeul avec agitation.

— Le doute n'est pas possible, elles m'ont été données par un coureur dont je suis sûr et qui est arrivé, il y a une heure à peine, au village.

— Cet homme a vu ce qui s'est passé?

— Oui, sans être vu lui-même.

Il y eut un lugubre silence.

Aucun des assistants n'osait, par déférence pour le vieillard, se mêler à ce triste interrogatoire.

L'aïeul reprit au bout d'un instant, en hochant la tête à plusieurs reprises :

— Excusez-moi de vous parler aussi franchement, chef, dit-il, vous êtes mon parent, je vous ai vu naître et toujours j'ai eu pour vous une grande amitié.

— Mon père est bon, il sait que je l'aime, répondit le chef en s'inclinant.

— Je le crois, cependant excusez-moi, je vous le répète, de vous dire aussi nettement le sentiment que j'éprouve en ce moment : il me semble voir dans vos paroles une certaine réticence qui m'inquiète plus encore que les graves nouvelles que vous me donnez ; en un mot, j'ai la conviction que vous ne me faites pas connaître le fond de votre pensée.

Le chef baissa silencieusement la tête.

— Ah ! reprit le vieillard avec animation, j'ai frappé juste, à ce qu'il paraît ; vous en savez plus, n'est-ce pas, que vous ne jugez convenable d'en dire.

— Aucune peau ne couvre mon cœur, mon sang coule rouge et clair dans mes veines, le Waçondah me voit et me juge ; que mon père s'explique, je ne dois et ne puis parler qu'après lui : mon père est vieux, ses cheveux ont été blanchis par la neige de bien des hivers ; la sagesse réside en lui.

— C'est bien, Numank-Charaké, vous êtes un grand brave malgré votre jeunesse, bientôt vous serez un chef renommé autour du feu du conseil; j'apprécie les motifs qui vous ferment la bouche : vous aimez Rosée-du-Soir, ma petite fille.

Le jeune homme fit un geste.

— Ne vous en défendez pas, continua vivement le vieillard; je le sais, mon fils et moi nous avons vu cet amour avec joie; car elle sera heureuse avec vous, dont le cœur est droit et le bras fort; dans la situation où vous êtes placé vis-à-vis de nous; ignorant nos intentions à ce sujet et peut-être les interprétant défavorablement; vous avez cru que ce n'était pas à vous à porter contre un de nos parents communs une accusation à laquelle peut- être nous n'ajouterions pas foi, et vous vous êtes loyalement abstenu de la formuler; c'est bien, je vous le répète; mais le temps presse, le cas est grave; nous connaissons notre cousin aussi bien et peut-être mieux que nous vous connaissons vous-même; nous savons que le mensonge n'a jamais souillé vos lèvres; garder plus longtemps le silence serait commettre plus qu'une mauvaise action, puisque vous deviendriez pour ainsi dire complice des ravisseurs; parlez donc comme un homme, chef, mes enfants vous y invitent par ma bouche.

— J'obéis, répondit respectueusement le jeune homme.

— Et surtout rapportez-nous, sans rien omettre, ce qui s'est passé, dit François Berger en lui serrant amicalement la main, tandis que Balle-Franche lui souriait et qu'Olivier lui-même semblait l'engager à ne pas tarder davantage.

— Je vous dirai tout, reprit-il, après un court silence. Ainsi que vous l'avez découvert, mon cœur a volé vers Rosée-du-Soir, je l'aime ; son amour fait ma joie, sa voix me rend heureux.

Les deux vieillards échangèrent un doux sourire.

— A mon retour dans le village, après mon expédition qui avait si mal réussi, Rosée-du-Soir n'était plus dans le calli de son père ; je m'informai à tout le monde, j'osai même vous interroger ; votre réponse me remplit de tristesse et de découragement. Je rentrai dans mon calli le cœur brisé ; le père de mon père eut pitié de ma douleur. Kouha-Handè m'aime, il me consola et me parla en homme sage : Pars, me dit-il, rends-toi auprès de Balle-Franche qui t'attendra à l'endroit que toi-même lui as désigné, dis-lui ce qui s'est passé ici, il est le frère de Rosée-du-Soir, il pleurera avec toi et peut-être te donnera-t-il un bon conseil ; pendant son absence, je veillerai ; s'il le faut, je me rendrai à la hutte de l'homme blanc de la rivière du Vent ; adieu, mon fils, et que le Wacondah t'accompagne. J'obéis au père de mon père, je chaussai mes mosksens de voyage, je pris mes raquettes, mon *erupah* — fusil — des vivres, mon sac à la médecine et je partis; mais mon âme était triste, le sombre pressentiment d'un si grand malheur figeait la moelle de mes os; ce pressentiment m'était envoyé par le Wacondah, il ne me trompait pas.

— Courage, enfant, dit l'aïeul avec bonté, le Wacondah est puissant et juste, il éprouve ceux qu'il aime.

— Il y a deux heures à peine, je rentrais dans l'atepelt — village — de ma tribu; je me sentais triste, inquiet; sans même songer à prendre congé des amis qui m'accompagnaient, je les quittai brusquement et je me dirigeai vers mon calli. Le père de mon père m'attendait, sombre et pensif, assis sur le seuil; à ma vue il se leva. Je devinai, rien qu'à la tristesse du regard qu'il jeta sur moi, les mauvaises nouvelles dont il était porteur. Voici ce que j'appris : Kouha-Handè est un Sachem dont les paroles ne sauraient être révoquées en doute; pendant deux jours, caché dans les halliers, il surveilla le calli du squatter de la rivière du Vent; le soir du second jour, un peu avant le lever de la lune, un léger sifflement se fit entendre à quelques pas de l'habitation, un homme parut; cet homme était un visage pâle, il portait le costume des chasseurs de la prairie et il tenait un rifle à la main; le Sachem ne put, à cause de la distance, distinguer ses traits; presqu'aussitôt la porte du calli s'ouvrit doucement et un second individu se glissa avec précaution au dehors, celui-là était le squatter lui-même.

— Vous êtes sûr de ce que vous avancez ? chef, demanda vivement l'aïeul.

— Kouha-Handé l'a reconnu, répondit simplement le guerrier indien.

— Continuez.

— Les deux hommes s'avancèrent l'un vers l'autre, ils causèrent assez longtemps ensemble à voix basse, puis ils se séparèrent en échangeant une dernière phrase que le Sachem entendit, car elle fut prononcée presque hautement. Cette phrase, qui sans doute résumait leur conversation, la voici :

— Vous me jurez sur l'honneur qu'elle sera sauve et respectée, dit le squatter.

— Comme si elle était ma sœur ou ma fille, je vous le jure, répondit le chasseur.

Le squatter fit un geste de satisfaction et rentra dans le calli, dont il referma la porte.

Le chasseur, lui, disparut dans la forêt.

Ce fut tout : deux heures s'écoulèrent. Au moment à peu près où la hulotte bleue fait entendre son premier chant, le Sachem, qui était demeuré immobile dans sa cachette, l'œil et l'oreille au guet, distingua un bruit d'abord indistinct, mais qui se rapprochait rapidement, ressemblant à la marche pressée d'un grand nombre d'individus qui, ne redoutant sans doute aucune surprise, jugeaient inutile de prendre des précautions pour dissimuler leur approche. Bientôt ces individus parurent. Ils étaient trente au moins, tous des visages pâles armés de rifles; ils entourèrent silencieusement le calli et, à un signal donné par l'un d'eux, ils l'assaillirent de tous les côtés à la fois.

Le squatter et ses engagés se défendirent en hommes surpris à l'improviste pendant leur sommeil, c'est-à-dire faiblement, sans direction ni entente.

Les assaillants pénétrèrent presque aussitôt dans le calli : le père de mon père entendit une grande rumeur dans l'intérieur, mais il jugea prudent de ne pas abandonner son poste d'observation ; d'ailleurs il était seul, quel secours aurait-il pu donner ; et puis cette affaire ne le regardait pas, elle se passait entre blancs ; il eût été, lui Indien, malvenu d'intervenir. Au bout d'une heure, les chasseurs sortirent emmenant avec eux une femme évanouie et à demi enveloppée dans une *fresada*. Satisfaits sans doute du résultat de leur expédition, ils s'éloignèrent sans même fermer les portes. Kouha-Handè resta encore pendant près d'une heure et demie sans bouger de son poste ; mais après ce temps, convaincu que les assaillants, quels qu'ils fussent, étaient bien réellement partis et qu'ils ne reviendraient pas, il se décida à entrer dans le calli...

Tout était dans le plus grand désordre, les meubles étaient épars çà et là brisés et renversés, le squatter, sa femme et ses engagés, solidement attachés au moyen de lassos et bâillonnés, étaient étendus à terre. Le Sachem se hâta de raviver le feu afin d'avoir de la lumière, puis il alluma une branche d'*ocote* et rendit aux habitants du calli la liberté de leurs membres ; ces gens avaient été si solidement garrottés, que les lassos leur entraient littéralement dans les chairs et que, pendant plus de vingt minutes, il leur fut impossible de faire le moindre mouvement.

La femme du squatter pleurait, se tordait les bras, et accablait de reproches son mari dont la lâcheté était la seule cause de l'enlèvement de sa nièce ; je ne répéterai pas tout ce qu'elle disait, vous le devinez sans doute.

— Et son mari, demanda François Berger, que répondait-il ?

— Rien, reprit le chef ; il était atterré, semblait frappé de stupeur, et demeurait immobile comme s'il eût été foudroyé. Enfin il parut reprendre un peu ses esprits ; Kouha-Handé lui offrit alors de se mettre sur la piste des ravisseurs ; le squatter refusa en alléguant que cette piste était sans doute si habilement dissimulée que ce serait peine perdue que d'essayer à la découvrir, et il ajouta que Dieu y pourvoirait et ne laisserait pas un aussi grand crime impuni. Le Sachem, comprenant que sa présence était importune, prit congé du squatter qui le remercia froidement, et il sortit. Mais Kouha-Handé voulait savoir le dernier mot de cette ténébreuse machination ; au lieu de regagner son village, il se lança résolûment sur la piste des ravisseurs. Ceux-ci, qui ne redoutaient point d'être poursuivis, avaient laissé derrière eux de larges traces de leur passage à travers la forêt, dédaignant les plus légères précautions et suivant toujours leur route en ligne droite : cette ligne aboutissait au Missouri. Ce fut un trait de lumière pour le sachem, les chasseurs n'étaient et ne pouvaient être que les redoutables Outlaws, commandés par ce chef insaisissable devant lequel, blancs et rouges, tous les guerriers tremblent dans les prairies.

— Tom Mitchell? murmura l'aïeul.

— Lui-même, reprit l'Indien. Le Sachem, après avoir exploré sans rien découvrir les deux rives du fleuve sur un espace de plusieurs milles, revint à l'*atepelt* de sa nation, où il m'attendit. J'ai dit. Mes frères et compagnons, ai-je bien parlé?

Il y eut un silence.

— Il faut en finir, s'écria François Berger, je suis, moi, le premier et le seul coupable dans tout ceci, je ne devais sous aucun prétexte me séparer de ma fille ; c'est à moi qu'il appartient de se mettre à sa recherche. Je la retrouverai, je le jure, ou j'y périrai ; à l'instant même je me mets sur la piste. Merci, chef, vos renseignements sont bons; je m'en servirai.

Il fit un mouvement pour se lever, Olivier lui posa doucement la main sur l'épaule.

— Pardonnez-moi, monsieur, lui dit-il doucement, si je me permets d'intervenir dans une affaire aussi grave et qui vous touche de si près ; l'amitié qui me lie à votre fils, la façon cordiale dont vous m'avez reçu m'engagent à me considérer comme partie intéressée dans ce débat et à vous soumettre un avis peut-être bon, si vous consentez à m'entendre.

— Parlez, monsieur, répondit le vieux chasseur, tout avis venant de vous sera pris en considération par mon père et par moi.

— Monsieur, reprit le jeune homme en s'inclinant avec modestie, j'ai écouté avec toute l'attention dont je suis capable les faits racontés par le chef, et auxquels j'ajoute pour ma part la foi la plus entière ; il m'a semblé résulter de l'ensemble de ces faits que l'attaque des chasseurs combinée entre eux avec le squatter lui-même, la répugnance, ou plutôt le refus positif de celui-ci de se mettre à leur poursuite, cachent sinon une trahison, mais tout au moins un mystère, qu'il est avant tout, important d'éclaircir.

— Malheureusement nous partageons cette opinion ; dit l'aïeul avec tristesse, la trahison est tellement flagrante, qu'il nous est impossible de conserver le moindre doute à ce sujet.

— Ainsi, vous reconnaissez comme moi qu'il y a trahison ?

— Trahison lâche et indigne ! s'écria François Berger en frappant du poing sur la table.

— Je continue, avec votre permission, messieurs.

— Allez.

— Soyez convaincus, et mieux que moi vous êtes à même de reconnaître la justesse de mes paroles, que vos ennemis, quels qu'ils soient, ont des espions autour de vous, espions chargés de surveiller vos démarches et d'en rendre immédiatement compte : vous ne serez pas depuis dix minutes sur la piste des ravisseurs, que ces espions ou leurs affidés seront, eux, sur vos traces.

— C'est vrai, murmura l'aïeul.

— Que faire alors ? reprit François Berger avec abattement.

— Une chose bien simple ; messieurs, si simple même que je suis étonné qu'aucun de vous n'y ait encore songé : nous sommes revenus il y a deux heures à peine au village ; moi pour ma part, en ma qualité d'étranger, je suis inconnu de tous ; nul ne s'inquiète de moi ; mes allées et mes venues n'intéressent personne ; cette nuit même, si vous y consentez, je partirai en compagnie du chef et de Balle-Franche. Si l'on s'aperçoit de notre prompt départ, il vous sera facile de donner le change aux soupçons ; n'importe quel prétexte suffira ; c'est vous qu'on surveille et pas d'autre ; on ne peut supposer que vous laissiez à qui que ce soit le soin de chercher votre fille, surtout lorsqu'on connaît l'indomptable énergie de votre caractère; nous, nous serons trois hommes résolus dont deux connaissent à fond le désert; la piste d'un individu est à la rigueur facile à suivre; mais celle de trois chasseurs expérimentés et sur leurs gardes ne saurait être découverte, sans que les espions soient aussitôt éventés et tués immédiatement. Voici mon avis, messieurs; je vous le répète, je le crois bon; d'ailleurs vous ne pouvez déléguer une mission aussi grave à des cœurs plus dévoués que les nôtres; veuillez donc réfléchir et nous faire connaître vos intentions définitives.

— Vous avez bien parlé, monsieur, répondit aussitôt l'aïeul; ce que vous avez dit est juste; nous sommes heureux de vous avoir pour ami et nous vous remercions; il n'est pas besoin de réfléchir longtemps pour reconnaître que vous avez pleinement raison, ce serait folie à nous de le contester; mon fils et moi nous vous confions avec joie le soin de retrouver notre pauvre chère enfant; vous partirez, ainsi que vous l'avez dit; ce soir même, après le coucher de la lune; mon petit fils et le chef vous accompagneront.

— Et vous réussirez, maître Olivier! dit le vieux chasseur en lui serrant énergiquement la main.

— Je l'espère, monsieur, répondit le Français; du reste, j'y mettrai tous mes soins, car votre charmante fille que je n'ai pas encore le bonheur de connaître, est maintenant ma sœur.

— Pardieu, mon fils a eu la main heureuse en vous rencontrant! Bonne chance, enfants! Dieu sera pour nous.

Les deux jeunes gens remercièrent Olivier par un regard à l'expression duquel il était impossible que celui-ci se trompât.

Ainsi que cela avait été convenu, à onze heures du soir les trois amis quittèrent le village sans que personne soupçonnât leur départ; ils se mirent aussitôt à la poursuite des ravisseurs de la jeune fille.

Nous avons rapporté plus haut comment et en quel état le hasard leur avait fait rencontrer le chef des Outlaws.

XIV

Où le capitaine Tom Mitchell commence à se dessiner.

Le soleil était couché depuis longtemps déjà ; la nuit était sombre et brumeuse ; pas une étoile ne brillait au ciel. Georges Dickson, assis sur un tertre de gazon devant la porte de sa loge, attendait le retour de Bon-Affût qui, en compagnie des deux chiens de Terre-Neuve, Nadéje et Drack, avait voulu diriger pendant quelques milles la marche un peu aventurée des trois chasseurs à travers la savane.

Les deux domestiques étaient couchés ;

Georges Clinton s'était, une demi-heure auparavant, assuré que l'homme dont il avait pris si chaudement la défense et qu'il avait recueilli sous son toit dormait d'un sommeil calme et paisible.

Les yeux fixés dans l'espace, sans but déterminé, car les ténèbres s'épaississaient de plus en plus et devenaient pour ainsi dire opaques, le jeune homme songeait; il se laissait aller à une douce et mélancolique rêverie. Son âme, emportée sur l'aile agile de la fantaisie, n'était plus en lui; elle errait à l'aventure à la recherche de l'objet aimé; de cette jeune fille idolâtrée pour laquelle il avait tout abandonné et tout sacrifié, et dont il osait à peine se murmurer tout bas à soi-même le nom, pour lui si rempli d'ineffables délices.

Aiguillonné par son imagination, cette capricieuse folle du logis, il voyageait ainsi à travers les espaces imaginaires, plongé dans cet état extatique qui n'est plus la veille et n'est pas encore le sommeil; où l'âme, s'affranchissant de tous les liens terrestres, reprend pendant un laps plus ou moins long son essence éthérée; lorsque tout à coup un cri strident, cri d'angoisse d'une expression surhumaine, le fit subitement tressaillir et, le replongeant brutalement du ciel en terre, le rappela sans transition à la vie réelle.

Le jeune homme se dressa comme s'il eût reçu une commotion électrique; il pâlit et, serrant avec force le canon de son rifle entre ses doigts crispés par l'inquiétude, il pencha le corps en avant et écouta; essayant, mais en vain, de percer du regard les ténèbres épaisses qui l'enveloppaient de toutes parts comme un froid linceul.

Quelques minutes s'écoulèrent; il n'y avait pas un souffle dans l'air; nul bruit, si léger qu'il fût, ne troublait le calme profond de la savane.

Georges Clinton respira; il épongea la sueur qui inondait son front d'une moite vapeur, et jetant un dernier regard autour de lui.

— Dieu soit loué! je me suis trompé, murmura-t-il.

A peine achevait-il de prononcer ces paroles auxquelles il n'osait croire lui-même, qu'un second cri plus strident, plus désespéré encore que le premier, traversa l'espace et alla mourir en funèbre écho au fond des mornes.

— A la grâce de Dieu! s'écria résolûment le jeune homme, ceci est un avertissement du ciel; quelque horrible crime est en train de s'accomplir. Je ne dois pas hésiter plus longtemps à voler au secours de celui qui réclame mon aide!

Et sans calculer ni réfléchir davantage, le brave jeune homme s'élança à toute course dans la direction d'où était parti ce cri sinistre.

A peine Georges Clinton eut-il disparu au milieu des ténèbres, qu'un sifflement doux, et modulé d'une certaine façon, retentit à deux reprises; puis une masse noire s'approcha lentement comme si elle rampait sur le sol; par intervalles elle s'arrêtait pendant quelques secondes, puis elle continuait à s'avancer; cette masse indescriptible fut bientôt suivie d'une seconde, puis d'une troisième, d'une autre encore ; en tout dix.

Au bout de quelques minutes, toutes se trouvèrent groupées devant la porte de la hutte.

Un nouveau sifflement retentit ; un signal sans doute, car elles se levèrent brusquement et il fut alors facile de reconnaître en elles dix hommes bien armés ; aux regards farouches, aux traits sinistres, et vêtus comme les chasseurs de la prairie.

— Nous sommes les maîtres ici, dit celui qui paraissait être le chef ; les valets dorment, le maître est éloigné ; hâtons-nous.

— Tu sais dans quel endroit il est, demanda un second.

— Je m'en doute ; le hasard m'a permis d'entrer dans cette loge et j'en connais les recoins les plus secrets.

— Alors, entrons.

— Un instant ! A-t-on laissé des sentinelles aux aguets ? Je ne me soucie pas d'être surpris dans cette masure, moi.

— Sois tranquille, Versencor, Tête-de-Plume et Jonathas n'ont pas quitté leur poste, sans compter que Paddy nous avertira au premier mouvement suspect. Rien à craindre, mon vieux, nous sommes bien gardés.

— Je ne suis pas plus timide qu'un autre, l'Endormi, je l'ai prouvé ; mais j'aime que les choses soient menées convenablement.

— C'est bon, compère, mais il me semble que

voilà assez de temps de perdu et que nous ferions mieux d'agir.

— Cette fois tu as raison, l'Endormi ; mais je me demande comment le capitaine, qui doit avoir entendu notre signal, n'a pas encore donné signe de vie ; cela m'inquiète.

— Le capitaine est blessé, ne le sais-tu pas?

— Je le sais ; mais je sais aussi que ce n'est pas une femmelette qu'une blessure si grave quelle soit puisse abattre ; enfin, puisqu'il le faut, allons le chercher.

— C'est inutile, me voilà ; dit une voix grave;

Et un homme parut dans l'encadrement de la porte :

Cet homme marchait avec une certaine difficulté; son visage était livide comme celui d'un cadavre et il s'appuyait sur son rifle.

— Le capitaine! s'écrièrent joyeusement les inconnus en s'empressant autour de lui.

— Silence, enfants ; reprit celui-ci en les contenant d'un geste, je suis heureux de voir que vous ne m'avez pas abandonné.

— Vous abandonner, capitaine! dit Versencor avec une surprise bourrue, en voilà une idée par exemple! est-ce que vous nous avez jamais abandonnés, vous? Allons donc! vous voulez rire, capitaine; vous savez bien que nous vous sommes dévoués corps et âme? et puis, sans vous que deviendrions-nous?

— C'est juste, murmura-t-il avec un sourire amer; n'en parlons plus, et puisque me voilà, tout est pour le mieux.

— Maintenant vous reprenez le commandement; nous attendons vos ordres, capitaine.

— Mes ordres, pourquoi faire?

— Dame, ce que vous voudrez, je suppose, cela vous regarde.

— Au fait, je n'y songeais pas, combien êtes-vous ici?

— Dix autour de vous, prêts à vous défendre; trois en vedette.

— Hum! avez-vous des chevaux?

— Nous en avons quinze, des *coursiers* choisis, cachés là dans les halliers à droite.

— Eh bien, enfants, puisque nous n'avons plus rien à faire ici, partons.

— Partir? grommela l'Endormi, ainsi, les mains dans nos poches? en voilà une idée!

— Qu'est-ce que tu ferais, toi, l'Endormi? lui demanda en souriant le capitaine.

— Ce que je ferais, répondit l'Outlaw en haussant les épaules, pardi ce n'est pas malin à deviner, il me semble : le wigwam est bien garni, son propriétaire est riche...

— Après? fit Tom Mitchell, voyant qu'il hésitait.

— Comment, après? Cela va de soi, capitaine.

— Eh bien, c'est ce qui te trompe compagnon, répondit-il nettement, cela ne va pas de soi du tout.

— Ah! murmura-t-il avec surprise; mais se remettant aussitôt; après cela si c'est votre idée, capitaine, vous êtes le maître, ajouta-t-il respectueusement.

— Oui, c'est mon idée, camarade, reprit Tom Mitchell avec rudesse; le maître de cette loge m'a relevé évanoui dans la savane, il m'a transporté ici et offert l'hospitalité.

— Pardi! nous savions cela, interrompit l'Endormi, qu'est-ce que cela prouve?

— Cela prouve que, non-seulement Georges Clinton, le propriétaire de cette hutte, m'a abrité sous son toit, mais encore il m'a protégé et défendu contre des gens qui, il y a deux heures à peine, voulaient à toute force me lyncher; en un mot, il m'a sauvé la vie; est-ce clair?

— Tout ce qu'il y a de plus clair, dit Versencor, maintenant que je sais cela, je ne regrette pas de l'avoir fait par ruse sortir de sa hutte.

— Sans violence, j'espère; s'écria le capitaine.

— Pas la moindre; il est lancé sur une fausse piste, voilà tout.

— Bien; êtes-vous toujours d'avis, compagnons, de retirer vos mains de vos poches avant que de sortir d'ici?

— Pas moi! pas moi! répondirent les bandits les uns après les autres.

— Je vous remercie. En route donc sans plus tarder.

Les Outlaws n'avaient pas dépassé le seuil de la porte de la hutte ; sur l'ordre de leur chef, ils se détournèrent et se mirent en devoir de s'éloigner ; mais au même instant Georges Clinton reparut ;

Il était haletant.

— Un instant, messieurs, dit-il en se plaçant résolûment en travers du sentier qu'il leur fallait suivre ; avant que de vous éloigner vous voudrez bien, s'il vous plaît, me dire ce que vous êtes venu chercher céans pendant mon absence.

— Au diable ! s'écria Versencor, le voilà revenu à la male heure ! et ces imbéciles qui ne nous préviennent pas de son retour.

— Je n'étais pas aussi loin que vous le supposiez sans doute, reprit le jeune homme avec un sourire sardonique ; j'ai sans le vouloir entendu presque toute votre conversation.

— Grand bien vous fasse, reprit Versencor ; puisqu'il en est ainsi vous savez ce dont il retourne, laissez-nous donc passer, s'il vous plaît.

— Non pas, au contraire, je m'oppose de tout mon pouvoir à votre départ.

— Bon, fit l'Endormi, il va y avoir des os cassés ; je me doutais bien que cela ne finirait pas comme cela en queue de morue.

— Peut-être, dit nettement le jeune homme en appuyant la crosse de son fusil à son épaule.

— J'aime mieux cela ; on rira au moins, reprit l'Outlaw.

— Silence ! s'écria d'une voix tonnante le capitaine, qui jusqu'à ce moment ne s'était pas mélé à ce rapide dialogue, silence et en arrière, tous!

Les Outlaws reculèrent la tête basse.

Le capitaine s'avança alors lentement vers Georges Clinton et, le saluant avec une exquise courtoisie :

— Pour quel motif, monsieur, dit-il, puisque vous avez entendu notre conversation, prétendez-vous vous opposer à notre départ ? Veuillez vous expliquer, je vous prie.

— Pour un motif bien simple, monsieur, répondit non moins courtoisement le jeune homme.

— Et ce motif est?

— Que j'ai répondu de vous corps pour corps, monsieur, que j'ai donné ma parole d'honneur que vous ne quitteriez pas ma loge avant que vous fussiez complétement guéri de vos blessures.

— Cette sollicitude pour ma santé me charme, monsieur, répondit avec ironie le capitaine, et je ne sais réellement de quelle façon vous remercier de prendre un intérêt si vif à un homme qui vous est totalement inconnu.

— Ne raillez pas, monsieur ; l'intérêt que je vous porte est fort médiocre, mais mon honneur est engagé et il doit, quoi qu'il puisse advenir, être sauf.

— Vos paroles sont rudes, monsieur, lorsque les miennes sont au contraire courtoises ; mais je ne veux pas discuter avec vous cette question ; je me bornerai seulement à vous faire observer que, en ce moment du moins, j'ai la force de mon côté.

— C'est possible, monsieur, mais moi j'ai le droit.

— Je serais désespéré d'être contraint d'en venir avec vous à des extrémités.

— Trêve de menaces, monsieur; voulez-vous oui ou non rentrer chez moi?

— La prétention est tout au moins étrange.

— Pourquoi donc cela? s'écria une voix narquoise qui s'éleva tout à coup du milieu d'un fourré voisin.

Au même instant deux magnifiques chiens, qui n'étaient autres que Drack et Nadéje, bondirent à travers les hautes herbes et vinrent flanquer Georges Clinton à droite et à gauche, en grondant sourdement et montrant aux Outlaws deux redoutables mâchoires armées de dents aiguës.

Il y eut un silence causé par la stupéfaction des Outlaws, surpris du secours qui arrivait ainsi à l'improviste au hardi jeune homme.

La question prenait une autre face ; la partie s'égalisait.

Tom Mitchell se pencha vers l'Endormi debout à son côté, et lui dit quelques mots à l'oreille.

Le bandit fit un signe d'assentiment, s'allongea sur le sol et s'éloigna sans être remarqué de l'un ou l'autre parti.

Le capitaine, certain de l'exécution de l'ordre qu'il avait donné, se redressa et, se tournant du côté de son ennemi invisible :

— Prenez garde, dit-il : si je n'ai pas voulu attaquer un homme seul, votre présence m'autorise maintenant à me considérer dans le cas de légitime défense et à agir en conséquence, en vous rendant responsable du sang versé.

— A votre aise, capitaine Tom Mitchell, répondit Bon-Affût, car c'était lui, de son même ton railleur ; vous êtes dix et nous cinq, sans compter nos deux braves chiens qui, je l'espère, feront leur partie dans le concert ; donc la lutte pour nous sera égale s'il nous faut absolument en venir aux mains. Que dites-vous de cela ?

— Rien ; reprit en ricanant la chef des Outlaws, rien, sinon qu'il me semble que vous avez oublié une chose qui cependant ne manque pas d'une certaine importance dans le cas actuel.

— Laquelle, s'il vous plaît ?

— Celle-ci, maître Bon-Affût, ou quel que soit le nom qu'on vous dônne : c'est que nous avons l'avantage de la situation, que nous pouvons nous retrancher dans la hutte et que, si on nous y attaque, il ne sera pas facile de s'en emparer.

— Sans compter que nous sommes maîtres du propriétaire du wigwam et que nous ne le rendrons qu'à bon escient, s'écria tout à coup la voix railleuse de Versencor.

En effet, le bandit aidé par les sentinelles que, sur l'ordre de Tom Mitchell il avait ramenées, s'était jeté à l'improviste sur le jeune homme qui avait été renversé, désarmé et pris avant même qu'il lui eût été possible de songer à une défense inutile.

Georges Clinton fut immédiatement transporté dans la hutte où ses domestiques, que le bruit avait éveillés et qui avaient voulu un instant auparavant essayer de rejoindre leur maître, étaient tenus en respect par deux bandits.

L'audacieux coup de main tenté par le jeune homme n'avait cependant pas été exécuté sans coup férir; les deux nobles chiens qui le flanquaient à droite et à gauche s'étaient élancés à la gorge des bandits, les avaient terrassés, et deux d'entre eux avaient été étranglés en un clin d'œil; puis, obéissant au sifflet de Bon-Affût, ils avaient bondi dans les broussailles, protégés par une décharge bien dirigée des chasseurs, décharge qui avait blessé plusieurs hommes.

L'action était donc engagée, nul ne savait quelle en serait l'issue; les Outlaws avaient rapidement fait retraite vers la hutte, résolus à une défense désespérée.

— Arrêtez! s'écria tout à coup Olivier d'une voix stridente, arrêtez, au nom de l'humanité.

Il y eut un instant d'hésitation.

Le jeune homme en profita pour s'élancer bravement entre les deux partis ; posant alors en terre la crosse de son rifle :

— Capitaine Tom Mitchell, dit-il, je vous demande sûreté pour moi et les miens, et je vous donne la même assurance pour vous et les vôtres, jusqu'à ce que cette malheureuse question soit pacifiquement vidée entre nous ; y consentez-vous ?

— J'y consens d'autant plus, répondit franchement le capitaine, que la responsabilité de ce qui vient de se passer ne doit en aucune façon peser sur moi. Bas les armes, dit-il aux Outlaws, et que nul ne bouge sans mon ordre.

Les bandits se reculèrent et posèrent la crosse en terre.

— Que chacun conserve ses positions, reprit le capitaine. Quant à vous, monsieur, avancez sans crainte, vous êtes sous la sauve-garde de mon honneur.

— Jolie sauve-garde, grommela Bon-Affût.

— Taisez-vous, Bon-Affût, est-ce le moment de parler ainsi ?

— Laissez-le dire, monsieur, ce chasseur sait mieux que personne que jamais je n'ai failli à ma parole ; venez donc sans plus tarder.

— Me voilà, monsieur, répondit le jeune homme en s'avançant aussitôt.

Les deux hommes rentrèrent dans la hutte ; des lumières furent allumées et il fut facile du dehors de les apercevoir assis en face l'un de l'autre, chacun du côté d'une table, auprès d'une fenêtre qui fut exprès laissée ouverte.

— Maintenant je vous écoute, monsieur, dit le capitaine. Vous vous préparez à me dire, je suppose, que je vous ai trompé et que la jeune fille n'a pas été trouvée par vous à l'endroit que je vous avais désigné.

— En effet, monsieur.

— Que cela ne vous inquiète pas, répondit-il avec un léger sourire; cette jeune fille est en sûreté, bientôt elle sera libre et remise à sa famille, je vous l'affirme; je ne m'en suis emparé que dans le but de m'en faire un otage.

— Un otage? fit-il avec surprise.

— Oui, dans une affaire importante que je veux traiter avec la tribu à laquelle elle appartient; mais laissons cela quant à présent et occupons-nous de ce qui nous intéresse plus directement, vous et moi.

— Je ne vous comprends pas, monsieur.

— Je vais m'expliquer, je ne suis pas homme à poser des énigmes; tout ce qui s'est passé aujourd'hui ici n'est arrivé qu'à cause de vous.

— A cause de moi! monsieur, s'écria Olivier de plus en plus surpris; pour cette fois, monsieur, je ne vous comprends pas du tout.

— En effet, cela doit vous étonner. Voici le fait en deux mots; je serai bref, d'ailleurs vous êtes un homme trop intelligent pour que je perde mon temps à finasser avec vous, monsieur Olivier.

— Vous savez mon nom !

— Je sais bien d'autres choses encore, ce dont vous vous apercevrez bientôt, reprit-il froidement ; mais revenons, s'il vous plaît, à notre affaire. Pour certaines raisons connues de moi seul, il me fallait faire connaissance avec deux hommes arrivés depuis peu dans ces parages ; vous, monsieur, et Georges Clinton ; le moyen que j'ai employé est un peu brutal, mais il a réussi ; j'ai fait coup double sans m'en douter : la blessure que j'avais eu la précaution de me faire moi-même et qui, entre nous, n'est qu'une égratignure, a trompé tous les yeux ; maintenant je vous connais l'un et l'autre, et j'en suis ravi ; c'était tout ce que je désirais. Cependant les choses ont failli mal tourner pour moi ; mais il est inutile de revenir là-dessus ; à quoi aboutirait une bataille ? à un massacre général sans profit pour personne. Je ne veux pas qu'il en soit ainsi ; j'ai d'importantes affaires en train, que je dois terminer avant de rendre mes comptes à celui qui m'a jeté sur cette terre ; il faut que mes compagnons et moi nous sortions saufs d'ici, pour cela je compte sur vous.

— Sur moi, monsieur ! et à quel titre ?

— A celui que vous voudrez, peu importe ! J'ai promis de rendre Rosée-du-Soir, je la rendrai. Quant à présent, elle me sert d'otage et elle est traitée comme telle avec respect et déférence ;

15

d'ailleurs, peu importe le prétexte que vous choisirez pourvu qu'il m'ouvre passage.

— Mais, dit le jeune homme avec hésitation, puis-je...

— Sauver un proscrit, un Outlaw, un homme dont la tête est mise à prix, interrompit-il avec amertume. Qui sait? peut-être vous en trouverez-vous bien plus tard? Et, posant la main sur l'épaule du jeune homme : Nous ne sommes ni l'un ni l'autre ce que nous paraissons, monsieur Olivier, un jour viendra... Mais il s'arrêta brusquement et reprit d'une voix brève : Ferez-vous ce que je vous demande?

Le jeune homme lui lança un long et expressif regard que le capitaine supporta avec une froide impassibilité.

— Soit, dit-il enfin.

— Allez donc, monsieur, et merci ; nous nous reverrons. Emmenez avec vous Georges Clinton, il vous aidera à persuader vos amis.

Olivier sortit sans répondre, accompagné du jeune Américain.

Son absence ne dura que quelques minutes.

— Vous êtes libre de vous éloigner, ainsi que vos compagnons, monsieur, dit-il en rentrant au capitaine qui marchait de long en large dans la salle ; nul n'inquiétera votre retraite : j'ai engagé ma parole pour vous.

— Merci et au revoir, monsieur Olivier, reprit-il avec intention, et se retournant vers Georges Clinton immobile au seuil de la porte : Nous nous séparons amis, j'espère, ajouta-t-il.

—Du moins je ne conserve aucune haine contre vous, répondit sèchement le jeune homme, et mon seul désir est de ne jamais me retrouver face à face avec vous.

— Dieu en disposera ; répondit-il avec un imperceptible froncement de sourcils.

Il salua légèrement les deux jeunes gens.

Sur son ordre les chevaux furent amenés.

Cinq minutes plus tard les Outlaws s'éloignaient au galop et disparaissaient dans les ténèbres.

— Qui est cet homme ? murmura Olivier devenu subitement triste; est-ce donc encore un de ces ennemis inconnus qui me poursuivent partout?

Mais l'arrivée des chasseurs, et leurs questions auxquelles il fut contraint de répondre, donnèrent un autre tour à ses pensées ; s'il n'oublia pas entièrement le singulier entretien qu'il avait eu avec cet homme étrange et qui semblait si bien le connaître, son inquiétude première se dissipa assez pour qu'il se reprochât à lui-même l'espèce de fascination qu'il avait subie.

XV

Quelle fut la conversation du squatter avec son frère et ce qui s'ensuivit.

Après avoir quitté Georges Clinton, Samuel Dickson, au lieu de rentrer chez lui, considérant que son frère l'avait prié de se rendre le plus tôt possible à Dickson-Pointe, tourna la tête de son cheval dans cette direction, fort intrigué à part lui de savoir quels motifs assez graves réclamaient d'une façon si urgente sa présence à l'habitation.

Le soleil était encore haut à l'horizon lorsqu'il atteignit les défrichements, et la première personne qu'il aperçut fut son frère lui-même, qui, monté sur son cheval favori et son rifle en travers de la selle, venait au galop à sa rencontre.

— Arrivez donc, mon frère, dit le squatter d'un

ton de bonne humeur, en lui donnant une chaleureuse poignée de main, j'étais si impatient de vous voir, que si je ne vous avais pas rencontré, by god! j'aurais poussé jusqu'à votre habitation.

— Je suppose qu'il ne s'est rien passé de fâcheux chez vous, mon frère?

— Pas la moindre chose, Sam : le climat est excellent ici, vous devez vous en apercevoir, bêtes et gens se portent à merveille.

— Tant mieux ; votre subite invitation m'avait inquiété, je l'avoue : maintenant me voilà rassuré.

— Bon. Étiez-vous donc sérieusement inquiet? Cette petite folle de Diana vous aura fait quelque histoire ; mais pourquoi arrivez-vous aussi tard?

— Parce que j'avais une course pressée à faire, et que je n'ai pas supposé que ma présence immédiate vous fût nécessaire.

— Vous vous êtes trompé, Sam. Mais enfin vous voilà, tout est bien, quoique j'eusse préféré vous voir plus tôt, cela nous aurait évité à l'un et à l'autre une perte de temps et, vous le savez, le temps c'est de l'argent.

— Vous avez raison, Josuah : eh bien, me voilà! je vous écoute, de quoi s'agit-il?

— D'une affaire importante, sur laquelle je ne serais pas fâché d'avoir votre avis; vous êtes la sagesse de la famille, vous, mon frère.

— Jolie sagesse que la mienne, par ma foi! s'écria en riant Samuel, jolie sagesse, qui aboutit toujours à faire les sottises qui germent en foule dans votre cerveau détraqué.

— Ce que vous dites là est un peu vrai ; malgré cela vous n'en avez pas moins avec moi raison neuf fois sur dix.

— Bon ; vous en convenez, mon frère, tout va bien alors.

— Pourquoi n'en conviendrais-je pas, puisque c'est vrai ? Ne sais-je pas bien que si vous raisonnez en homme sage et si vous agissez la plupart du temps comme un fou, c'est tout simplement à cause de la profonde affection que vous avez pour moi ? Je ne suis pas ingrat, allez, mon frère, et je vous aime bien aussi, moi, sans vous le dire.

— Je n'ai jamais douté de votre affection, Josuah ; mais voilà que vous me faites une peur horrible.

— Pourquoi donc cela, Sam ? reprit le squatter avec un gros rire.

— Parce que, by god ! chaque fois qu'il vous arrive de me parler ainsi que vous le faites en ce moment, cela me présage quelque idée biscornue, ou quelque projet diabolique.

— Allons, il n'y a pas moyen de vous donner le change, Sam : ce n'est pas vous qu'on trompera facilement, je l'affirme.

— Ah ! ai-je donc deviné juste ? mon frère.

— Je ne dis pas non ; il y a du pour et du contre.

— Eh bien ! dites-moi tout suite quelle nouvelle

lubie vous a passé par la tête, afin que nous en ayons le cœur net.

— Non, pas à présent, mon frère, d'ailleurs nous voici à l'habitation et c'est l'heure du repas du soir; après le dîner nous causerons.

— Seuls, en tête-à-tête?

— Non pas, mon frère, l'affaire dont je veux vous entretenir nous intéresse tous; nous en causerons à table en passant la bouteille.

— Comme vous voudrez, mon frère; mais, je vous le répète, vous me faites une peur horrible.

— Vous n'êtes qu'un poltron, Sam.

— Ou un homme sage, ainsi que vous me nommez, reprit-il en hochant soucieusement la tête.

— C'est la même chose, dit-il en riant.

Et comme, en effet, les deux frères étaient arrivés à la porte de l'habitation, ils mirent pied à terre, confièrent leurs chevaux à des domestiques et entrèrent dans le parlour escortés par Dardar qui était joyeusement accouru au-devant d'eux et leur servait d'introducteur.

Mistress Dickson et sa fille étaient assises auprès du feu; à la vue des deux hommes elles se levèrent et les saluèrent affectueusement.

— Je vous l'amène enfin, s'écria Josuah en présentant alternativement ses bottes au feu; ce n'est pas sans peine, grondez-le bien fort, Suzanne.

— Mon mari vous attendait avec impatience, mon frère.

— Hum! il rumine quelque nouvelle folie sans doute, et il éprouve le besoin de la faire sanctionner par moi.

— Ne croyez pas cela, Samuel.

— Vous verrez. Bonjour, petite, ajouta-t-il en embrassant sa nièce qui lui rendit affectueusement ses caresses ; eh bien, oui, me voilà !

— Alors, à table, dit Josuah, si le dîner est prêt toutefois.

— On vous attendait ; nous dînerons quand vous voudrez.

— Tout de suite, je meurs de faim.

On passa dans la salle à manger et, maîtres et domestiques, au nombre d'une trentaine de personnes au moins, hommes, femmes et enfants, s'assirent autour de l'immense table qui chaque jour, à l'heure du repas du soir, réunissait toute la famille.

Josuah Dickson, placé au bout de la table entre son frère et son fils aîné, présidait le repas, puis venaient la femme et la fille du squatter, ses autres enfants et enfin les serviteurs, selon l'importance de leurs fonctions et leur ancienneté au service du maître.

Le squatter buvait et mangeait, en homme auquel un violent exercice a ouvert l'appétit, dans de gigantesques proportions ; les énormes quantités de viandes et de légumes qu'il empilait à chaque instant sur son assiette étaient englouties par lui avec une rapidité effrayante.

Tout en se livrant à cette opération masticatoire très-sérieuse pour lui, et sans pour cela perdre un coup de dent, il tenait le dé de la conversation, buvait sec, causait et riait avec une gaieté qui semblait à son frère, qui le connaissait bien, trop forcée pour être naturelle.

Samuel Dickson, intérieurement inquiet et soupçonnant quelque événement grave sous cette gaieté factice, mangeait peu, buvait moins encore, et se bornait à répondre laconiquement aux questions incessantes que lui adressait son frère.

Le repas se passa ainsi, sans incident particulier. A un certain moment, les domestiques se levèrent, quittèrent la salle à manger, et la famille demeura seule.

Les deux dames voulurent se retirer aussi, mais le squatter les retint d'un geste, et faisant passer la bouteille à son frère :

— Nous avons à causer, dit-il, restez ; votre présence est nécessaire ici.

Ces paroles furent prononcées d'un ton qui tranchait si complétement avec celui qu'il avait employé pendant tout le cours du repas, que la mère et la fille échangèrent entre elles un furtif regard d'inquiétude et se rassirent silencieusement.

— Nous y voilà, grommela à part lui Samuel Dickson, quelle surprise nous ménage encore ce fou.

Son frère ne le laissa pas longtemps dans l'incertitude à ce sujet.

Après avoir vidé d'un trait un énorme verre de wiskey et s'être essuyé la bouche du revers de la main en poussant un hem! sonore, afin sans doute de s'éclaircir la voix, le squatter se renversa sur le dossier de son siége et, promenant un regard satisfait autour de lui :

— Grâce à Dieu, dit-il d'une voix sonore, nous voici solidement établis dans notre nouvelle demeure, nous pouvons sans crainte braver l'hiver et sa froidure, tout est en ordre dans l'habitation : les serviteurs sont au courant de leurs devoirs, ma présence n'est plus nécessaire sur les défrichements; en conséquence, le moment est venu de causer un peu sérieusement de nos affaires.

— Bien; nous avons le temps, reprit brusquement Samuel; il est tard, je vais vous souhaiter une bonne nuit et me retirer; si ces affaires, ainsi que vous les nommez, sont sérieuses, nous aurons tout le temps d'en parler demain; et il voulut se lever.

— Eh! frère Samuel, est-ce donc ainsi que vous prétendez nous fausser compagnie.

— Vous m'excuserez, mon frère, répondit Samuel en faisant un nouvel effort pour quitter la table, je me suis beaucoup fatigué aujourd'hui, il est temps que je regagne ma demeure.

— Je vous demande pardon d'insister pour vous retenir, mon frère, reprit Josuah, mais vous oubliez que je vous ai prié de venir ce soir tout exprès pour m'entretenir avec vous.

— C'est vrai; je l'avais oublié, en effet, dit Samuel en se laissant retomber sur son siége, comme un homme qui prend, bien qu'à contre cœur, son parti d'une chose qu'il ne peut éviter.

— Harry, continua le squatter, avez-vous exécuté mes ordres.

— Oui, mon père, répondit le jeune homme.

— Bien, fit-il avec satisfaction, et ayant de nouveau rempli son verre : en un mot, et pour ne pas vous faire languir davantage, ajouta-t-il, dans une heure, c'est-à-dire aussitôt que la lune sera levée, je vous quitterai.

— Vous nous quitterez! s'écrièrent les deux dames avec une surprise mêlée d'effroi.

— Hein? fit Samuel, que signifie cette nouvelle lubie, mon frère, allons-nous donc recommencer nos pérégrinations à travers les prairies? Je vous avertis que, quant à moi, j'en ai assez comme cela, je me trouve bien ici et j'y reste.

— Libre à vous, mon frère, je n'ai nullement la pensée de vous entraîner à ma suite; d'ailleurs, selon toutes probabilités, mon absence ne sera pas longue; je ne veux faire qu'un voyage d'exploration, pas autre chose.

— Un voyage! s'écrièrent les deux dames en joignant les mains avec douleur.

— Une exploration, si vous le préférez.

— Je vous garantis qu'il est aussi fou que jamais lièvre le fut en mars, s'écria Samuel avec colère; et pardonnez-moi, mon frère, quel est le but de cette belle opération, s'il vous plaît, qui vous presse de quitter ainsi votre maison et votre famille pour aller courir à l'aventure je ne sais où, ni vous non plus?

— Un motif que vous approuverez, j'en suis certain, mon frère, répondit-il en vidant de nouveau son verre.

— J'en doute fort, grommela Samuel en hochant la tête.

— Je désire reconnaître les environs afin de savoir d'abord où nous sommes, puis quels sont nos voisins, et en dernier lieu voir s'il est possible de lier avec eux ou d'entamer, si vous le préférez, des relations commerciales; il me semble que tout cela est fort sensé.

— Fort sensé, en effet, mon frère. Les motifs que vous exposez sont les seuls qui vous engagent à entreprendre cette excursion?

— Les seuls, oui, mon frère; mais je les crois suffisamment sérieux pour...

— Parfaitement, interrompit Samuel avec un soupir de satisfaction. Eh bien, si vous n'avez pas d'autres motifs, vous ferez bien de demeurer tranquillement chez vous.

— Pourquoi cela?

— Parce que votre voyage est inutile, voilà tout. Ces renseignements que vous vous préparez à aller chercher si loin, je puis, moi, sans qu'il vous en coûte un pas, vous les donner tout de suite, là, à cette table où nous sommes assis.

— Vous ! s'écria-t-il, avec stupéfaction.

— Parfaitement, et des renseignements exacts et positifs ; je vous les garantis tels.

Chacun se pencha curieusement vers Samuel.

— Ah ! vous ne vous attendiez pas à celle-là, hein ? reprit-il en jouissant de son triomphe ; eh bien, écoutez moi.

— Je ne demande pas mieux, mon frère ; quoique je ne comprenne pas comment...

— Vous n'avez pas besoin de comprendre ; il vous est cependant facile de deviner que j'ai appris ce que je vais vous dire par des chasseurs et des Peaux-Rouges.

— Des chasseurs ! des Peaux-Rouges !

— Ils fourmillent aux environs, ne le saviez-vous pas ? Je ne puis sortir sans en rencontrer, raison entre parenthèses, assez grave pour vous engager à demeurer ici afin de veiller à la sûreté de votre famille et de vos propriétés.

— Voyons vos renseignements, mon frère, dit brusquement Josuah d'un ton de mauvaise humeur.

— M'y voici. Vous vous croyez bien éloigné de toute communication avec les gens de notre couleur, n'est-ce pas ? eh bien, vous vous trompez complétement, mon frère ; apprenez, si cela peut vous être agréable, que, bien que nous soyons en plein territoire rouge, entourés de nations indiennes très-belliqueuses, vous avez cependant des voisins très-rapprochés à droite et à gauche sur le fleuve, des pionniers comme nous, sans compter un fort, établi depuis deux ans déjà, pour l'échange des pelleteries avec les Peaux-Rouges.

— Il serait possible ! s'écria Josuah abasourdi.

— D'autant plus possible que cela est, mon frère, reprit-il en ricanant ; et savez-vous quel est ce magnifique cours d'eau sur la rive duquel s'élève votre habitation ? Ce n'est ni plus ni moins qu'une de vos plus anciennes connaissances, en un mot, pour parler comme vous, ce n'est rien moins que le Missouri.

— Le Missouri !

— Oui, mon frère ! comment trouvez-vous cela ?

Josuah sans répondre laissa tomber sa tête sur la poitrine.

Il y eut un court silence.

Samuel se frotta les mains en regardant sournoisement son frère qui semblait plongé dans de sérieuses réflexions.

Il voulut assurer définitivement son triomphe.

— Que pensez-vous de ces renseignements, mon cher Josuah ? lui dit-il.

Le squatter releva la tête.

— Vous-êtes certain qu'ils sont vrais ? dit-il.

— De la plus rigoureuse exactitude.

— S'il en est ainsi, je les trouve excellents.

— A la bonne heure, dit joyeusement Samuel, voilà de la franchise au moins.

— En ai-je jamais manqué?

— Jamais!

— Ainsi, maintenant vous reconnaissez l'inutilité du voyage projeté?

— Moi? non pas, au contraire.

— Comment au contraire! s'écria Samuel avec un bond de surprise.

— Dame, raisonnons un peu, reprit-il paisiblement : En admettant, ce qui pour moi ne fait pas un doute, que tout ce que vous m'avez rapporté soit vrai, il est au contraire de la plus haute importance pour moi de me rendre au fort et de visiter mes voisins en amont et en aval du fleuve, afin de bien établir mes relations avec eux, et cela dans le plus bref délai afin d'éviter la concurrence.

— Quelle concurrence? s'écria Samuel ahuri.

— Celle qu'on pourrait essayer de me créer. Croyez-vous par hasard que ces voisins dont vous parlez ignorent mon établissement ici? les supposez-vous assez niais pour ne pas tenter de me nuire dans mes opérations commerciales, qui doivent évidemment contrecarrer les leurs et par conséquent leur causer un grand préjudice.

— Il est impossible d'empêcher un fou de faire ce qu'il a une fois résolu, murmura Samuel en lançant un regard désolé aux deux dames, qui se tenaient tristes, inquiètes et silencieuses sur leurs siéges.

— Ah ! ah ! fit le squatter en riant, vous ne me répondez pas, vous êtes convaincu.

— Oui certes, mon frère, reprit-il rudement, je suis convaincu, en effet, que vous êtes fou à lier.

— Une injure n'est pas une réponse, de la part d'un homme sensé, mon frère.

— Au fait, j'ai tort ; ainsi vous ne renoncez pas à ce voyage ?

— Moins que jamais.

— Et vous partez ?

— A l'heure dite.

— Alors, que Dieu nous protége tous, car c'est la pire folie qui jamais se soit implantée dans votre cerveau fêlé.

— Master Josuah, dit Suzanne d'une voix tremblante, ne réfléchirez-vous pas avant que de mettre ce projet à exécution ?

— Mes réflexions sont faites, mistress Dickson, répondit-il sèchement, ma résolution prise, et vous savez que je n'en change jamais.

— Hélas ! murmura-t-elle les yeux pleins de larmes, mais sans oser insister.

Mais Diana ne se rendit pas aussi facilement aux désirs de son père.

— Et nous, monsieur, que deviendrons-nous pendant votre absence ; qui nous protégera si les féroces païens dont les bois sont remplis nous attaquent ? Pouvez-vous vous résoudre, mon père, à nous abandonner sans défense, seules ainsi au milieu d'un désert, loin de tous secours?

— Là, là, ma fille, répondit-il en souriant, ne prenez pas la chose tant au tragique, je vous prie, mon absence sera courte; d'ailleurs je ne vous abandonne pas sans défense, ainsi qu'il vous plaît de le dire.

— Mais, mon père...

— Mais, miss Diana, je suis, il me semble, le seul juge de ce qu'il convient de faire : votre oncle Samuel veillera sur vous.

— Il le faudra bien, grommela celui-ci.

Josuah sourit et serra la main de son frère.

— Harry gouvernera la maison en mon absence, l'habitation est forte, vos serviteurs dévoués, nombreux et bien armés, quel danger pouvez-vous craindre; je vous le répète, je reviendrai bientôt.

— Mais de quelle façon comptez-vous donc voyager, monsieur? demanda Suzanne.

— De la façon la plus commode et la moins fatigante : dans la grande pirogue qui a été mise à l'eau aujourd'hui même, Sam, Jack et deux serviteurs m'accompagneront seuls; vous voyez que quoi qu'il arrive, vous ne manquerez pas de défenseurs.

— Mais vous ne serez pas là, vous, le maître, pour les encourager et les soutenir.

— Allons, allons, assez sur ce sujet, dit-il en se levant brusquement, cette absence n'a rien qui doive vous surprendre; supposiez-vous donc que je resterais éternellement ici, sans essayer de connaître les environs de ma nouvelle résidence?

Josuah Dickson était un de ces hommes à la volonté opiniâtre et despote avec lesquels toute discussion est inutile ; sa famille le savait de longue date. Les deux dames n'insistèrent pas davantage.

Le squatter fut accompagné jusqu'au lieu d'embarquement par tous les habitants du défrichement.

Il prit congé de sa famille et de ses serviteurs; embrassa tendrement sa femme et sa fille; serra la main de son frère ; adressa une dernière recommandation à son fils Harry; puis il monta dans la pirogue en sifflant le *Yankee doodle*, peut-être pour cacher l'émotion que malgré lui cette séparation brusque lui causait; ordonna à son fils Jack de pousser au large; et, cinq minutes plus tard, les quatre hardis explorateurs disparaissaient derrière un coude du fleuve.

Les deux dames regagnèrent tristement l'habitation, accompagnées de Samuel qui semblait péniblement affecté de ce départ.

XVI

Présentation un peu à l'improviste de nouveaux personnages.

Nous nous transporterons maintenant sur une vaste plage, couverte d'un sable fin et jaune comme l'or, située sur la rive droite du Missouri, à cent milles environ au-dessous de l'habitation fondée depuis quelques semaines dans la vallée de l'Élan, et à une distance à peu près égale du fort en troncs d'arbres élevé sur la rive opposée par la société des pelleteries, pour assurer la protection de ses échanges avec les Peaux-Rouges.

Cette plage, à laquelle on parvenait par un défilé étroit ouvert entre deux montagnes taillées à pic, se trouvait en face d'une île dont, à cause de l'obscurité, il était impossible de reconnaître les dimensions exactes, mais qui devait être considérable.

On voyait briller, comme des étoiles à travers le brouillard, de nombreuses lumières; cette île, complétement boisée, communiquait de ce côté de la terre ferme par un gué étroit et dangereux semé de trous et de tourbillons sur lequel, à moins de le bien connaître, c'eût été folie de s'aventurer, d'autant plus que deux éminences, inaccessibles du côté de l'intérieur des terres et praticables seulement par le fleuve, le commandaient complétement et, en cas d'attaque par un ennemi quelconque, pouvaient être immédiatement occupées par les habitants de l'île. Sur l'autre rive du fleuve, l'île était inabordable.

Du reste, ses habitants y avaient entassé des moyens de défense tels qu'elle était absolument maîtresse du cours du fleuve, sur lequel on ne pouvait naviguer sans son autorisation.

Cette île était la forteresse, le refuge des redoutables Outlaws qui, à cette époque, désolaient les savanes du far-west où leur terrible chef commandait en maître.

Lors de la formation des compagnies de partisans par le gouvernement américain, cette position, comme point stratégique, avait été reconnue bonne; le gouvernement l'avait fait solidement fortifier, puis un fort détachement l'avait occupé.

Malheureusement, les partisans, dont le but principal était la rapine et qui ne se souciaient que médiocrement des questions politiques, avaient, eux aussi, reconnu l'excellence de cette situation et ils s'y étaient si bien établis, que tous les efforts du gouvernement des États-Unis pour les en déloger plus tard avaient été inutiles.

Comme, en résumé, les Outlaws conservaient un certain décorum dans leurs déprédations, qu'ils ne s'attaquaient que très-rarement aux sujets des États-Unis, fort pauvres pour la plupart ; le gouvernement, reconnaissant son impuissance à s'emparer du refuge de ces audacieux pirates, avait fermé les yeux ; il feignait même de les considérer comme s'ils fussent réellement ses alliés et entretenait avec eux des relations presqu'amicales, attendant, bien entendu, l'occasion de leur infliger un châtiment exemplaire.

Les Outlaws n'étaient point dupes de cette mansuétude impérieusement exigée par la nécessité ; ils savaient parfaitement à quoi s'en tenir sur les intentions réelles du gouvernement à leur égard ; aussi prenaient-ils leurs précautions en conséquence.

Mais à cette époque l'Amérique du Nord était fort peu peuplée ; le littoral seul de l'Atlantique était sérieusement habité ; les Américains eux-mêmes, à part quelques hardis aventuriers, ne connaissaient pas l'étendue de leur immense territoire et ne s'étaient point jusque-là hasardés à travers les inextricables forêts vierges qui en couvraient encore la plus grande partie.

Aussi, avec une certaine apparence de raison et tout en se tenant sur leurs gardes, les Outlaws se supposaient-ils certains de l'impunité pour le présent; quant à l'avenir, ils n'y songeaient pas; l'avenir n'existe pas en fait pour des gens de cette sorte.

Une centaine de cavaliers étaient campés sur la plage dont nous avons parlé en commençant ce chapitre; leurs chevaux, attachés au piquet, mangeaient la provende; autour des feux allumés çà et là étaient groupés des individus causant ou dormant; des sentinelles veillaient attentivement au salut général.

Dans une hutte, construite grossièrement avec des branches entrelacées, un homme assis sur un crâne de bison consultait attentivement, à la lueur d'une branche d'ocote plantée dans le sable, et qui lui servait de torche, plusieurs papiers qu'il rangeait ensuite avec le plus grand soin dans un portefeuille fermant au moyen d'une serrure.

Un autre homme se tenait respectueusement debout attendant ses ordres.

Celui qui lisait était Tom Mitchell.

L'autre Camote.

Une sentinelle veillait en dehors de la hutte, close au moyen d'une couverture faisant portière.

Il était environ quatre heures du matin ; les étoiles pâlissaient dans le ciel, l'horizon se nuançait de larges bandes blanchâtres, le jour n'allait pas tarder à paraître ; un brouillard épais se levait du fleuve et enveloppait le camp d'un sinistre linceul ; le froid était piquant.

Tom Mitchell releva la tête.

— On gèle ici, dit-il. Est-ce que tu dors, Camote ?

— Non, seigneurie.

— Jette du bois dans le feu alors, tu vois bien qu'il est presque éteint !

Camote raviva le feu dans lequel il jeta une ou deux brassées de bois ; bientôt une flamme brillante se dégagea et illumina la hutte.

— A la bonne heure ! reprit Tom Mitchell en se frottant les mains, on se sent renaître au moins. Assieds-toi là, Camote.

L'autre obéit sans répondre.

— Es-tu fatigué ?

— Je ne suis jamais fatigué quand il s'agit de vous servir, seigneurie, répondit-il avec une inexprimable expression de dévouement.

— Oui, je savais que tu me répondrais ainsi.

— Ne vous dois-je pas tout ?

— Tu ne me dois rien : je t'ai sauvé la vie une fois, tu me l'as sauvée deux, nous sommes quittes depuis longtemps.

— Je ne le crois pas. Seulement...

— Seulement, quoi ?

16

— Je voudrais vous demander une grâce, seigneurie, répondit-il avec embarras.

— Pourvu que ce ne soit pas la permission de me quitter.

— Oh! jamais, s'écria-t-il vivement.

— Alors, parle sans crainte. As-tu besoin d'argent?

— Est-ce que vous ne m'en donnez pas plus qu'il ne m'en faut. Non, c'est autre chose.

— Bon. Je t'écoute.

— Eh bien! je voudrais, dit-il avec effort, que vous ne me donniez plus de mission comme celle de l'autre fois.

— Quand cela?

— Il y a quatre jours, vous savez? seigneurie.

— Parfaitement, fit-il en riant. Pourquoi cela? mon brave.

— Parce que je ne trouve pas gai de jouer le rôle d'un traître; voilà, seigneurie.

— Tu as tort, mon vieux Camote; je t'assure que tu t'en es fort bien tiré.

— C'est possible, mais ma réputation en souffre, reprit-il en se redressant.

— Tu es un vieux fou ; j'avais besoin d'un homme sûr, tu es le seul auquel je puisse me fier entièrement, cette mission te revenait de droit.

— Si c'est comme cela.

— Es-tu encore fâché contre moi? dit le capitaine en lui tendant la main.

— Oh ! non, seigneurie, répondit-il en la baisant respectueusement tandis qu'une larme coulait sur ses joues halées.

— Allons, allons, tu sais bien que je t'aime. Quoi de nouveau dans l'île ?

— Rien, seigneurie : la jeune Indienne se lamente, voilà tout.

— Rosée-du-Soir ?

— Oui, elle ne fait que pleurer ; vous devriez la renvoyer à sa famille.

— Bientôt ; sois tranquille.

— D'autant plus que cela fait jaser.

— Hein ? dit-il en fronçant le sourcil, on ose...

— Oh ! plus maintenant.

— Qui parlait ?

— Stewart ; mais il me dira plus rien, capitaine, c'est fini.

— Tu lui as imposé silence ?

— Oui, en lui cassant la tête d'un coup de pistolet.

— Tu as bien fait ; quoique le moyen soit un peu vif.

— Peut-être ; mais je vous assure, seigneurie, qu'il a produit un excellent effet : personne ne dit plus rien.

— Je le crois. Et sur le fleuve ?

— Une pirogue montée par quatre hommes a descendu le fleuve.

— On ne les a pas arrêté ?

— Non, seigneurie.

— Très-bien. On les a reconnus sans doute. Étaient-ce des blancs?

— Oui, seigneurie : le squatter de la vallée de l'Élan, deux de ses fils et un domestique noir.

— Où diable allait-il?

— On peut le savoir.

— Plus tard, quand il repassera.

— On l'arrêtera?

— Je te le dirai. Et comment avez-vous vécu pendant les deux jours qu'a duré mon absence avec nos voisins du fort?

— Ni bien ni mal. Je vous ai remis la lettre du major Ardenword.

— Je l'ai lue, il me demande une entrevue pour ce matin même, au lever du soleil; je ne sais à quel sujet.

— Il est arrivé des étrangers dans le fort.

— Ah! quelle espèce de gens?

— Je ne saurais trop vous dire, seigneurie, je crois que ce sont des Français, ou du moins il y en a un.

— Combien sont-ils donc?

— Trois.

— Ah! fit-il d'un air pensif; qui est-ce qui a été à la découverte?

— Tête-de-Plume, il est Français; j'avais envie d'envoyer Versencor, le Canadien; mais il était ivre comme un galon de rhum.

— Tu n'aimes pas Versençor, Camote.

— Seigneurie, je n'aime pas les ivrognes; on ne peut pas compter sur eux.

— Tu as raison : surveille Versencor, je n'ai qu'une médiocre confiance en lui.

— Rapportez-vous-en à moi pour cela; je ne le quitte pas de l'œil.

— Maintenant, écoute-moi bien.

Camote se pencha vers son chef qui approcha sa bouche de son oreille et lui parla à voix basse pendant deux ou trois minutes.

— Tu m'as compris? ajouta-t-il de sa voix ordinaire.

— Parfaitement, seigneurie.

— Bon, hâte-toi, dans dix minutes il fera jour, nous n'avons pas un instant à perdre.

Camote sortit de la hutte.

Le digne Mexicain était l'ami dévoué, l'*alter ego* et de plus le lieutenant de Tom Mitchell, qui avait en lui la confiance la plus absolue.

Malgré la façon dont nous avons été contraint de présenter la première fois Camote au lecteur, nous ajouterons que celui-ci était digne sous tous les rapports de cette confiance illimitée.

Le chef des Outlaws remit un peu d'ordre dans sa toilette, qu'une longue course avait tant soit peu endommagée; il n'était arrivé que deux heures auparavant d'une expédition lointaine; le butin avait immédiatement été transporté dans l'île, et les Outlaws avaient tout simplement campé au bivouac.

Lorsque le capitaine jugea qu'il était en état de paraître sans trop de désavantage devant des étrangers, il leva le rideau de la tente.

L'aspect du camp avait complétement changé.

Les feux étaient éteints; les deux éminences de droite et de gauche occupées par les tirailleurs, un détachement de vingt hommes gardait le défilé ; le reste de la troupe, formé sur la rive, avait la bride en main prêt à monter à cheval au premier signal.

Tom Mitchell jeta un regard satisfait autour de lui.

Selon son habitude, Camote avait exécuté ses ordres avec promptitude et intelligence.

En ce moment le soleil se leva; ce fut comme un coup de théâtre : des flots de lumière jaillirent de toutes parts, et le paysage, triste et désolé pendant les ténèbres, prit immédiatement un aspect grandiose.

Au même instant une trompette sonna un appel dans le défilé.

— Il était temps, murmura le capitaine.

Il se plaça debout devant la hutte, s'appuya sur la poignée de son sabre et attendit.

Après quelques courts pourparlers, quatre étrangers, dont l'un portait le costume de major de l'armée américaine, sortirent du défilé et, conduits par Camote qui marchait respectueusement devant eux comme pour leur servir d'introducteur, ils se dirigèrent vers le capitaine qui, de son côté, fit quelques pas à leur rencontre.

— Bonjour, capitaine Mitchell, dit cordialement le major, vous m'attendiez, je suppose.

— Vous m'avez fait l'honneur de m'écrire, major, répondit courtoisement le capitaine.

— Hum ! hum ! reprit le major, j'ai, en effet, à vous entretenir d'affaires assez importantes.

— Je suis à vos ordres.

— Avant tout, permettez-moi de vous présenter ces deux messieurs, ce sont des Français, ils portent, comme tous leurs compatriotes, des noms impossibles à prononcer ; mais ce sont d'excellents gentlemen dont je vous réponds corps pour corps.

Et il éclata d'un gros rire.

Le capitaine s'inclina silencieusement devant les deux Français sur lesquels il jeta un regard investigateur ; mais probablement ceux-ci se tenaient sur la réserve, leurs physionomies froides ne lui apprirent rien.

Le premier paraissait avoir une cinquantaine d'années ; c'était un homme vert encore, d'excellentes manières et de haute mine ; le second, beaucoup plus jeune, avait les traits énergiques, le teint bruni par le soleil ; il était de haute taille et semblait solidement charpenté, ses façons étaient simples et sa tenue un peu négligée.

Le major continua.

— Ce gentleman, dit-il, est un de nos compatriotes.

— Monsieur Stonweld, de Boston, répondit le capitaine avec un salut légèrement railleur.

— Vous me connaissez, monsieur, répondit l'Américain, gros homme à face apoplectique.

— J'ai cet honneur, monsieur : qui ne connaît pas master Stonweld, de la maison Stonweld Evrard and C°, le plus riche armateur de Boston, ou pour mieux dire du monde entier.

Le gros homme se rengorgea avec suffisance en roulant ses yeux ronds et fit un salut prétentieux.

— Ah bah ! vous êtes en pays de connaissance, dit le major avec surprise. Eh bien ! ma foi, tant mieux ! cela va tout seul alors.

— Je ne comprends pas, fit Tom Mitchell.

— Mon cher capitaine, ces messieurs ont besoin de vous, ils sont venus me trouver tout exprès pour cela : il faut que les affaires dont ils désirent vous entretenir soient importantes puisqu'ils n'ont pas reculé devant un voyage d'un mois à travers des chemins affreux.

— En effet, dit Mitchell pensif.

— Du reste, les deux gentlemen français me sont directement adressés et chaudement recommandés par le secrétaire d'État des affaires extérieures lui-même.

— Ah ! fit-il en les regardant avec étonnement.

— Quant à master Stonweld, bien que je le connaisse depuis longtemps, il a voulu absolument se charger d'une lettre de présentation écrite tout entière, ma foi, de la main du général Jackson. Ainsi veuillez prendre en considération les recommandations qui appuient les demandes que ces messieurs désirent vous adresser et agir en conséquence, si vous tenez à m'être agréable, mon cher capitaine.

— En doutez-vous, major?

— Nullement, nullement; mais, hum; vous savez, vous êtes parfois, hum ! un peu vif. Ne faites pas attention, c'est ce diable de brouillard qui m'entre dans la gorge, avec cela que je suis à jeun ; quant à moi, je vous avoue que, à part ce que je vous ai dit, je ne sais pas un traître mot de toutes ces affaires.

— Je suis aux ordres de ces messieurs, comme aux vôtres, major, répondit froidement le capitaine ; je serai heureux de servir ces messieurs selon les faibles moyens dont je dispose.

— Hum ! reprit le major, voilà qui est parler, sur ma foi ! un galant homme ne peut promettre davantage, hum ! Il s'agirait maintenant de causer un peu sérieusement ; mais la place me semble peu convenable, hum ! pardonnez-moi, capitaine, pour un tel entretien.

— Je suis réellement désespéré de cela, répondit Tom Mitchell avec la même froideur altière, malheureusement j'ai été prévenu un peu tard, et je ne puis vous offrir que ce que j'ai sous la main.

— Pourquoi, hum ! ne passerions-nous point dans l'île, hein ? Hum ! capitaine, il me semble que là nous pourrions nous entendre. Et il ajouta précipitamment : c'est une simple observation, pas autre chose.

— J'en suis désolé, major, mais ce trajet nous prendrait un temps considérable; cependant, si vous me le permettez, j'ai fait préparer dans cette hutte quelques rafraîchissements que je serais heureux de vous voir accepter.

— Avec le plus grand plaisir, capitaine ; comment donc, hum ! hum ! répondit le major que sa toux tenait de plus en plus. Cependant je vous ferai observer, mon cher capitaine, que ces gentlemen ont à vous entretenir d'affaires différentes.

— Qu'importe cela! major, déjeunons d'abord, nous causerons ensuite.

— Oui, je crois que cela vaudra mieux, dit le major, et après nous verrons.

— C'est cela.

Sur l'invitation du capitaine, les étrangers entrèrent dans la hutte.

Par les soins de Camote, pendant la conversation précédente et probablement selon les ordres qu'il avait reçus de son chef, une table avait été dressée et couverte d'un déjeuner complet; à la vérité composé presque entièrement de venaison; mais auquel un nombre assez considérable de bouteilles aux longs cols dénonçant leur origine bordelaise et bourguignonne, sans compter quelques flûtes de ce champagne si cher aux Américains, qu'ils soient du Nord ou qu'il soient du Sud, donnait un aspect des plus réjouissants pour des appétits mis en éveil par une longue course faite à travers les brouillards si épais du Missouri.

Le major fut si charmé pour sa part qu'il poussa trois, hum! sonores et pressa cordialement la main du capitaine en lui disant d'une voix attendrie :

— On dira de vous ce qu'on voudra, capitaine Tom Mitchell, quant à moi, je vous tiens pour un homme.

— Merci, répondit-il en souriant et se tournant vers ses hôtes. A table, messieurs, dit-il courtoisement.

Jusqu'à ce moment les trois étrangers, à part les quelques mots prononcés par l'armateur bostonien, s'étaient renfermés dans un mutisme complet. A l'invitation faite par le capitaine, le plus âgé des Français s'inclina devant lui et, avec un sourire courtois :

— Avant tout, monsieur, lui dit-il, permettez-moi de vous faire observer que vous nous offrez le pain et le sel, à la manière arabe.

— Vous êtes mes hôtes, messieurs, répondit gravement le capitaine, c'est surtout au désert que l'hospitalité doit être respectée : vous êtes sous la garde de mon honneur ; cela, il me semble, doit vous suffire.

— Parfaitement, monsieur; mais le major Ardenword a eu l'honneur de vous le dire, chacun de nous doit, ou si vous le préférez, désire vous entretenir en particulier d'affaires qui le regardent seul.

— Ce qui veut dire, monsieur?

— Que je désire, car ces diverses conversations seront, selon toute probabilité, fort longues, vous entretenir, moi personnellement, dans un endroit où je serai seul avec vous.

— Asseyez-vous et mangez, monsieur : vous et vos compagnons, après ce modeste repas, vous m'accompagnerez dans mon île. Je vous ai dit que vous étiez sous la sauvegarde de mon honneur, si cette assurance ne vous suffit point, parlez.

— Vous nous faites injure, capitaine, interrompit vivement le major; à défaut de meilleur répondant, je m'offre pour votre caution, moi : que voulez-vous de plus?

— Rien, et je vous remercie major. A table, messieurs; après le repas nous passerons tous dans l'île.

— Excepté moi, répondit le major, je veux que vous sachiez bien quelle foi j'ai en vous. Je retournerai au fort où j'attendrai ces messieurs ici, à votre choix ou au leur.

— Nous ne doutons pas de la parole de notre hôte, dit en souriant le Français.

Il s'assit alors, ses compagnons l'imitèrent, et le repas commença.

XVII

Comment Tom Mitchell fut posé en redresseur de torts.

La glace une fois brisée entre les convives, le bourgogne, le bordeaux et le champagne aidant, le repas fut ce qu'il devait être, c'est-à-dire cordial et même joyeux.

Le major Ardenword, le seul peut-être de toutes les personnes présentes qui n'eût pas une arrière-pensée bien nettement définie et qui était de sa nature ce qu'on est convenu de nommer un bon vivant, sembla prendre à tâche de se faire le boute-en-train de cette réunion improvisée et composée selon toutes probabilités, d'éléments si contraires : il fut du reste chaudement appuyé par le capitaine, qui montra toutes les qualités d'un véritable amphytrion et traita ses hôtes avec une générosité et une courtoisie qui les charmèrent, quelles que fussent les préventions qu'ils avaient précédemment contre lui.

Il est bien entendu que pas un mot ne fut prononcé ayant trait aux motifs de cette réunion, et que la conversation, toujours fort animée du reste, roula exclusivement sur des sujets complétement étrangers à la situation présente.

Le major fut le premier qui se leva de table.

— Il n'y a pas de si bons amis qu'on ne quitte, dit-il gaiement ; on a besoin de moi au fort ; avec votre permission, je me retire.

Depuis le commencement du déjeuner sa toux avait complétement disparu.

— Je croyais, lui fit observer le capitaine, que vous deviez attendre ces messieurs ici.

— Ma foi non, reprit-il en riant, je les gênerais et moi aussi ; je préfère retourner chez moi, où ils me rejoindront.

— Je les reconduirai moi-même, major, dit sérieusement le capitaine.

— C'est cela, tout est pour le mieux. Messieurs, votre serviteur très-humble ; capitaine, vous êtes un charmant amphytrion, votre bordeaux et votre bourgogne sont excellents, sur ma parole !

— Tant mieux, j'aurai le plaisir de vous en faire porter quelques paniers.

— Ferez-vous cela ? s'écria-t-il joyeusement.

Après cela, pourquoi en douterais-je ; vous êtes un franc garçon, ne l'ai-je pas toujours dit.

Là-dessus il serra la main du capitaine, prit congé des convives et sortit de la hutte escorté par Camote, qui l'accompagna jusqu'à l'entrée du défilé où son escorte l'attendait ; il se mit en selle et partit.

— Messieurs, dit alors le capitaine, tout est prêt, nous passerons dans l'île dès qu'il vous plaira.

Les étrangers s'inclinèrent cérémonieusement.

— A pied, à cheval ou à la nage, dit en riant le plus jeune des Français.

— Vous allez le voir, monsieur, répondit-il en échangeant avec lui un imperceptible regard d'intelligence.

Ils sortirent.

Une pirogue avait été préparée pour les recevoir ; sur l'invitation du capitaine, ils s'embarquèrent.

— Maintenant, messieurs, dit Tom Mitchell avec un sourire, il nous reste une dernière formalité à remplir : nul étranger n'est reçu dans l'île sans avoir les yeux bandés.

Les étrangers se regardèrent avec surprise, presque avec effroi.

— Ne craignez rien, je vous le répète, messieurs, reprit le capitaine, ceci n'est qu'une simple formalité, à laquelle, du reste, vous êtes libres de refuser de vous soumettre.

— Et en cas où il en serait ainsi? demanda le plus âgé des Français.

— J'aurais le regret de vous laisser ici, monsieur, répondit-il froidement.

— Faites donc et finissons-en, au nom de Dieu.

Le capitaine fit un signe, des mouchoirs mouillés furent aussitôt appliqués sur les yeux des étrangers.

On partit.

La traversée dura un quart d'heure environ, puis les étrangers sentirent qu'on abordait au grincement de la quille de la pirogue sur le sable.

— Ne touchez pas vos bandeaux, messieurs, dit la voix du capitaine, avant d'en avoir reçu l'autorisation. On va vous transporter à terre.

En effet, les passagers furent enlevés avec précaution entre les bras de plusieurs hommes; au bout de quelques minutes on les posa à terre et en même temps on les débarrassa des mouchoirs qui les aveuglaient.

Leur premier mouvement, mouvement instinctif s'il en fut, leur fit jeter un long regard autour d'eux.

Ils se trouvaient dans un vaste salon, meublé avec le luxe le plus exquis et le plus confortable.

Le capitaine se tenait debout et souriant devant eux; près de lui, un peu en arrière cependant, il y avait plusieurs hommes, ceux qui sans doute avaient porté les étrangers entre leurs bras. Sur un signe muet de leur chef ils s'éloignèrent aussitôt.

— Soyez les bienvenus dans ma demeure, dit le capitaine avec courtoisie : j'espère que la franche et cordiale hospitalité que vous recevrez ici vous fera oublier, messieurs, les minutieuses précautions que le soin de ma sûreté m'a impérieusement commandé de prendre.

Les étrangers saluèrent silencieusement.

— Je n'ai pas besoin, n'est-ce pas, messieurs, reprit le capitaine, de vous répéter que vous êtes ici chez vous. Maintenant, afin de vous retenir le moins de temps possible dans un endroit que sans doute vous désirez quitter au plus vite, je me mets dès ce moment à votre disposition : Veuillez me suivre, monsieur, ajouta-t-il en se tournant vers le plus jeune des Français.

Il souleva une portière, ouvrit une porte, s'effaça pour laisser passer son hôte devant lui, et tous deux disparurent.

Les deux autres étrangers demeurèrent seuls en face l'un de l'autre, se regardant d'un air maussade ; enfin le Français se mit à marcher de long en large dans le salon d'un air pensif ; l'Américain se laissa tomber en soufflant sur un sofa, et ils attendirent ainsi que l'heure de leur audience arrivât.

A peine la double portière fut-elle retombée que Tom Mitchell s'arrêta et, regardant le jeune homme bien en face :

— Pardieu, monsieur, lui dit-il en lui indiquant un siége, veuillez être assez bon pour me sortir d'un doute qui me tourmente depuis votre arrivée à mon campement.

— Allons, répondit l'autre en riant, je vois avec plaisir que, ainsi que vous vous en êtes vanté, vous avez bonne mémoire ; il y a cependant longtemps que nous ne nous sommes vus.

— Ainsi, je ne me trompe pas, c'est bien vous.

— Oui, monsieur Maillard, c'est bien moi, le capitaine Pierre Durand, celui...

— Qui a sauvé la vie de mon père et la mienne, s'écria vivement l'Outlaw en lui tendant la main que l'autre serra cordialement. Ainsi, lorsque tous nous était ennemi, vous seul, sans réfléchir au danger terrible que vous assumiez sur votre tête, car vous saviez...

— Oui, je savais que votre père présidait une heure auparavant le sinistre tribunal siégeant à l'Abbaye ; je savais quelle haine veillait dans l'ombre contre lui, et lorsque tous deux vous fûtes à l'improviste assaillis sur le petit pont par des hommes qui peut-être avaient le droit de venger sur vous le meurtre des leurs, je n'hésitai pas à plonger dans les eaux sombres et sinistres de la Seine et à vous ramener mourants sur la berge.

— Vous avez fait plus, monsieur, vous nous avez cachés, guéris, et finalement transportés en Amérique.

— Oui, j'ai fait tout cela, c'est vrai, répondit Pierre avec bonhomie ; votre père avait sauvé le mien pendant la tourmente révolutionnaire, je n'ai donc fait qu'acquitter une dette.

— Avec usure, monsieur, en homme de cœur. Ce que je vous dis au moment de nous séparer sur le quai de New-York, laissez-moi vous le répéter aujourd'hui ; j'étais bien jeune alors, j'avais seize ans à peine, mais je n'ai rien oublié. Voici ce que je vous ai dit il y a neuf ans : « Quoi qu'il arrive, ma vie, ma fortune, mon honneur vous appartiennent ; sur un mot, sur un signe, je vous les sacrifierai avec joie. Maintenant parlez, mon ami, mon sauveur, je suis prêt !

— Merci, j'accepte, répondit nettement le capitaine ; je savais que vous agiriez ainsi, voilà pourquoi je suis franchement venu vous trouver.

— Parlez, je vous écoute.

— Avant tout, votre père ?

— Il vit retiré au milieu des Indiens par lesquels il s'est fait adopter ; il a complétement rompu avec le monde civilisé dont aucun bruit n'arrive plus jusqu'à lui.

— Est-il heureux ?

— Je le crois : mon père était un homme convaincu ; ses fautes, ses crimes, ou quel que soit le nom qu'on veuille donner à ses actes pendant une époque de cataclysme général, où toutes les passions étaient en ébullition, toutes les haines et les colères poussées à l'extrême, ne lui ont laissé ni regrets ni remords, il a la conscience d'avoir accompli son devoir sans crainte et sans partialité.

— Je ne puis ni ne veux être son juge; je ne suis qu'un homme faible et pusillanime comme nous le sommes tous, Dieu seul, quand son heure sonnera, lui rendra, ainsi qu'aux autres Titans foudroyés de cette époque, la justice à laquelle il a droit. J'ai besoin de le voir, croyez-vous qu'il consente à me recevoir?

— Sans aucun doute; cependant je l'avertirai de votre visite. De quoi s'agit-il?

— D'une question de vie ou de mort pour mon ami le plus intime, un homme que j'aime comme un frère.

— Ne m'en dites pas davantage; dans une heure un exprès partira, demain soir ou après-demain matin au plus tard nous aurons la réponse.

— Merci. Vous avez reçu plusieurs lettres signées : *Un ami des mauvais jours?*

— Certes; et cet ami inconnu... ?

— C'était moi.

— Pourquoi ne pas vous être fait connaître tout de suite?

— Je ne le pouvais pas.

— Tout ce que vous rapportez dans ces lettres est vrai?

— Malheureusement.

— C'est une action infâme, odieuse.

— Hélas! je compte sur vous et sur votre père pour que justice soit rendue.

— Comptez sur moi ; j'ai vu votre ami et je l'aime déjà, bien que peut-être il n'éprouve pas pour moi le même sentiment, ajouta-t-il avec un sourire contraint.

— Gelée de printemps qui fondra au soleil.

— Que peut faire mon père dans tout cela?

— Tout et rien ; cette affaire dépend de lui seul.

— S'il en est ainsi, soyez tranquille, nous réussirons.

— Je l'espère.

— Avez-vous autre chose à me dire?

— Oui. Vous comprenez, mon ami, que si j'ai abandonné mon navire à New-York aux soins de mon second, si je me suis risqué à faire, moi marin qui hais la terre par-dessus tout, une aussi longue course à travers les forêts du continent américain, il me fallait de puissantes raisons?

— C'est juste. Et ces raisons?

— Les voici : l'ennemi le plus implacable et le plus acharné de l'homme que vous savez est ici.

— Ici?

— Oui, ici même, dans votre île, dans le salon, là, à côté de nous.

— Vous êtes certain de l'identité de cet homme?

— Voilà cinq ans que je le suis à la piste, que j'observe toutes ses actions, toutes ses démarches, sans qu'il s'en doute.

17.

— Il ne vous a donc jamais vu.

— Très-souvent, au contraire, répondit-il en riant; mais jamais sous mon aspect véritable.

— Ah! très-bien, je comprends.

— C'est moi qui l'ai transporté en Amérique, nous sommes les meilleurs amis du monde; il a même essayé de m'acheter.

— Ah!...

— Ma foi, oui; et je me suis laissé faire; de sorte que je suis son âme damnée, il compte sur mon aide pour en finir avec qui vous savez.

— Il a bien choisi son complice.

— N'est-ce pas?

Les deux jeunes gens éclatèrent de rire.

— Vous êtes venu de New-York ici ensemble?

— Non pas, diable! Nous nous sommes rencontrés au fort il y a deux jours, et comme je ne suis plus déguisé, malgré toute sa finesse, car c'est un démon incarné, il ne m'a pas reconnu.

— Eh bien! mais tout cela est fort simple, cet homme est dans l'île, il ne faut pas qu'il en sorte: nous le supprimerons, voilà tout.

— Non pas, au contraire; diable! ne jouons pas ce rôle-là, il nous glisserait entre les doigts comme une anguille.

— Je ne crois pas, dit l'Outlaw avec un sourire sinistre qui fut compris du capitaine.

— Nous avons le temps d'en arriver là: connaissons d'abord ses projets, démasquons-le; cela nous sera d'autant plus facile que tout l'avantage est pour nous dans cette affaire ; nous savons qui il est, et lui ne sait pas qui nous sommes.

— Je le connais depuis longtemps, moi aussi, et je lui prépare une surprise agréable ; laissez-moi faire.

— Pas d'imprudence surtout ! un mot peut tout perdre.

— Est-ce que ma vie ne se passe pas à lutter de finesse avec tout ce qui m'entoure ?

— C'est vrai. Je vous donne donc carte blanche.

— Ah çà ! vous savez que vous êtes libre comme l'air et maître absolu dans mes domaines, dit-il en riant ; et cueillant une fleur dans une jardinière : mettez cela à votre boutonnière, c'est le talisman qui vous ouvrira tous les passages. A présent je vais m'occuper de vos deux compagnons, suivez-moi.

Il ouvrit une porte opposée à celle par laquelle il était entré, traversa plusieurs pièces et conduisit le capitaine dans un charmant appartement donnant sur un vaste jardin.

— Là, vous voici chez vous, dit-il, allez, venez, faites enfin ce qui vous plaira ; vous trouverez au fond du jardin une porte qui vous conduira hors de la maison ; nous dînerons à six heures ; si vous sortez, soyez revenu pour cette heure-là ; notre couvert sera mis dans votre salon où je vous attendrai. Bien du plaisir et au revoir.

Sur ces mots, après avoir encore serré la main du capitaine, il se retira et le laissa seul, libre de se livrer à ses réflexions.

Dès qu'il fut rentré dans son cabinet, Tom Mitchell, ou Maillard, ainsi qu'il plaira au lecteur de le nommer, s'assit devant une table, écrivit quelques mots à la hâte, plia le papier, le cacheta avec le châton d'une bague qu'il portait au petit doigt de la main droite, et frappa sur un gong.

Presqu'aussitôt Camote parut; le capitaine lui tendit le papier.

— Cette lettre, par un exprès sûr, à mon père, dit-il. Qu'il crève son cheval, s'il le faut; c'est pressé; j'attends la réponse.

— Dans cinq minutes la lettre sera partie, dit Camote.

— A propos, fais entrer ce sac à poudding d'Américain qui est dans le salon à côté.

Camote s'inclina et sortit; mais presqu'immédiatement l'armateur parut; il soufflait comme un cachalot et était rouge comme une écrevisse; derrière lui la porte avait été refermée.

Le capitaine lui indiqua un siége.

Le gros homme s'assit en grondant.

— Il est assez extraordinaire, dit-il, qu'un homme comme moi...

— Pardon, monsieur, interrompit froidement le capitaine, ce n'est pas moi qui ai besoin de vous, c'est vous au contraire qui venez me trouver, en compagnie de plusieurs autres gentlemen ; chacun de vous a probablement des raisons sérieuses à faire valoir en faveur d'une aussi singulière démarche, dont je suis fort loin de rechercher l'honneur ; je ne puis, moi, que vous écouter les uns après les autres, votre tour est venu, veuillez, je vous prie, vous expliquer.

Ce petit discours, prononcé nettement, froidement, d'un léger ton de sarcasme, calma comme par enchantement la colère du gros homme, ou du moins il réussit tant bien que mal à la dissimuler. Après s'être, à plusieurs reprises, épongé le front avec son mouchoir, et poussé deux ou trois hum ! pour s'éclaircir la voix :

— J'ai tort, dit-il, j'ai tort, monsieur, j'en conviens.

— Passons, s'il vous plaît, monsieur, une autre personne attend que vous ayez terminé. De quoi s'agit-il.

— Monsieur, reprit l'armateur, vous me connaissez.

— Oui, monsieur, depuis longtemps.

— Monsieur, j'ai un neveu, fils du frère de ma femme : on ne saurait être plus proche parent.

— Après, monsieur.

— Ce neveu, charmant garçon sous tous les rapports, est fou, complétement fou, monsieur.

— Je ne vois pas trop ce que je puis faire à cela, monsieur, dit en souriant le capitaine.

— Permettez ; quand je dis qu'il est fou, j'exagère peut-être un peu, sa folie n'est peut-être, en somme, qu'une monomanie ; ce jeune homme qui est charmant, ainsi que j'ai déjà eu l'honneur de vous le dire, est amoureux, monsieur...

— Cela est de son âge, je ne vois pas jusqu'à présent...

— Pardon, pardon, interrompit vivement le gros homme : il est amoureux d'une jeune fille qui ne lui convient sous aucun rapport.

— Est-ce son avis, monsieur ?

— Non, monsieur : c'est le mien à moi, homme sérieux, qui lui porte intérêt, et serais son tuteur légal, son père étant mort, s'il n'était pas émancipé ; figurez-vous que je lui avais arrangé avec ma femme, sa tante, monsieur, le plus délicieux mariage avec une jeune fille — pourquoi ne le dirais-je pas ? — une nièce à moi.

— Dont il n'a pas voulu.

— Non, monsieur. Comprenez-vous cela ?

— Parfaitement ; mais ce que je ne comprends pas c'est ce que je puis avoir à faire là dedans.

— Je vais m'expliquer.

— Vous me ferez plaisir.

— Donc, après avoir refusé cette union qui réunissait toutes les conditions d'âge de fortune et de position, qu'a fait mon drôle ? Pardon, si je parle ainsi d'un neveu que j'aime ; un beau matin, sans rien dire à personne, il a abandonné ses affaires à son associé et il est parti, monsieur, pour se mettre à la poursuite de cette malheureuse qui n'a ni sou ni maille et dont les parents ont émigré sur la frontière indienne.

— Ah! fit le capitaine, dont l'attention fut subitement excitée et qui fronça le sourcil.

— Oui, monsieur, continua le gros homme qui tout à sa narration ne remarqua pas cette nuance; de sorte que mon neveu se trouve par ici quelque part aux environs, guettant sa belle, négligeant ses affaires et perdant son avenir, pour une petite pécore que certes il n'épousera jamais.

— Qu'en savez-vous, monsieur?

— Je ferai du moins tout ce qui dépendra de moi pour l'empêcher. On m'a assuré, monsieur, que vous étiez le seul homme capable d'arrêter le fugitif. J'ai certains reliquats de comptes, dont il est inutile de parler ici, avec son père. Arrêtez le jeune homme, monsieur, arrêtez-le, et remettez-le entre mes mains à Boston, et je n'hésiterai pas à vous donner mille livres, oui, monsieur, mille livres!

Tout en parlant ainsi, le digne armateur tira un énorme portefeuille de la poche de sa lévite et l'ouvrit.

Le capitaine l'arrêta d'un geste.

— Pardon, monsieur, dit-il, n'allons pas si vite, je vous prie, vous avez oublié de me dire le nom de ce neveu que vous chérissez si fort.

— Georges Clinton, monsieur, Georges Clinton, un beau garçon.

— Je le connais, répondit-il froidement.

— Vous le connaissez! Alors vous me le rendrez, n'est-ce pas, monsieur?

— Peut-être; je réfléchirai, cette affaire n'est pas aussi facile que vous semblez le supposer; Georges Clinton n'est pas seul, il s'est fait de puissants amis sur la frontière. Mais pardon, je vais vous faire reconduire au fort; dans deux ou trois jours vous aurez ma réponse.

— Mais, monsieur, j'ai l'argent.

— Gardez-le quant à présent, monsieur.

Il frappa sur un gong, Camote entra.

— Mais, voulut encore dire l'armateur.

— Pas un mot de plus; attendez ma réponse. Monsieur, je suis votre serviteur; veuillez suivre cet homme.

Le gros homme partit comme il était entré, suant, toussant et grommelant.

— Maintenant, murmura le capitaine dès qu'il fut seul, voyons un peu celui-ci.

Il se leva, ouvrit la porte, et saluant le Français dont la promenade continuait encore.

— Veuillez entrer, monsieur Hébrard, dit-il avec un sourire engageant.

Le Français le regarda avec surprise; mais, sur une seconde invitation muette du capitaine, il entra résolûment dans le cabinet.

XVIII

Conversation diplomatique très-ennuyeuse entre deux coquins émérites.

Les deux hommes s'examinèrent un instant en silence, comme deux duellistes habiles qui se tâtent avant d'engager le fer. Mais le visage de chacun d'eux était de marbre.

Sur une invitation muette de l'Outlaw, l'étranger prit un siége et se décida enfin à entamer la conversation avec son étrange interlocuteur.

— Monsieur, dit-il, le nom que vous m'avez donné...

— Est ou a été le vôtre, monsieur, répondit l'Outlaw avec une politesse glaciale.

— Cela est possible, monsieur ; lorsqu'on voyage à l'étranger, il arrive souvent que, pour certains motifs importants, on recherche un incognito...

— Qui généralement ne trompe que les niais et les dupes. Je me souviens d'un certain comte de Mas d'Azyr, un excellent gentilhomme du Languedoc, qui avait cette innocente manie...

L'étranger tressaillit imperceptiblement, ses yeux lancèrent un éclair sous ses épais sourcils.

— Eh bien! continua l'Outlaw avec un sang-froid imperturbable, ses nobles manières le dénonçaient si bien, malgré les noms plus ou moins roturiers dont il lui plaisait de s'affubler, qu'au bout de quelques minutes à peine il se voyait contraint de renoncer à cet incognito percé à jour et qui ne pouvait plus le couvrir.

— Je ne comprends pas, monsieur, le but de cette allusion.

— Je ne me permets aucune allusion, monsieur, Dieu m'en garde! Que m'importe à moi, je vous prie, que vous vous nommiez Hébrard, le comte de Mas d'Azyr, Philippe de Salnam, Jean Férou, ou tout autre nom qu'il vous plaira de prendre ; je ne vois en vous qu'une personne qui m'est chaudement recommandée, qui a besoin de moi, et à la disposition de laquelle je me suis mis, pour la servir si cela m'est possible, voilà tout ; d'ailleurs, nous causons, pas autre chose. Maintenant, veuillez me faire l'honneur de m'expliquer en quoi mon faible concours peut vous être utile.

— Monsieur, répondit l'étranger en souriant,

vous êtes un charmant esprit, fin et délié, je vois avec plaisir qu'on ne m'avait pas trompé sur votre compte.

— Je vous rends mille grâces, monsieur, mais cela ne me dit pas...

— Qui je suis? reprit l'étranger avec une feinte bonhomie. Eh, monsieur, vous le savez très-bien, au contraire, puisque vous venez à l'instant de me mentionner les uns après les autres les noms qu'il m'a plu de porter tour à tour.

— Ainsi j'avais raison, lorsque.....

— Complétement, monsieur, interrompit-il vivement; aussi je vous fais amende honorable; il y a seulement une chose qui me tourmente dans tout cela, je vous l'avoue, monsieur.

— Serait-ce une indiscrétion de vous demander quelle est cette chose?

— Nullement; il me sera, au contraire, fort agréable de savoir à quoi m'en tenir à ce sujet.

— Si cela dépend de moi, monsieur.

— Absolument. Je crois avoir bonne mémoire, je passe de plus pour être assez physionomiste, et cependant je ne me rappelle pas vous avoir vu jamais.

L'Outlaw éclata d'un franc éclat de rire.

— Cela prouve simplement, monsieur, que je sais mieux que vous, lorsque les circonstances m'y obligent, conserver mon incognito.

— Ce qui veut dire.

— Que non-seulement nous nous sommes vus, monsieur, mais que de plus nous avons entretenu des relations assez suivies à une époque...

— Éloignée sans doute?

— Pas du tout, très-rapprochées, au contraire, bien que cependant notre connaissance date déjà d'assez loin.

— Voilà qui me confond.

— C'est cependant facile à comprendre. Nous nous sommes trouvés en rapports chacun sous quatre noms différents, je vous ai dit les vôtres, monsieur, voici les miens : vous souvenez-vous de Louis Guerchard, de Francis Magnaud, de Paul Sambrun et de Pedro Lopez?

— Parfaitement, monsieur, parfaitement.

— Eh bien, ces quatre individus s'incarnent en Tom Mitchell, votre serviteur, qui, je vous l'avoue, porte encore d'autres noms à l'occasion, dit-il d'un ton d'exquise politesse, mais légèrement teinte d'ironie.

— Allons, c'est bien joué sur ma foi, je ne suis qu'un sot de ne point vous avoir reconnu.

— Monsieur...

— Eh! mon Dieu, mieux vaut nommer les choses par leur nom, monsieur; je suis impardonnable, moi surtout, de m'être laissé prendre ainsi comme un novice; je mériterais, sur ma foi, d'être cassé aux gages par le gouvernement qui m'emploie et auprès duquel je jouis, sans l'avoir mérité, je le reconnais maintenant, d'une si grande réputation de finesse. Allons, j'ai trouvé mon maître, touchez-là, monsieur, ajouta-t-il en lui tendant la main, et sans rancune, n'est-ce pas?

— Je tenais seulement à vous prouver, monsieur...

— Que je suis un niais. Vous avez parfaitement réussi, interrompit-il d'un ton de bonne humeur ; Du reste, quoique cela puisse avoir de désagréable pour mon amour propre, je suis charmé de ce qui arrive ; voici la glace rompue entre nous et nous ne nous entendrons que mieux, je l'espère, d'autant plus que les affaires qui m'amènent aujourd'hui sont absolument les mêmes qui ont nécessité nos premières relations.

— Si cela est ainsi, monsieur, il nous sera, comme vous le dites, facile de nous entendre.

— N'est-ce pas? Voici la chose en deux mots : La révolution est finie en France, sous la main d'un homme de génie que son talent et son patriotisme ont porté au pouvoir ; le gouvernement reprend sa force, la société commence à respirer, et la nation reconquiert au milieu des autres peuples le rang dont elle n'aurait jamais dû descendre ; de plus, elle a foi entière en cet homme de génie dont chaque pas jusqu'à ce jour a été marqué par une victoire, et elle s'est spontanément donnée à lui.

— Vous voulez parler sans doute du général Bonaparte? monsieur.

— De lui-même. Ce grand homme a, de son bras puissant, replongé les jacobins et les montagnards dans l'ombre et enchaîné pour jamais l'hydre hideuse des révolutions ; son nom glorieux a donc franchi ces déserts et est parvenu jusqu'à vous?

— Certes, monsieur.

— Voilà qui est bien ; ce grand homme, aussi profond politique que général habile, a suivi en la modifiant légèrement la ligne de conduite que s'était tracée la Convention nationale, d'exécrable mémoire, touchant les colonies espagnoles.

— Vous êtes sévère pour les ennemis vaincus, qui cependant, vous en conviendrez, s'ils ont commis des erreurs, des crimes même, ont fait de grandes choses et donné le signal de la grande régénération sociale.

— Je ne discuterai pas avec vous sur ce point, monsieur, ma conviction est faite.

— Soit, monsieur, répondit l'Outlaw avec un sourire amer revenons donc s'il vous plaît au général Bonaparte et veuillez m'expliquer ses nouveaux plans au sujet des possessions espagnoles en Amérique.

— Ces plans ne sont pas nouveaux, monsieur, ils ne sont que légèrement modifiés.

— En quoi consistent ces modifications?

— Elles portent sur deux points capitaux : d'abord une alliance cordiale avec le président des États-Unis, qui entre franchement dans les idées du gouvernement français dont il comprend toute l'importance pour lui dans un avenir prochain; ensuite des pouvoirs étendus donnés à des agents sûrs et nombreux, accrédités, bien que non avoués hautement encore, à cause de l'alliance franco espagnole; enfin des fonds considérables mis à la disposition de ces agents, afin de les mettre à même de renverser cette espèce de muraille de la Chine dont le gouvernement espagnol a enveloppé ses frontières, que nul jusqu'ici n'est parvenu à franchir sans y laisser la vie.

— Je les ai franchies plusieurs fois, monsieur, vous le savez et pourtant me voilà.

— C'est précisément pour ce motif, monsieur, que j'ai voulu m'aboucher avec vous.

— Ah! ah! fit en riant l'Outlaw, vous aviez, je le soupçonne, malgré vos dénégations, percé mon incognito, comme j'avais, moi, percé le vôtre.

— Eh bien, oui, je l'avoue, monsieur, je sais depuis longtemps que vous êtes un homme de tête et de cœur; je sais de plus que, à cause de vos nombreuses relations, nul mieux que vous n'est à même de nous aider à révolutionner les colonies; voilà pourquoi je suis venu vous trouver; d'ailleurs, tout me fait supposer que vous êtes Français.

— Vous vous trompez, monsieur, je n'appartiens à aucune nationalité, toutes me sont ou ennemies ou indifférentes.

— Qu'êtes vous donc alors?

— Je suis un Outlaw, monsieur, pas autre chose, répondit-il sèchement.

— Soit, monsieur. Eh bien! vous êtes précisément l'homme que je cherche; j'ai besoin pour l'exécution de mes projets ou de mes plans, comme vous voudrez les appeler, d'un homme qui ne soit retenu par aucun lien ni aucune considération sociale, un Outlaw, en un mot. Voulez-vous être cet homme?

— Voyons d'abord vos propositions, monsieur, je vous dirai ensuite s'il me convient de les accepter?

— Bien. Si vous y consentez, nous mettrons toute diplomatie de côté entre nous, et nous jouerons cartes sur table.

L'Outlaw se replia sur lui-même comme un tigre aux aguets et il répondit avec un sourire d'une expression singulière.

— J'allais vous faire la même proposition, monsieur.

— Très-bien. Cela me prouve que nous nous entendons, j'en suis charmé pour ma part.

Le capitaine s'inclina sans répondre.

— Les colonies espagnoles, continua le sieur Hébrard, éprouvent déjà, pour ainsi dire à leur insu, l'influence des germes révolutionnaires qui depuis quelques années ont été, à diverses reprises, déposés sur leurs frontières; quelques hommes dévoués et entreprenants, parmi lesquels je suis heureux de vous compter, monsieur, n'ont pas craint de s'aventurer dans les villes et les villages du Mexique et de s'aboucher avec certains patriotes zélés de ce pays, si mal préparé malheureusement pour une révolution régénératrice comme celle que nous tentons chez lui ; parmi ces hommes, il en est un surtout dont l'influence est énorme sur les populations indiennes qui l'entourent ; cet homme vous le connaissez, car je vous ai chargé pour lui de plusieurs missions dont, au reste, vous, vous êtes parfaitement acquitté.

— Ah ! ah ! il s'agit donc du curé de Dolorès, Hidalgo ?

— De lui-même, monsieur ; c'est le seul homme sur lequel il nous soit permis de compter réellement ; il nous faut lier des relations sérieuses avec lui afin que, le moment d'agir venu, il soit prêt à lever l'étendard de la révolte contre le gouvernement espagnol ; à entraîner les populations à sa suite ; et à renverser un pouvoir tyrannique qui trop longtemps a pesé sur ces malheureuses contrées.

— Fort bien, monsieur ; mais il y a très-loin d'ici à Dolorès, résidence du curé Hidalgo, la route est semée d'embûches et de périls de toutes sortes ; je doute qu'un agent quelconque, si fin qu'il soit, réussisse à s'ouvrir un chemin jusqu'à lui : mieux vaudrait, il me semble, si vous me permettez de vous donner un humble avis sur un sujet aussi grave...

— Parlez, parlez, monsieur.

— Mieux vaudrait, dis-je, expédier un navire léger dans le Pacifique, brick ou goëlette ; ce navire croiserait le long de la côte mexicaine, choisirait son temps et jetterait un agent à terre, le plus près possible du point qu'il lui faut atteindre.

— Vous avez mille fois raison, monsieur ; ce moyen, en effet, a été employé avec succès.

— Eh bien, alors.

— Le secret a été livré par un traître ; maintenant les autorités espagnoles sont sur leurs gardes, toute tentative de débarquement, avorterait misérablement.

— Ainsi, vous concluez?

— Je conclus que mieux vaut, sous tous les rapports, suivre la route que je vous ai indiquée.

— Hum ! fit l'Outlaw.

Il y eut un silence.

L'intérêt réel de cette conversation, si longue déjà, n'avait pas encore été agité ; le capitaine le pressentait, il se tenait sur la réserve. M. Hébrard reculait, pour ainsi dire, par suite d'un pressentiment égal, le moment d'une explication nette.

Cependant il fallait en finir ; les deux interlocuteurs le comprenaient parfaitement.

Le capitaine résolut de mettre le feu aux poudres, dût-il sauter avec.

— Donc il faut suivre la voie de terre, dit-il.

— C'est mon avis.

— Oui, n'est-ce pas? Essayer de gagner Guanajuato, et de là Dolorès, et c'est moi que vous désirez charger de cette mission difficile?

— Pas d'autre.

— Quelles conditions?

— Cent mille francs, comme frais de route.

— En billets? murmura-t-il avec un sourire sardonique.

— En onces d'or, à l'effigie de S. M. le roi d'Espagne, monsieur.

— Cela vaut mieux.

— De plus, cent autres mille francs pour les négociations.

— C'est maigre.

— J'ajouterai cinquante mille francs, d'abord.

— C'est mieux; mais pourquoi ce d'abord?

— Parce que votre mission se divise en deux parties bien distinctes, monsieur.

— Ah! voyons tout de suite la première; nous passerons après à la seconde.

— Cent mille francs au retour, contre la remise des dépêches.

— C'est mieux. Ainsi nous disons.

— Trois cent cinquante mille francs pour la première partie de votre mission.

— Très-bien; en or toujours.

— Parfaitement. Vous acceptez?

— Voyons la seconde partie, je vous répondrai ensuite.

— Comme vous voudrez.

Le diplomate se recueillit un instant.

Tom Mitchell, sans en avoir l'air, l'examinait du coin de l'œil ; il devinait que le moment sérieux était venu et qu'il devait jouer serré contre un si rude adversaire.

— Hum ! fit monsieur Hébrard, trois cent cinquante mille francs, c'est un beau chiffre.

— Pour la première partie de ma mission, je n'en disconviens pas, bien que la tâche soit rude ; mais qui ne risque rien, n'a rien. Voyons donc la seconde, cher monsieur, je vous prie.

Le diplomate prit un air bonhomme à faire frémir tout autre que le rusé Outlaw ; celui-ci vit le danger et se tint sur ses gardes.

— Les Espagnols, ainsi que je vous l'ai dit, reprit M. Hébrard, se tiennent maintenant aux aguets et surveillent leurs colonies avec un soin extrême : nul ne peut ni y entrer, ni en sortir.

— Diable ! ce que vous me dites-là n'est pas rassurant pour moi, cher monsieur, dit l'Outlaw en riant d'un gros rire.

— Permettez, monsieur, je vous parle franc, nous jouons cartes sur table ; je ne veux en aucune façon vous cacher les périls qui vous menacent, je parle en général, certain que vous, en particulier, vous surmonterez tous les obstacles.

Ceci était de la phraséalogie; évidemment le sieur Hébrard cherchait un joint quelconque pour exprimer sa pensée.

L'Outlaw sourit et le laissa dire.

— Malheureusement, reprit le diplomate aux abois, le danger n'est pas tout de l'autre côté de la frontière; de ce côté-ci il est presque aussi redoutable; et il releva la tête d'un air entendu, satisfait sans doute de cette heureuse transition.

— Que voulez-vous dire? s'écria vivement l'Outlaw.

— Je m'explique.

— Vous me ferez plaisir.

— Les Espagnols ne sont pas plus sots que nous.

— Je m'en suis toujours douté, dit en souriant le capitaine.

— Ils ont établi une contre-mine.

— Une contre-mine? Comment cela?

— Oh! vous allez voir; ils n'ont eu à faire aucun effort d'imagination pour cela; ils se sont contentés de bourrer d'espions les frontières américaines.

— Voyez-vous cela. C'est adroit.

— Très-adroit, répondit d'une voix étranglée le diplomate fort mal à son aise, selon toute apparence; mais, par malheur pour eux nous avons tous les détails de leur système d'espionnage.

— Ah bah!

— Oui. Et de plus, nous connaissons le chef de leurs espions.

— Oh! oh! ceci devient sérieux, cher monsieur.
— N'est-ce pas ?
— Pardieu. Et ce chef, vous dites donc que vous le connaissez.
— Parfaitement. C'est un mauvais drôle, fort adroit, fin comme un renard, je dois en convenir; mais enfin nous sommes maîtres de tous ses secrets.
— C'est quelque chose; et maintenant vous voudriez sans doute être maître de sa personne.
— C'est cela même. Vous comprenez l'importance pour vous de cette capture avant votre entrée dans le Mexique.
— Je le crois bien! cela coule de source; mais il est assez difficile de rencontrer ainsi un pareil drôle au désert, où pullulent les gens de son espèce et où il est si facile de se cacher.
— Que cela ne vous inquiète pas, je puis vous donner tous les renseignements nécessaires sur lui et sur les parages qu'il fréquente d'habitude.
— A la bonne heure. Ainsi il s'agit de s'en emparer.
— Voilà.
— Bon. Et cette capture sera payée sans doute.
— Très-cher.
— Ah! diable, vous tenez à l'avoir entre vos mains, à ce qu'il paraît.
— Mort ou vif, peu nous importe; j'ajouterai même, pour vous donner toute latitude, plutôt mort que vif.

— Voilà qui est parler. Il vous gêne beaucoup, à ce qu'il paraît.

— Extraordinairement.

— Et combien payez-vous cette capture?

— Vif, vingt-cinq mille francs.

— Et mort?

— Cinquante mille.

— Il paraît que vous tenez à l'avoir plutôt mort que vif.

— C'est cela même.

— Bon. Maintenant, quel est le nom de cet homme, et où pourrai-je le trouver?

— C'est un Français.

— Un Français?

— Hélas! oui; il a pris le nom d'Olivier. En apparence, il est chasseur, trappeur, que sais-je encore? Pour plus de sûreté, il s'est affilié à une tribu indienne et fréquente en ce moment les prairies du haut Missouri.

— C'est bien loin des frontières mexicaines, fit observer froidement l'Outlaw.

— C'est vrai; mais l'intérêt de sa sûreté exige...

— Bon; j'ai compris.

— Acceptez-vous?

— Pardieu! sans hésiter. Seulement, à une condition.

— Laquelle?

— Je vous le rendrai mort.

— Peu importe, pourvu que nous l'ayons.

— C'est convenu. Nous disons donc, chiffre rond, quatre cent mille francs, dont vous m'avancerez la moitié séance tenante.

— Qu'à cela ne tienne, je les ai en onces dans mes valises; ce soir je vous compterai la somme.

— Parfait. Maintenant vous n'êtes pas pressé, n'est-ce pas?

— Nullement.

— Je sais à peu près où se trouve l'homme dont vous parlez; je vous avouerai même que sans me douter du rôle odieux qu'il joue, j'éprouve pour lui une certaine répulsion, car nous nous sommes trouvés déjà plusieurs fois ensemble.

— En vérité.

— Vous savez, au désert tout le monde se connaît; mais comme je tiens à ne pas commettre d'erreur, surtout dans une affaire aussi grave, je désire que vous assistiez à son arrestation; d'ailleurs ce sera plus régulier.

— Hum! fit l'autre avec un embarras qu'il ne put dissimuler complétement : voyager encore dans le désert; je suis bien fatigué.

— Qu'à cela ne tienne; vous resterez ici tranquillement, je me charge de vous l'amener; mais, vous comprenez, je ne veux pas commettre d'erreur.

— Eh bien, j'y consens, c'est convenu. Quand me le livrerez-vous?

— Avant huit jours.

— Je compte sur votre parole ?

— Je vous jure, sur mon honneur, qu'il ne tiendra pas à moi que d'ici à l'époque que je vous fixe vous ne soyez en présence l'un de l'autre.

— C'est entendu ; merci d'avance.

— Il n'y a pas de quoi, dit l'Outlaw avec un sourire goguenard qui heureusement ne fut pas surpris par le diplomate.

XIX

Où Tom Mitchell apparaît sous un singulier aspect.

Le soir du même jour, vers neuf heures et demie, l'Outlaw était assis en face du capitaine Pierre Durand devant une table chargée de plats, d'assiettes et de bouteilles vides, qui témoignaient de l'appétit des deux convives et du rude assaut qu'ils avaient livré pour le calmer aux mets placés tour à tour devant eux.

Les deux hommes fumaient d'excellents cigares, tout en dégustant en véritables amateurs un moka brûlant servi dans des tasses du Japon; à leur portée se trouvait une profusion de flacons de toutes sortes renfermant les liqueurs les plus appétissantes.

Ils avaient atteint cette limite du repas si prisée avec raison par les gourmets, où l'esprit détendu et le cerveau surexcité par le suc des mets et de généreuses libations, se laissent aller à de riantes rêveries, sans suite, mais cependant remplies d'un charme étrange.

Depuis près d'un quart d'heure les deux convives n'avaient pas échangé une parole.

Ce fut l'Outlaw qui le premier rompit le silence.

— Vous savez, mon cher capitaine, dit-il, que dans une demi-heure je vous fausse compagnie, je me lève et je pars.

— Le diable m'emporte! si j'en crois rien, répondit celui-ci d'un air distrait.

— Cela sera cependant, à mon grand regret, à la vérité; mais sans doute, vous le savez mieux que personne, les affaires doivent passer avant tout.

— Certes, aussi n'ai-je nullement l'intention de vous empêcher de faire vos affaires.

— Que me dites-vous donc alors?

— Que vous ne me fausserez pas compagnie, voilà tout.

— Eh bien, il me semble...

— Que vous vous trompez.

— Cependant, si je pars...

— Eh bien, vous partez, moi aussi, cela vous déplaît-il?

— Mais un voyage de nuit fait ainsi, à franc-étrier...

— Voyage de nuit, voyage de jour, peu importe : je suis marin, tous les genres de locomotion me sont également indifférents ; d'ailleurs je vous connais de longue date, n'est-ce pas ? je sais à quel genre de commerce vous vous livrez : donc je ne serai ni surpris ni scandalisé en vous voyant à l'œuvre ; je vous avoue que je m'ennuie mortellement ici, où je ne sais que faire ; je ne serais pas fâché de voir de quelle façon vous vous entendez à mener une petite expédition flibustière.

Tout cela fut dit d'un ton de plaisanterie qui excluait toute intention d'offense.

L'Outlaw sourit.

— Vous serez cette fois trompé dans vos prévisions, dit-il.

— Comment cela ?

— Je ne vais pas enlever, je vais restituer.

— Vous ?

— Oui, une fois n'est pas coutume.

— C'est vrai, eh bien je trouve cela beaucoup plus drôle, et vous me donnez une envie démesurée d'assister à cette œuvre pie.

— Mais...

— Pas de mais, je vous prie, je suis Breton, c'est-à-dire entêté comme plusieurs mules, et à moins que vous ne me disiez clairement et nettement que ma demande vous contrarie.

— Je n'en ai nullement la pensée.

— Très-bien. Ainsi vous acceptez ma compagnie en cette affaire?

— Il le faut bien ; comment résister à un entêté comme vous, reprit-il en souriant.

— Vous êtes un homme charmant. C'est convenu, je vous accompagne.

— Je ne vous pose qu'une condition.

— Voyons-la ?

— Vous profiterez des quelques minutes qui nous restent encore, pour vous grimer et vous déguiser de façon à vous rendre complétement méconnaissable.

— A quoi bon cette condition, dans ce pays perdu où nul, excepté vous, ne me connaît.

— Ceci est mon secret. Y consentez-vous ?

— Pardieu.

— Eh bien, tenez, là, vous trouverez tout ce qu'il vous faut.

— Merci.

Et il se leva.

— De plus... continue l'Outlaw.

— Il y a encore autre chose ?

— Oui.

— Bon, allez toujours, je ne perds pas un mot, répondit le capitaine qui avait, avec un sang-froid magnifique, commencé sa transformation.

— Au cas où le hasard nous mettrait en présence de figures de connaissance, vous conserveriez votre incognito, quand même vous verriez parmi ces figures celle de l'ami à la recherche duquel vous êtes venu jusqu'ici.

Le capitaine, qui était en train de se faire une barbe d'un noir de suie, après s'être teint les sourcils, se recula brusquement.

— Il sera donc là ? demanda-t-il.

— Je ne dis pas cela, il est plus que probable même qu'il n'y sera pas; mais je veux conserver la direction de cette affaire.

— Hum !

— Consentez-vous?

— A mon tour, je vous dirai : il le faut bien.

— Vous me le promettez.

— Je vous le jure sur l'honneur, monsieur ; j'ai foi en vous.

— Merci, je ne tromperai pas votre confiance. Maintenant faites vite, je vous attends.

— C'est l'affaire de quelques minutes.

Après avoir changé son visage et l'avoir rendu complétement méconnaissable, le capitaine quitta ses vêtements pour en prendre d'autres qui lui donnaient l'apparence d'un planteur des frontières mexicaines.

— Quelles langues parlez-vous ?

— Toutes à peu près avec la même facilité que le français, surtout l'anglais et l'espagnol.

— Très-bien. Pendant notre excursion, vous vous nommerez don José Romero.

— Don José Romero, je m'en souviendrai.

— Vous êtes un capitaine de la marine espagnole réfugié en ce pays à la suite d'un duel malheureux.

— C'est parfait.

— N'oubliez pas des armes ; je vous recommande cette tisona, c'est une rapière de choix ; prenez aussi ce long couteau que vous cacherez dans votre botte droite. Vous montez à cheval ?

— Comme un centaure.

— Allons, tout est pour le mieux : n'oubliez pas ces pistolets et cette carabine.

— Ah çà, mais c'est un véritable arsenal.

— En effet, mais on ne voyage pas autrement en ce pays.

— A la guerre comme à la guerre ; là, voilà qui est fait.

— Vous avez fini ?

— Comment me trouvez-vous ?

— Méconnaissable ; tout le monde s'y tromperait. Vous avez réellement un grand talent ; vous transformez tout, même votre voix.

— N'est-ce pas le principal ? Maintenant un mot.

— Parlez.

— En quoi consiste cette restitution que nous allons opérer ?

L'Outlaw sourit.

— Nous allons rendre une jeune fille, dit-il.

— Une jeune fille ?

— Oui, une charmante enfant, dont je me suis

emparé il y a quelques jours et à la douleur de laquelle je n'ai pu résister.

— Bah! fit le capitaine avec un sourire railleur.

— Je vous jure, sur l'honneur, que j'ai toujours traité cette jeune fille avec le plus profond respect et les plus grands égards depuis qu'elle est entre mes mains.

— C'est d'un homme de cœur cela, monsieur, je vous en félicite, répondit chaleureusement le capitaine ; mais dans quel but vous en étiez-vous donc emparé ?

— Dans un but qui m'échappera, j'en ai peur ; je crains d'avoir fait une mauvaise spéculation. Mais il est inutile que vous m'interrogiez davantage, mon cher capitaine, bientôt vous saurez tout. Veuillez vous rasseoir, cette jeune fille va venir.

— Ici.

— Oui ; il est important que je cause pendant quelques instants avec elle avant notre départ.

— A votre aise.

Tom Mitchell frappa sur un gong.

Camote parut.

— Mes ordres sont-ils exécutés ?

— Oui capitaine ; l'étranger est surveillé sans qu'il lui soit possible de s'en douter.

— Où est-il ?

— Rentré dans son appartement.

— Si demain il demande à me voir, vous lui ferez la réponse convenue.

— Oui, capitaine.

— Les détachements ?

— Tous trois partis depuis une heure ; je ne partirai, moi, avec le dernier qu'au lever de la lune.

— Demain, au lever du soleil, avant même si cela est possible, il faut que tu sois de retour.

— Soyez tranquille, capitaine, je ne veux pas laisser l'île sans un chef sûr, en ce moment particulièrement.

— Hum ! est-ce qu'il y a quelque chose de nouveau ?

— Rien en apparence, beaucoup en réalité.

— Tu peux parler, fit le capitaine, voyant qu'il hésitait. Que se passe-t-il ?

— Il y a une heure, en faisant ma ronde, j'ai rencontré Versencor sur le bord de l'eau, là-bas dans la direction du barrage ; il était trempé comme s'il sortait de la rivière ; en m'apercevant il a semblé assez embarrassé ; bref, il ne m'a donné que de mauvaises raisons, qu'un enfant de cinq ans ne croirait pas.

Le capitaine réfléchit un instant.

— Redouble de surveillance avec lui ; au plus léger indice, arrête-le, je réglerai son compte à mon retour.

— Pour plus de sûreté, il sera de mon expédition de cette nuit, de cette façon je ne le perdrai pas de vue.

— Prends garde qu'il ne te glisse entre les doigts, il est rusé comme un opossum.

— Bon ; nous serons à deux de jeu.

— A ton aise. Qu'on bride Black-Athol et Goliatt, pour ce gentilhomme et pour moi, et miss Lair pour la prisonnière : elle est douce, n'est-ce pas?

— Une bête d'amble, douce comme un agneau ; une vraie jument de dame.

— Les trois animaux seront harnachés en guerre, vivres, munitions, pistolets aux fontes et lazos.

— Je m'en doutais. Quand vous prenez Black-Athol et Goliatt, c'est que la course doit être rude. Combien de temps durera votre absence?

— Trois jours au plus ; tu ne quitteras pas l'île avant mon retour.

Camote hocha la tête.

— Et vous partez seul ?

— Avec ce gentlman, je te l'ai dit.

— Vous devriez prendre Tête-de-Plume.

— Pourquoi faire ?

— On ne sait pas ce qui peut arriver, deux hommes valent mieux qu'un.

— Mais nous sommes deux déjà.

— C'est possible, eh bien, alors vous serez trois, voilà tout.

— Fais donc ce que tu voudras, entêté.

— Merci, capitaine, répondit-il avec un sourire joyeux.

— Surtout mon absence doit être ignorée de tous.

— C'est entendu cela.

— Maintenant, va-t-en et fais entrer la prisonnière. A propos, lui as-tu dit quelque chose?

— Rien, capitaine; je ne suis pas bavard, vous le savez.

— C'est vrai; va.

Camote salua et se retira.

— Voilà un gaillard qui ne semble pas avoir grande confiance en moi, dit en riant le capitaine.

— Camote est un dogue pour la fidélité et le dévouement; mais, comme les dogues, il est défiant et jaloux; il se ferait tuer pour moi.

— Je ne lui garderai pas rancune de sa défiance; du reste, j'aime les hommes de cette trempe.

— Oui, ils sont précieux; malheureusement il faut un peu trop faire ce qu'ils veulent.

— Bah! quand c'est par dévouement, on ne saurait se plaindre.

En ce moment la porte s'ouvrit et une jeune fille entra.

Cette jeune fille était Angèle, ou Rosée-du-Soir, ainsi qu'il plaira au lecteur de la nommer.

Elle salua, et se tint inquiète et les yeux timidement baissés devant le capitaine.

Les deux hommes se levèrent et répondirent par un salut respectueux.

— Ma sœur est la bien venue, lui dit en souriant l'Outlaw en langue indienne; voici un siége préparé pour elle.

— Rosée-du-Soir est esclave, elle ne s'assoira pas devant son maître, répondit-elle d'une voix mélodieuse comme un chant d'oiseau, mais dont l'accent était ferme et net.

Rosée-du-Soir était une délicieuse enfant de dix-sept ans au plus, dans laquelle les deux races, blanche et rouge, dont elle était issue, semblaient s'être donné le mot pour produire un chef-d'œuvre.

Sa taille svelte, élancée, gracieusement cambrée, avait les ondulations serpentines des Américaines; ses longs cheveux, noirs comme l'aile du corbeau, tombaient presque jusqu'à ses pieds mignons, et quand elle les détachait elle pouvait s'en envelopper comme d'un manteau. Son teint avait ce reflet doré des filles du soleil, ses grands yeux bleus et rêveurs frangés de longs cils de velours, sa bouche ourlée de deux lèvres d'un rouge vif et garnie de dents éblouissantes, imprimaient à sa physionomie une expression qui ne se retrouve que dans quelques rares vierges du Titien.

Le marin fut ébloui de la beauté réellement merveilleuse de cette jeune fille, il ne supposait pas que la race américaine pût produire de tels prodiges.

En entendant sa réponse, le capitaine sourit doucement,

— Rosée-du-Soir n'a pas de maître ici; elle n'a que des amis.

19.

— Des amis! murmura-t-elle tandis que deux perles brillantes tremblaient à ses cils; puis-je le croire?

— Je vous le jure, jeune fille : je vous ai priée de venir ici afin de vous adresser mes excuses pour l'enlèvement dont vous avez été victime.

— Dois-je ajouter foi à ces paroles, monsieur, dit-elle en français.

— En douter serait me faire injure, répondit-il en adoptant la même langue; demain je vous aurai rendue à vos amis.

— Oh! merci! monsieur, s'écria-t-elle avec un sanglot.

Et tombant aux genoux du capitaine avant que celui-ci pût s'y opposer, elle lui saisit la main quelle lui couvrit de baisers et de larmes.

Tom Mitchell la releva respectueusement et la contraignit à se rasseoir.

— Vous étiez donc bien malheureuse ici? lui demanda-t-il doucement.

— Oh! oui, murmura-t-elle d'une voix entrecoupée.

— Cependant les ordres les plus sévères avaient été donnés pour...

— Je me plais à reconnaître, monsieur, que j'ai été traitée de la façon la plus honorable, entourée des soins les plus délicats; mais j'étais prisonnière, hélas! éloignée de ceux que j'aime et que mon absence plonge comme moi dans le désespoir.

— Pardonnez-moi, miss ; mes torts envers vous seront bientôt réparés, je l'espère. Demain, je vous le répète, vous reverrez votre famille à laquelle je vous aurai rendue.

— Oh! faites cela, monsieur, s'écria-t-elle avec élan, et je vous aimerai ! je vous aimerai comme un ami, comme un frère.

— Je m'efforcerai de mériter ce titre, miss Angèle. Ainsi vous ne me maudissez pas?

— Vous maudire, vous qui me rendez à ceux que j'aime ! Oh! non, je vous bénis du fond du cœur au contraire, et croyez-moi, monsieur, Dieu vous récompensera.

— J'en ai la conviction, miss ; Dieu ne saurait être sourd aux prières de l'un de ses anges les plus accomplis. La jeune fille rougit à ce compliment à brûle-pourpoint et elle baissa timidement la tête.

Le capitaine sourit de son embarras et il se hâta de changer le sujet de la conversation.

— Êtes-vous forte miss? lui demanda-t-il.

— Pourquoi m'adressez-vous cette question? monsieur.

— Parce que nous avons une longue course à faire avant de rejoindre vos amis.

— Qu'importe la fatigue! monsieur ; je suis forte puisque j'ai maintenant la certitude de les revoir.

— Il nous faut entreprendre un long voyage de

nuit à travers le désert, marcher vite par des chemins presqu'impraticables.

Elle frappa joyeusement ses mains mignonnes l'une contre l'autre, un charmant sourire éclaira sa physionomie et elle s'écria gaiement avec un délicieux accent de mutinerie :

— J'ai du sang indien dans les veines, monsieur, je suis la fille d'un brave chasseur canadien ! Ne craignez rien de moi, je ne ressemble pas aux femmes des villes, qui, dit-on, ne savent ni marcher ni courir ; mettez-moi à l'épreuve et vous verrez ce dont je suis capable, pour être plus tôt auprès de ceux que ma si longue absence désespère.

— Allons, je vois que vous êtes une brave et noble femme, miss Angèle. Venez, nous partons.

— Tout de suite? s'écria-t-elle vivement.

— Oui.

— Une seconde; je ne vous demande qu'une seconde.

— Que voulez-vous faire?

— Remercier Dieu d'avoir touché votre cœur, monsieur, et le prier pour vous.

— Faites, miss, répondit-il respectueusement.

La jeune fille croisa ses deux bras sur la poitrine, leva ses regards vers le ciel d'un air inspiré ; pendant quelques minutes, au froncement de ses lèvres coralines, il fut facile de deviner qu'elle priait; son visage rayonnait, ses yeux pleins de larmes avaient des éclairs étranges ; elles semblait transfigurée.

Les deux hommes, malgré leur rude écorce et leur dure nature, se tenaient respectueusement près d'elle, séduits, domptés, anéantis ; ils attendaient le chapeau à la main.

Lorsque sa courte et ardente prière fut terminée, la jeune fille eut un sourire d'une ineffable douceur et, s'inclinant câlinement vers les deux hommes désormais ses esclaves :

— Allons, messieurs, leur dit-elle de sa voix fraîche et mélodieuse.

L'Outlaw et le capitaine s'inclinèrent et ils la suivirent à la porte de la maison.

Camote attendait ; Tête-de-Plume tenait les chevaux en bride.

Tom Mitchell conduisit miss Angèle à la jument qu'il avait fait préparer pour elle, et lui tenant respectueusement l'étrier :

— Montez, madame, lui dit-il respectueusement.

On partit.

L'Outlaw après avoir échangé, dernière recommandation sans doute, quelques mots avec Camote, prit la direction de la petite troupe.

Le gué fut franchi sans encombre, la lune éclairait comme en plein jour.

Bientôt les quatre voyageurs se trouvèrent réunis en terre ferme.

— Maintenant, miss Angèle, dit Tom Mitchell placez-vous entre ce gentleman et moi. Bien, Tête-de-Plume, soutiens l'arrière-garde, et surtout veille mon gars. En avant !

Les quatre cavaliers détalèrent à fond de train ; bientôt ils disparurent dans les méandres du défilé.

XX

Où Tom Mitchell reconnaît que c'est une excellente spéculation d'être honnête homme.

C'était dans un des sites les plus sauvages et les plus abruptes du désert, un matin, un peu après le lever du soleil.

Cinq hommes traversaient une gorge étroite dans les montagnes dont les cimes chenues et couvertes de neige étaient à demi-voilées par l'épais brouillard que les rayons déjà ardents du soleil faisaient lever de terre.

Ces cinq voyageurs venaient de l'intérieur des mornes et ils se dirigeaient vers la plaine, qu'ils commençaient à apercevoir à une courte distance devant eux, traversée ou plutôt coupée en deux par le large cours du Missouri, dont les eaux limoneuses disparaissaient à demi sous les hautes herbes, les saules et les cotonniers qui bordaient ses rives.

Les cinq voyageurs dont nous avons parlé marchaient péniblement sur les cailloux qui pavaient la gorge, lit desséché d'un torrent disparu à la suite d'un de ces cataclysmes si fréquents dans ces régions.

Arrivés à l'extrémité de la gorge, ils s'arrêtèrent en poussant un soupir de satisfaction.

Leur tâche avait été rude : depuis plus de trois heures ils marchaient en trébuchant au milieu de ce fouillis de cailloux qui à chaque pas se dérobaient sous leurs pieds.

Quatre de ces hommes étaient des blancs, revêtus du costume des chasseurs de la prairie, le cinquième seul était Indien.

C'étaient Georges Clinton, Olivier, Balle-Franche, Bon-Affût et Numanck-Charaké.

Maintenant, comment ces cinq hommes se trouvaient-ils réunis à cette heure matinale dans cet endroit éloigné de plus de cent milles des parages qu'ils avaient coutume de fréquenter, et comment Georges Clinton et Bon-Affût faisaient-ils partie de cette réunion singulière ?

C'est ce que le lecteur ne tardera pas à apprendre.

— Eh ! fit Bon-Affût, m'est avis, compagnons, que nous ferons bien de nous arrêter ici.

— Nous arrêter, pourquoi? demanda Balle-Franche d'un ton de mauvaise humeur.

— Pour cent raisons toutes meilleures les unes que les autres.

— Quelle est la première, répondit sèchement le Canadien.

— C'est que vous, le chef et moi, si nous sommes aguerris à ces chemins endiablés, il n'en est pas de même de nos deux autres compagnons, vous auriez dû même vous en apercevoir depuis longtemps déjà.

Olivier et Georges Clinton essayèrent de protester.

— Non, non, dit loyalement Balle-Franche, je suis une brute, je le reconnais ; n'en parlons plus. Où campons-nous, Bon-Affût?

— Ici, ou là, où vous voudrez.

Les chasseurs s'arrêtèrent sous une futaie de gommiers gigantesques ; on alluma le feu, puis chacun s'assit et on prépara immédiatement le déjeuner.

— Ma foi! dit gaiement Olivier, j'avoue maintenant que j'avais besoin de me reposer ; j'étais rendu.

— Je ne pouvais plus mettre un pied devant l'autre, appuya Georges Clinton en s'étendant confortablement sur l'herbe.

— Avais-je raison ? murmura Bon-Affût.

— Je dis que je suis une brute, cela suffit, je suppose, grommela Balle-Franche.

— Parfaitement.

Numank-Charaké s'était chargé de l'office de cuisinier, devoir dont il s'acquitta à la satisfaction générale.

Deux minutes plus tard chacun mordait à belles dents à même d'un quartier de venaison grillé sur les charbons ardents.

Puis les gourdes furent débouchées et passèrent joyeusement de mains en mains ; ces braves jeunes gens avaient marché la nuit entière par des chemins impossibles, praticables à peine pour des chasseurs ; ils avaient un appétit de bêtes fauves.

Du reste, ils s'en donnaient à cœur joie ; bientôt il ne resta plus rien, ils avaient tout dévoré.

Lorsque la dernière bouchée fut disparue et la dernière goutte d'eau-de-vie absorbée, ils poussèrent un soupir énorme de satisfaction : leur appétit était enfin satisfait.

— Maintenant causons, voulez-vous? demanda Balle-Franche en lançant un regard oblique sur ses compagnons.

— Pardieu, dit gaiement Bon-Affût, il n'y a rien de meilleur, après un bon repas, qu'une bonne causerie en fumant sa pipe.

Cette déclaration, dont chacun reconnut la justesse et surtout l'opportunité, fut un signal : instantanément les pipes en terre rouge à tuyau de cerisier furent sorties de la ceinture, bourrées, allumées, et bientôt un nuage de fumée bleuâtre enveloppa comme d'une auréole la tête de chaque convive.

— Maintenant, Balle-Franche, parlez, dit gaiement Olivier entre deux bouffées.

— Messieurs mes amis, répondit Balle-Franche, mon cœur est triste; malgré moi j'éprouve un pressentiment qui me serre le cœur et me dit que cet homme me trompe.

Numank-Charakè redressa la tête.

— Je connais le chef pâle, dit-il de sa voix gutturale et en hochant sentencieusement la tête comme pour donner plus de force à ses paroles; c'est un homme dont la langue n'est point fourchue, sa parole est d'or : Balle-Franche a tort.

— Est-ce vous qui parlez ainsi, chef? s'écria le chasseur avec étonnement; comment, vous si intéressé...

— Numank-Charakè est un chef dans sa nation, interrompit vivement le Peau-Rouge, les paroles que souffle sa poitrine viennent directement de son cœur; celui qui méprise ses ennemis n'est pas un guerrier brave et s'expose à ce qu'on dise de lui qu'il n'a vaincu que des lâches; l'Ours-Gris, le chef pâle, est féroce, cruel et voleur; mais il est avant tout brave et loyal; ce qu'il a dit, il le fera, ce qu'il a offert, il le donnera. Est-ce nous qui sommes allés au-devant de lui? Non! nous l'avons traqué comme une bête fauve; blessé, mourant, nous l'avons voulu tuer, il nous a échappé, non par ruse mais grâce à son audace ; c'est un grand chef! Rien ne lui était plus facile que de se rire de nos menaces et se dérober à nos recherches ; qu'a-t-il fait? il nous a adressé un *collier* — lettre — dans lequel il nous invite à une entrevue dans le but, dit-il, de terminer à l'amiable le différend qui nous divise ? Est-ce le fait d'un homme faux et à double face cela? Non, c'est agir en guerrier brave et loyal. Voilà mon opinion; quoi qu'il arrive d'ici à quelques heures, je suis convaincu que si nous voulons avoir confiance en lui comme il a confiance en nous, l'avenir me donnera raison : j'ai dit.

Le chef ralluma alors sa pipe qui s'était éteinte pendant son discours, et il ne sembla plus prendre aucun intérêt à la conversation, bien qu'il continuât à prêter une oreille attentive aux paroles que les chasseurs échangeaient entre eux.

— Pour ma part, dit nettement Olivier, je trouve que le chef a bien parlé ; je partage son avis de tous points. Autant que je puis en juger, ce pirate ou cet Outlaw, ainsi qu'il vous plaira de le nommer, n'est pas un homme comme les autres ; il y a quelque chose en lui qui sort de l'ordinaire ; en un mot, ce peut être un brigand, mais, à coup sûr, c'est une nature d'élite, et jusqu'à preuve positive du contraire j'ai foi en sa parole.

— C'est possible, fit Balle-Franche en hochant la tête ; mais nul ne contestera qu'il est le chef des plus fiers bandits qui infestent le désert.

— Que prouve cela? dit vivement Olivier.

— Rien, je le sais; mais je soutiens ce que j'ai avancé: il n'y a pas à compter sur sa parole.

— Alors pourquoi-sommes nous ici? fit observer Georges Clinton.

— Ah! pourquoi? pourquoi? parce qu'on espère toujours malgré soi! Pardieu! C'est connu.

— Sans partager complétement l'avis de Balle-Franche, dit Bon-Affût, je crois qu'il sera bon de ne pas aller ainsi nous livrer à l'aveuglette entre les mains de ce bandit; on ne se repent jamais d'avoir été prudent.

— Soit, reprit Georges Clinton, soyons prudents, je ne demande pas mieux, moi; prenons toutes les précautions que vous jugerez convenables de prendre, je vous l'accorde; mais agissez de façon à ne pas faire soupçonner notre loyauté et notre confiance en la parole que cet homme nous a librement donnée.

— Cela peut facilement s'arranger, amis, répondit Bon-Affût avec un sourire narquois, laissez-moi faire et si, on veut me croire, tout ira bien.

— Eh pardieu! agissez à votre guise, compagnon; mieux que personne ici vous avez l'expérience du désert, nous ne vous empêchons pas de prendre des précautions, loin de là.

— La meilleure précaution à prendre avec un ennemi loyal, dit sentencieusement le chef, c'est de se fier sans arrière-pensée à sa parole.

— C'est bon, chef; vous pouvez avoir raison. Je ne discuterai pas avec vous bien que, je le répète, je sois étonné de vous entendre parler ainsi : je ne vous demande qu'une chose, c'est de rester neutre en cette affaire jusqu'à ce que le moment d'agir soit venu.

— Numanck-Charaké aime Balle-Franche, il est son frère, il fera ce que désire le chasseur, tout en regrettant d'être contraint de le faire.

— Je prends le blâme pour moi et je serai le premier à reconnaître mon tort si, en effet, je me trompe; un homme ne saurait en dire plus, quand même il parlerait à son père.

Le chef indien ne répondit pas, mais il baissa la tête en signe d'acquiescement, et sourit avec une ironie tellement aiguë que le chasseur en fut troublé au point de rougir.

— Je ne crains rien pour moi personnellement, dit-il.

— Eh! fit Bon-Affût en étendant le bras vers la rivière, que se passe-t-il donc là?

Tous les regards suivirent aussitôt la direction indiquée par le chasseur.

— C'est une pirogue dit Georges Clinton.

— Elle est montée par deux hommes, il me semble, reprit Bon-Affût.

— Ces deux hommes sont deux visages pâles, dit le chef au bout d'un instant, mes frères les connaissent bien; l'un est le vieux chasseur nommé l'Ouïe-Fine, l'autre celui que les fils de ma nation appellent Sans-Piste.

— Mon père et mon aïeul ! s'écria Balle-Franche au comble de la surprise. Vous vous trompez certainement, chef; quel motif les amènerait ici?

— Celui qui nous y amène nous-mêmes probablement, dit doucement Olivier.

Cependant la pirogue vigoureusement manœuvrée s'approchait rapidement, bientôt elle se trouva par le travers du campement des chasseurs ; alors elle se rapprocha brusquement du rivage et elle ne tarda pas à échouer son avant sur le sable.

Deux hommes débarquèrent.

Numanck-Charakè avait bien vu ; ces deux hommes étaient en effet le père et l'aïeul du jeune chasseur ; ils se dirigeaient vers le campement.

Les cinq aventuriers s'élancèrent joyeusement à leur rencontre.

Après que les premiers compliments eurent été échangés avec effusion entre les nouveaux venus et leurs amis, les Canadiens s'assirent devant le feu et, sur l'invitation qui leur fut faite, ils mangèrent quelques bouchées de venaison et burent une gorgée d'eau-de-vie.

— Nous sommes allés visiter notre parent Lagrenay, le squatter de la rivière du Vent, dit l'aïeul; il a reçu, à ce qu'il paraît, un message de Tom Mitchell.

— Oui, répondit Balle-Franche, nous nous trouvions à l'habitation quand ce message est arrivé; mais je crains bien...

— Que craignez-vous, mon fils ? demanda François Berger avec un accent un peu bref.

— Que cette feinte facilité du chef des pirates ne cache un piége.

Les deux vieux chasseurs échangèrent un sourire.

— Vous vous trompez, enfant, dit l'aïeul, Tom Mitchell est de bonne foi, il ne veut en aucune façon vous tendre de piége, ses vues sont droites.

— Nous en avons la certitude, ajouta François Berger.

Balle-Franche n'osa répliquer à une affirmation aussi nette ; il baissa silencieusement la tête.

— Nous avons fait diligence pour nous rendre ici, où nous savions vous rencontrer, reprit François Berger ; nous sommes heureux d'être arrivés à temps.

— Que voulez-vous dire ? demanda Olivier.

— Lorsque paraîtra Tom Mitchell, mon père et moi nous le recevrons.

— Mais c'est à nous ! s'écria Balle-Franche....

— Que le message est adressé ; je le sais, reprit son père, mais il convient que ce soit nous qui terminions cette affaire ; d'ailleurs, nous l'avons ainsi résolu, donc vous vous tiendrez à l'écart, s'il vous plaît, jusqu'à ce que tout soit fini.

— Mais, s'il y avait trahison, dit Balle-Franche avec insistance.

— Mon fils, répondit sentencieusement l'aïeul, la prudence est bonne, la méfiance dans certaines situations est une injure; songez-y. Votre père et moi nous savons mieux que vous ce qu'il convient de faire.

— Nous vous obéirons, répondit Olivier au nom de tous; nous n'assisterons que de loin à l'entrevue et nous ne viendrons près de vous que si vous nous en donnez l'ordre.

— Je vous remercie, dit en souriant le vieillard; tout ira bien, je vous l'affirme.

Et il leur fit un geste de la main comme pour les congédier.

Les cinq jeunes gens se levèrent, saluèrent respectueusement les deux vieillards et ils s'éloignèrent aussitôt dans la direction du rivage.

A deux portées de fusil du campement à peu près, il y avait un bois assez touffu de chênes et de gommiers. Les chasseurs entrèrent dans ce bois et bientôt ils eurent disparu sous la feuillée.

Demeurés seuls, les vieux chasseurs allumèrent leurs calumets indiens, et ils commencèrent à fumer, sans échanger une parole.

Depuis trois quarts d'heure environ, ils fumaient ainsi, lorsque François Berger laissa tomber sa pipe, se coucha sur le sol et appuya son oreille à terre.

— Ils approchent, dit-il, en se relevant.

— Je les ai entendus depuis quelques minutes déjà, répondit l'aïeul, combien sont-ils?

20

— Pas plus de quatre.

— C'est ce que j'avais supposé; il est de bonne foi.

— Vous êtes toujours déterminé.

— Oui. Les Indiens n'en ont pas besoin; les Yankées et les Anglais ne doivent pas en profiter.

— Vous êtes le maître, puisque c'est à vous, pour ainsi dire, qu'il appartient.

— C'est en effet aujourd'hui ma propriété; d'ailleurs, il doit servir pour le soutien d'une grande cause. Tom Mitchell n'est pas ce qu'il paraît.

— Je le sais.

— Et puis, j'ai un motif sérieux d'agir ainsi que je le veux faire; l'établissement sur le terrain même où il se trouve de ce squatter yankée.

— Oui, et les yankées ont le nez fin, il ne lui échapperait pas longtemps.

— C'est cela même, mon fils; je préfère qu'un Français en profite.

En ce moment un coup de fusil éloigné se fit entendre.

— Les voilà! dit François Berger.

Il se leva, plaça ses mains en entonnoir à sa bouche, et à deux reprises il imita avec une perfection complète le cri de l'épervier d'eau.

Un cri semblable lui répondit immédiatement et presque aussitôt, quatre cavaliers bien montés apparurent galoppant à travers les hautes herbes et se dirigeant vers eux.

Les deux vieillards se levèrent et attendirent.

Arrivés à une courte distance des chasseurs, les nouveaux venus s'arrêtèrent, mirent pied à terre; jetèrent la bride de leurs chevaux au quatrième, puis ils continuèrent à s'avancer.

Les Canadiens avaient leurs rifles en mains, les nouveaux venus ne portaient pas d'armes apparentes, ils avaient laissé les pistolets aux fontes ; les sabres au pommeau de la selle, et les rifles à terre.

A une centaine de pas des chasseurs, les étrangers échangèrent quelques mots à voix basse, deux d'entre eux ralentirent leur marche, tandis que le quatrième au contraire, s'élança en avant en courant avec la rapidité d'une gazelle ; en un instant Angèle, car c'était elle, fut dans les bras du vieillard; répondant par des cris de joie et des larmes de bonheur aux douces caresses qu'ils lui prodiguaient.

Tom Mitchell et son compagnon se tinrent discrètement à l'écart, puis lorsqu'ils virent que les premiers transports de joie commençaient à se calmer, ils s'approchèrent à leur tour.

— Soyez les bienvenus, messieurs, dit l'aïeul avec l'accent d'une dignité suprême, et il leur tendit la main.

L'Outlaw et le capitaine serrèrent avec empressement cette main loyale.

— Ai-je tenu ma promesse, dit en souriant Tom Mitchell.

— Noblement, je le constate, et je vous remercie, dit Berger avec émotion.

— Vous avez dignement réparé le mal que vous nous avez fait; oublions ce qui s'est passé, reprit l'aïeul. Maintenant, que désirez-vous de nous?

— Rien, dit-il nettement.

— Ainsi, vous n'exigez pas de rançon?

— Pourquoi en exigerai-je? vieux chasseur; je me suis laissé entraîner à commettre une mauvaise action, à l'instigation d'un homme, dont je ne dois pas prononcer le nom ici; bien que pirate, ajouta-il avec un sourire; je ne suis pas aussi noir que je le parais, le but que je me proposais, je sais à présent que je ne le pouvais atteindre, que mon complice, dans un but qui m'échappe, me trompait sciemment; je répare autant qu'il est en moi la faute que j'ai commise, je n'ai pas besoin d'autre récompense que celle de la joie, dont je suis témoin en ce moment.

— C'est bien, capitaine, merci encore, dit François Berger et embrassant sa fille une dernière fois : enfant, lui dit-il, ton frère est campé là-bas sous ces arbres, va le rejoindre.

— Oui, mon père, mais pas avant, si vous le permettez, d'avoir adressé au capitaine Mitchell mes remerciements les plus sincères pour les égards et les soins dont j'ai été entourée pendant tout le temps que je suis demeurée sa prisonnière.

— Vous ne me gardez donc pas rancune, mademoiselle ?

— Je vous conserverai une reconnaissance éternelle, car vous êtes bon, je le sais maintenant.

Et après s'être gracieusement inclinée et avoir fait de sa main mignonne un charmant geste d'adieu, elle partit en courant dans la direction de la forêt qu'elle ne tarda pas à atteindre et où elle disparut.

Les quatre hommes la suivirent un instant du regard.

— Il ne me reste plus qu'à prendre congé de vous, messieurs, dit l'Outlaw.

— Un moment encore, répondit l'aïeul, capitaine, cette récompense que vous ne voulez pas accepter, je dois vous forcer à la prendre.

Il fouilla alors dans sa gibecière et en retira un parchemin, plié en quatre.

— Voici la rançon de ma fille, dit-il.

— Monsieur !

— Acceptez, reprit-il avec un sourire engageant, c'est le titre de propriété de la vallée de l'Elan.

— Eh quoi, s'écria-t-il avec une émotion étrange.

— Oui, vous verrez marqué d'un point rouge sur le plan l'endroit où est enfoui ce que vous savez, je vous fais possesseur du terrain et de tout ce qu'il renferme, pas de dénégation, capitaine je le veux, vous voyez que les voies droites sont toujours les meilleures.

— Acceptez sans scrupule, capitaine, ajouta François Berger, ce que nous vous donnons est à nous seuls, nul autre que nous n'a le droit d'y prétendre.

— Puisque vous l'exigez, messieurs, j'aurais mauvaise grâce de me défendre plus longtemps d'accepter un présent auquel pour de puissants motifs j'attache un si haut prix.

— Je vous comprends, capitaine, reprit l'aïeul et je ne vous demande qu'une seule chose en retour.

— Parlez, monsieur, et quelle que soit cette chose.....

— Vous ne vous servirez de ce que je vous donne que dans un but honorable.

— Je vous le jure, monsieur.

— Je retiens votre parole et j'y ai foi, votre main capitaine et quittons nous en amis.

— Oh! oui, dit-il avec une émotion étrange chez un pareil homme, oui votre ami; je n'ai qu'un désir c'est que vous me mettiez à même de vous prouver mon dévouement.

— Qui sait, murmura le vieillard d'un air pensif, ce moment arrivera peut-être plus tôt que vous ne le croyez.

— Je serai toujours prêt à verser, s'il le faut, la dernière goutte de mon sang pour vous défendre, vous et les vôtres ou vous venger.

XXI

Une jolie chasse.

Plus de deux semaines s'étaient écoulées depuis le jour où s'étaient passés à l'habitation de la vallée de l'Élan, les événements rapportés dans un de nos précédents chapitres.

Josuah Dickson, ainsi que nous l'avons dit, après avoir péremptoirement signifié à sa famille son intention formelle de nouer des relations avec ses voisins, du bas et du haut du fleuve, s'était embarqué sans vouloir se rendre aux observations fort sensées de son frère qui s'était offert à lui fournir, sans qu'il eût besoin de quitter le défrichement, tous les renseignements qu'il voulait obtenir; il était parti avec Sam et Jack, ses fils cadets, le nègre Sandy, son serviteur, tous bien armés et approvisionnés de vivres, après avoir laissé la direction de son établissement à Harry, son fils aîné, sous la surveillance, bien entendu de Samuel Dickson.

Harry était un grand et beau garçon, vigoureux comme un Hercule, brun et intelligent, dans lequel, avec raison, son père avait une entière confiance; actif, laborieux, toujours le premier debout et le dernier à se livrer au repos; il était sans cesse à courir de tous les côtés, encourageant les ouvriers et les engagés, en faisant passer dans leur esprit l'ardeur dévorante dont il était animé.

C'était le type complet du squatter et du pionnier américain; habile à suivre une piste, connaissant à fond toutes les ruses indiennes, il montait à cheval comme un centaure et mettait au besoin, à cent yards de distance, une balle dans l'œil d'un tigre ou d'une panthère; comme son père il professait une horreur profonde, pour tout ce qui était attorneys, etc.; en un mot les représentants, quels qu'ils fussent, de la justice, ne trouvaient pas grâce à ses yeux et il eût volontiers fait cent mille tout d'une traite, pour éviter la rencontre de l'un deux. Passionné pour la vie au grand air et la liberté des frontières, tout frein, si léger qu'il fût, pesait à ses robustes épaules, il n'entrait dans une ville, qu'avec un sentiment d'effroi, et ne comprenait d'existence possible que celle du désert. Bien qu'élevé un peu à l'aventure, et qu'il fût sombre, taciturne, farouche même, il adorait sa mère, ses frères et sa sœur, et professait un profond respect pour son père, dont il admirait l'indomptable énergie; mais l'homme qu'il préférait entre tous, était son oncle Samuel; sur un signe de lui, il eût sans hésiter, accompli les actions les plus dangereuses et même les plus répréhensibles, si celui-ci l'eût exigé; en un mot il éprouvait un véritable fanatisme pour son oncle, s'était fait son aide, et admettait sans discusion et comme acte de foi tout ce que le vieux fermier disait ou faisait.

Un matin, un peu après le lever du soleil, Harry galoppait à travers la forêt déjà bien éclaircie ; il allait à deux ou trois lieues de l'habitation, surveiller une coupe de bois considérable, commencée la veille, dans le but de créer de grandes prairies artificielles et en même temps de dégager les bords du Missouri, afin d'établir des moulins à eau et diverses usines indispensables à la prospérité future de l'établissement; le jeune homme n'était plus qu'à une courte distance de l'endroit ou travaillaient les bucherons, lorsqu'un coup de sifflet modulé d'une certaine façon particulière et sans doute bien connue de lui, lui fit subitement dresser l'oreille et arrêter net son cheval, non sans jeter un regard investigateur autour de lui.

Presque aussitôt un cavalier parut; ce cavalier était un homme de cinquante ans passés, de haute taille, maigre, sec, nerveux, à la peau parcheminée, aux regards louches et à la mine chafouine, il montait une jument basse et étriquée dont on voyait pointer les os, qui trottait la tête entre les jambes et avait la queue rase et pointue, comme celle d'un rat.

Ce singulier personnage, aux manières obséquieuses et au sourire faux, était vêtu, bien que d'une façon sordide, comme les fermiers des frontières américaines : grand gilet, habit à basques, immense culotte courte en peluche, guêtres montant à mi-jambes et chapeau lampion.

Il ne portait pas d'armes; ou du moins, s'il en portait, il ne les faisait pas voir.

C'était un de ces hommes, dont on dit en les apercevant la première fois : C'est un bon homme, mais dont, après mur examen, on s'éloigne avec dégoût, en murmurant : C'est un vieux coquin.

— Eh ! eh ! mon jeune maître, dit l'étranger en saluant le jeune homme avec un sourire mielleux, vous voici de bien bon matin dans ces parages éloignés; me cherchiez-vous par hasard?

— Ma foi non, maître Lagrenay, répondit délibérément le jeune squatter, que le bon Dieu vous bénisse, si je pensais seulement à vous !

— Voyez-vous cela, reprit l'autre, avec son rire qui claquait comme des castagnettes, vous n'êtes pas aimable, savez-vous; puisque vous ne me cherchiez pas, pourquoi donc vous êtes vous arrêté en entendant mon sifflet ?

— J'ai cru que c'était un serpent, répondit Harry, d'une voix railleuse ; tenez vieux squatter, je ne sais pas mentir, moi ; c'est vrai, je vous cherchais.

— Ah ! vous voyez bien, fit-il en se frottant les mains.

— Attendez, laissez moi finir : je vous cherchais, mais pour vous dire ceci :

— Voyons un peu ce que vous voulez me dire.

— Je souhaite que cela vous fasse plaisir, dans tous les cas écoutez bien :

— Je ne perds pas un mot, allez.

— Je vous ai rencontré, je ne sais comment, j'ai fait votre connaissance, je ne sais pourquoi ; cependant m'est avis que cette connaissance ne saurait m'être profitable : vous m'avez parlé de certaines choses qui ne me plaisent pas, et m'ont suggéré des pensées que je crois mauvaises. Or, je vous invite à me laisser tranquille dorénavant, de ne plus vous trouver sur mon chemin, ou si par hasard nous nous rencontrons de nouveau de ne pas m'adresser la parole.

— Voyez-vous cela ! Vous êtes vif, mon jeune maître, et quel est s'il vous plaît, le motif de cette singulière résolution que vous prenez ainsi à l'improviste ? Je puis vous le demander, il me semble ?

— Libre a vous, vieux squatter, mais libre à moi

aussi de ne pas répondre; croyez-moi restons-en là, quittons-nous bons amis; une querelle avec moi ne vous servirait à rien ; donc allons chacun de notre côté: la prairie est vaste, il y a place pour vous et pour moi sans que nous nous gênions l'un l'autre.

— Voilà qui est fièrement parler, jeune homme : je dois donc conclure de tout ceci, que vous refusez mes propositions et rejetez mes offres ?

— Concluez comme il vous plaira, peu m'importe; seulement délivrez-moi de votre présence.

— Ce n'est pas trop, je le confesse ; ah! ah ! vous n'aimez donc pas l'or, jeune homme?

Harry haussa les épaules avec dédain.

— Vous me prenez pour un imbécile, vieux squatter : l'or ne pousse pas comme les champignons au pied des arbres, et puis je préfère, puisque vous l'exigez, vous dire le fond de ma pensée : je ne crois pas aux trésors enfouis dans les déserts, si ce trésor existait réellement, vous l'auriez gardé pour vous.

— Malheureusement je ne connais pas la place exacte, je vous l'ai dit, fit-il avec un soupir; sans cela je ne vous aurais pas proposé une association.

— J'admets cela à la rigueur ; mais comment se fait-il que jamais vous n'ayez pu me fournir la preuve que ce trésor, si trésor il y a, est bien a vous?

— Je vous ai dit que cette preuve m'avait été

dérobée, lorsque ma pauvre habitation a été pillée par ces scélérats d'Outlaws.

— Hum! tout cela n'est pas clair, tant s'en faut! vieux squatter; vous ne me ferez jamais croire que propriétaire d'un trésor immense, ainsi que vous l'affirmez, vous ayez d'abord préféré le laisser enfoui pendant de longues années, au lieu de l'enlever et de vous en servir; que vous n'ayez pas pris les précautions nécessaires pour reconnaître la cachette, et que ce ne soit enfin que depuis quelques jours seulement que la pensée vous soit venue de rentrer ainsi dans votre bien, en vous associant à un inconnu.

— A cela je vous répondrai que j'ignorais, qu'un établissement avait été récemment fondé dans cette vallée; aussitôt que j'en ai eu connaissance, je suis accouru afin de revendiquer ma propriété.

— Vous n'aviez rien à revendiquer et vous le savez fort bien; je suis jeune, mais j'ai assez d'expérience cependant pour ne pas me laisser tromper comme un sot par le premier venu auquel il plaira de m'en conter; allez au diable.

— Oui, oui, je vous comprends maintenant, reprit l'autre d'un ton incisif : maître de mon secret, vous ne seriez pas fâché de me dépouiller en vous appropriant mes richesses.

Un éclair de colère brilla dans l'œil noir du jeune homme; mais il se contint.

— Vous êtes un vieillard, je ne me querellerai

pas avec vous, dit-il, je ne veux pas que votre sang rougisse mes mains ; prenez garde cependant, je pourrais oublier que vous avez des cheveux gris.

— Vous êtes un enfant mutin et pas autre chose, fit le squatter d'un air paterne, si vous vouliez réfléchir vous reconnaîtriez...

— Taisez-vous, s'écria le jeune homme, assez longtemps j'ai écouté vos billevesées ; pourquoi ne vous êtes-vous pas adressé à mon père, il vous aurait répondu, lui.

— Je ne me suis pas adressé à votre père parce que...

— Parce que ? dit-il d'une voix menaçante.

Le squatter eut peur, il biaisa.

— Rien, dit-il, brisons-là, vous ne voulez pas, n'en parlons plus ; seulement souvenez-vous de ceci : vous vous en repentirez, mais il sera trop tard, eh ! eh ! vous verrez, mon jeune maître.

— Soit! Je ne veux rien ni de vous, ni par vous.

— Au revoir, maître Harry, l'honnête homme.

— Adieu, vieux drôle.

Ils se saluèrent d'un air narquois ; et le vieux squatter continua sa route.

Le jeune homme le suivit du regard jusqu'à ce qu'il l'eût vu disparaître à l'angle du chemin.

— J'ai bien fait de m'en débarasser, dit-il à part lui, c'est un misérable ; son offre cachait évidemment un piége.

En ce moment un rauquement sourd et prolongé se fit entendre à une courte distance.

— Hein! qu'est-ce là, fit l'Américain avec un tressaillement nerveux?

Un nouveau rauquement plus fort que le premier traversa l'espace et lui coupa la parole.

— Il y a des jaguars aux champs, murmura-t-il en flattant de la main son cheval qui couchait les oreilles, se cabrait sur place et était inondé de sueur.

— Dieu me protége! reprit-il, le vieux squatter est juste sur leur route.

Comme pour lui donner raison, au même instant, un cri lamentable, un appel désespéré vibra sinistre et terrible à son oreille.

— Cet homme est sans armes! s'écria-t-il, ce serait lâche à moi de le laisser aux prises avec un tigre.

Sans plus réfléchir, il appliqua si rudement les éperons aux flancs de son cheval, que l'animal hennit de douleur et s'élança à toute bride.

En quelques minutes l'animal affolé de terreur et de rage franchit un espace considérable; bientôt le jeune homme se trouva sous le couvert.

Alors un spectacle étrange s'offrit à ses regards étonnés.

Au centre d'une clairière assez vaste, traversée par un étroit ruisseau dont le ruban d'argent fuyait sous les glayeuls, le vieux squatter agenouillé derrière son cheval, haletant de terreur, se tenait les mains jointes et les yeux pleins de larmes, levés au ciel.

En face de ce groupe effaré, sur la maîtresse branche d'un gommier gigantesque, un magnifique jaguar, pelotonné comme un chat qui guette, fixait sur lui deux yeux de braise en passant avec complaisance sa langue d'un rouge de sang sur ses pattes étendues.

— Sauvez-moi ! sauvez-moi ! s'écria le pauvre diable avec un râle d'agonie, en apercevant le jeune homme.

— Je tâcherai, répondit laconiquement celui-ci.

Il mit froidement pied à terre et abandonna son cheval, qui s'enfuit en hennissant d'épouvante ; puis le rifle à l'épaule, il s'avança résolûment et se plaça devant le vieillard, qui tremblait comme s'il eût été en proie à la fièvre quartaine.

Le tigre n'avait pas bougé.

Son regard félin semblait couver ses victimes ; il se pourléchait avec une volupté radieuse, relevait les lèvres et montrait la double rangée de ses dents formidables.

Le jeune homme sourit.

— Voilà une noble bête, murmura-t-il, je ne voudrais pas gâter sa peau.

Singulière préoccupation dans un tel moment, mais qui caractérise le chasseur américain pour lequel l'argent est tout et le danger n'existe pas.

Tout à coup un rauquement assez éloigné résonna sous le convert.

Le tigre, sans quitter sa position et sans détourner la tête, répondit aussitôt, par un rauquement semblable.

— By god! s'écria l'Américain, ils sont deux! Quel dommage de troubler un aussi joli ménage!

A peine achevait-il ces mots, que le tigre s'élança; mais l'Américain était sur ses gardes; il lâcha la détente, le fauve tournoya dans l'espace et tomba comme une masse sur le sol.

Il était mort; une balle dans l'œil droit l'avait littéralement foudroyé.

— Un! s'écria le jeune homme en jetant son rifle, dégaînant son *Bowney-Knif* et s'enveloppant le bras avec son habit.

Presqu'aussitôt on entendit un furieux craquement de branches, et un second jaguar bondit sur le cheval du vieux squatter en enfonçant ses griffes puissantes dans les flancs haletants de l'animal, à demi-mort d'épouvante.

Harry se rua a corps perdu sur le fauve; il y eut une lutte indescriptible, qui dura plus d'une minute; le jaguar et l'homme roulèrent sur le sol en se débattant; puis l'homme se releva.

Le tigre gisait, le ventre ouvert, sur l'herbe qu'il rougissait de son sang.

— Voilà qui est fait, s'écria joyeusement le jeune homme. By god! quelle belle chasse! C'est plaisir d'avoir affaire à de si nobles bêtes. Allons, relevez-vous, vieux squatter ; tout est fini.

Mais l'autre n'avait garde de répondre : il était évanoui.

— Le diable soit de l'homme, murmura l'Américain, la moindre chose lui fait peur et il se pâme comme une femme.

Il enleva le vieillard dans ses bras robustes et le porta sur le bord du ruisseau ; là il commença a lui inonder d'eau le visage et la poitrine.

Ce traitement énergique obtint un prompt résultat, le vieillard poussa un soupir et entr'ouvrit les paupières.

— Vous m'avez sauvé, murmura-t-il.

— Je le crois, fit en riant le jeune homme ; l'affaire était rude hein ! vieux squatter; sans moi vous auriez eu de la peine à vous en tirer ; aussi pourquoi diable vous avisez-vous de sortir de votre habitation sans armes.

— Cela ne m'arrivera plus à l'avenir.

— Vous avez raison. Ah ça qu'allez vous faire maintenant? reprit-il, en lui montrant son cheval qui se tordait dans les dernières convulsions de l'agonie.

— Je ne sais pas, répondit le squatter d'un air hébété, tout en jetant autour de lui un regard dans lesquels se lisait clairement une extrême angoisse.

— Comment, vous ne savez pas ! Mais il faut retourner chez vous au plus vite, par le plus court chemin, et vous mettre au lit; vous me paraissez assez malade.

C'est vrai, je souffre; mais comment faire; Mon cheval est mort, pauvre bête, et, dans l'état où je suis, je me sens incapable de regagner mon habitation à pieds.

Le jeune homme haussa les épaules.

— Que diable faites-vous donc au désert avec ce courage de poule pattue, murmura-t-il avec dédain? C'est bien : attendez, je vais chercher mon cheval, je vous conduirai jusqu'en vue de votre hutte.

— Vous ferez cela? s'écria-t-il avec joie.

— Pourquoi ne le ferai-je pas? s'écria le jeune homme d'un air vague. Vous êtes un vieux coquin, c'est vrai; mais vous êtes un homme, et je ne me reconnais pas le droit de vous abandonner sans secours.

— Vous avez un cœur d'or.

— C'est bon, attendez; je suis à vous dans cinq minutes.

Et sans écouter les protestations du vieillard, le jeune homme s'éloigna vivement. Il n'eut pas de peine à retrouver son cheval. Le noble animal, bien que tremblant encore, arriva à son coup de sifflet; Harry se mit en selle et retourna aussitôt dans la clairière.

— Eh bien, demanda-t-il au vieillard, vous sentez-vous mieux? les forces vous reviennent-elles?

— Oui, maintenant je me sens bien.

— Alors mettez-vous en croupe, et partons.

Le squatter obéit sans répondre.

— Là vous y êtes? En route!

Et il s'élança.

Pendant tout le trajet, qui dura près d'une heure, ils n'échangèrent pas une seule parole ; Harry siflait le *Yankee doodle;* le squatter réfléchissait. Enfin ils arrivèrent en vue d'une charmante habitation bâtie sur le bord d'une rivière.

— Bon! Vous êtes chez vous, dit gaiement le jeune homme. Descendez.

Lagreney mit pied à terre.

— Ne viendrez-vous pas jusqu'à la loge? demanda-t-il d'une voix insinuante.

— Moi? répondit Harry, le diable m'emporte si j'en fais rien.

— Pourquoi me refuser? vous, mon sauveur!

— Ecoutez, vieux squatter : je vous ai sauvé, c'est vrai; sans moi vous étiez mort ; ce qui peut être n'en aurait que mieux valu pour tout le monde; maintenant restons en là ; vous voilà sain et sauf chez vous; grand bien vous fasse! nous ne nous connaissons plus.

— Attendez, attendez.

— Rien, adieu.

— Un seul mot.

— Dites-le donc, et que ce soit fini.

— Ce n'est pas une menace que je vous fais, c'est un avertissement que je vous donne.

— Parlez.

— Prenez garde.

— Hein ?

— Prenez garde et veillez.

— Expliquez-vous.

— C'est inutile, vous n'ajouteriez pas foi à mes paroles.

— Au fait vous avez raison.

— Souvenez-vous de mes paroles ; adieu et merci !

Le squatter se détourna alors et s'éloigna à grands pas dans la direction de son habitation.

Le jeune homme demeura un instant pensif.

— Ceci doit cacher un mystère, murmura-t-il, je veillerai.

Et il repartit au galop.

Cette singulière aventure eut des résultats étranges.

XXII

Comment le capitaine Tom Mitchell devint l'arbitre de ses ennemis et connaissances.

Depuis quelques semaines une agitation sourde régnait parmi les tribus du Haut-Missouri.

Cette agitation avait commencée le jour même du mariage de *Nouma-Hawa*, Rosée-du-Soir, fille de François Berger, le chasseur canadien, et sœur de Balle-Franche, avec le chef indien, Numank-Charaké.

Nous rapporterons succinctement les faits qui avaient causé cette agitation, qui, selon toutes les probabilités, ne devait pas tarder à dégénérer en une guerre générale.

Le mariage des deux jeunes gens devait se célébrer avec une splendeur peu commune chez les

Indiens; de grandes invitations avaient été faites.

Deux jours avant celui fixé pour l'union projetée, on avait vu arriver au village de nombreuse députations des principaux chefs des tribus voisines; des Kenh'as, des Indiens du sang, des Pieds-Noirs, des Assiniboins, des Mandanes; des Sioux même avaient fait leur entrée, revêtus de leurs plus splendides costumes de guerre et avaient été reçus par les Bisons-Hurons avec tous les honneurs exigés par l'étiquette indienne, si sévère en pareille cas.

Ces guerriers, au nombre de cinq cents au moins, avaient campé par tribus en face du village, où les principaux chefs seulement s'étaient établis dans les huttes des chefs hurons.

Quelques heures après l'arrivée des députations des Peaux-Rouges, une nouvelle troupe avait paru au loin dans la plaine se dirigeant, elle aussi, vers le village; mais cette troupe ne ressemblait en aucune façon à celles qui l'avaient précédée.

D'abord elle était fort nombreuse; car elle se composait de plus de trois cents cavaliers; ces cavaliers, appartenants tous à la race blanche, étaient revêtus du costume si théatral et si pittoresque des Rancheros mexicains, armés jusques aux dents, et faisaient gracieusement cabrer les magnifiques mustangs qu'ils montaient, et dont les harnais étaient d'une grande richesse.

Quatre cavaliers galoppaient en tête de ce formidable escadron.

Ces quatre cavaliers étaient Tom Mitchell, le capitaine Pierre Durand, Camote et Tête-de-Plume.

Car ces redoutables visiteurs n'étaient rien moins que les Outlaws.

Deux cavaliers se dirigeant aussi vers le village, galoppaient isolement à deux portées de fusil environ sur le flanc de la colonne.

Ceux-ci étaient Georges Clinton, et Charbonneau dit Bon-Affût, le chasseur canadien, attaché au service du jeune homme.

Rien n'avait été oublié pour donner un lustre extraordinaire à la cérémonie.

Cependant l'arrivée de Tom Mitchell à la tête d'une troupe aussi nombreuse causa une vague inquiétude aux guerriers peaux-rouges, que la réputation du célèbre outlaw remplissait de terreur.

Les Sachems les plus renommés de la tribu suivis des trois Canadiens, de Balle-Franche et d'Olivier, accoururent avec empressement à la rencontre des nouveaux venus, et leur firent l'accueil le plus cordial et le plus chaleureux.

Le capitaine Pierre Durand, qui avait quitté son déguisement, se tint caché un peu en arrière de ses compagnons et se cacha le bas du visage avec son zarapé.

Après l'échange des premiers compliments, Mitchell ordonna à sa troupe de camper à l'endroit même où elle se trouvait, et entra dans le village suivi seulement par le capitaine, et par Georges

Clinton et son chasseur qui les avaient rejoints.

Tous entrèrent dans la hutte de Louis Berger en abandonnant leurs chevaux à des enfants indiens qui les conduisirent au corral.

— Messieurs, dit Tom Mitchell aussitôt que la porte fut fermée et que chacun d'eux eut pris place autour d'une table chargée de rafraichissements de toutes sortes, je vous dois avant tout une explication.

— Une explication, capitaine ? je ne vous comprends pas, fit Louis Berger.

— Oui, monsieur, je vous dois l'explication, non point de ma présence ici puisque vous m'avez gracieusement invité, mais de mon arrivée à la tête d'une troupe aussi nombreuse et aussi formidablement armée.

— Ah ! ah ! En effet, capitaine, je vous avoue que nous avons tous été étonnés de vous voir une si redoutable escorte.

— C'est à ce sujet, messieurs, que je désire m'expliquer, en vous priant de répéter, sans y rien changer mes paroles aux chefs de votre tribu.

— Aux chefs de la tribu ? capitaine, un jour de fête comme celui-ci !

— Oui, il est important qu'ils soient instruits au plus vite de ce qui se passe ; l'affaire est plus sérieuse que vous ne le supposez.

— Rien n'est plus facile que de les prévenir : ils sont en ce moment réunis dans la grande hutte

Médecine; dans un instant ils seront ici. Je vais moi-même si vous le désirez...

— Gardez-vous en bien, tous les yeux sont ouverts, les espions sont aux aguets; cette démarche extraordinaire éveillerait les soupçons : c'est ce qu'il faut éviter à tout prix, la trahison vous entoure; la plus légère imprudence amènerait peut-être une explosion subite, qu'il faut prévenir par tous les moyens, jusqu'à ce que du moins vous soyez en mesure non-seulement de lui faire bravement face, mais encore de la comprimer.

— Il y a donc trahison?

— Trahison et complot, oui; mais rassurez-vous, je suis instruit de tout et j'espère que nous serons bientôt en mesure de déjouer le complot tramé dans l'ombre par deux misérables, dont l'un aveuglé par la passion est peut-être excusable, mais dont l'autre est malheureusement votre proche parent.

— Lagreney! s'écrièrent les quatre Canadiens d'une seule voix.

— En effet, ajouta Louis Berger, notre cousin a refusé l'invitation que nous lui avons faite...

— Sous des prétextes futiles, qui nous ont même fort étonnés, appuya François Berger.

— C'était cependant une belle occasion que nous lui offrions là de se réconcilier avec nous, reprit l'aïeul avec un soupir; mais que la volonté de Dieu soit faite, en toutes choses! Parlez, capitaine, nous vous écoutons.

Le capitaine Pierre Durand, sous prétexte de fatigue, s'était retiré dans la chambre de Balle-Franche où le jeune homme s'était empressé de l'installer.

Depuis quelques instants le jeune chasseur était rentré dans la pièce et, l'épaule appuyée contre la cloison, il écoutait attentivement la conversation.

— Dieu me pardonne d'accuser un parent, dit-il d'une voix triste ! Mais c'est moi qui ai porté l'invitation à notre cousin ; sa réception fut loin d'être cordiale : il semblait gêné devant moi, ne me répondait qu'à peine et, pendant tout le temps que je restai avec lui, ses regards erraient d'un côté et d'un autre, sans jamais qu'il les fixât sur moi ; il tressaillait au moindre bruit, et se hâta de me congédier, sans même m'offrir un gobelet d'ale ; de plus j'ai remarqué une foule de pistes singulières, qui se croisaient aux abords de sa hutte et s'enchevêtraient si bien les unes dans les autres, qu'il me fût complètement impossible de les reconnaître.

— Tout ce que dit mon fils n'est malheureusement que trop vrai, murmura François Berger.

— Mais vous avez parlé de deux hommes, capitaine, quel est l'autre ? demanda l'aïeul.

— L'autre, répondit l'Outlaw, l'autre est un Indien, un fils de cette tribu, renommé déjà quoique bien jeune encore, un chef enfin que vous connaissez tous.

— Tabush-Shah ! s'écria Balle-Franche.

— C'est vous qui l'avez nommé.

— Oui, oui, reprit le jeune homme, depuis quelque temps, sa conduite n'est point ce qu'elle devrait être, il hait Numank-Charakè, mon frère; d'ailleurs il a assez prouvé son mauvais vouloir, lors de la dernière expédition de Numank-Charakè qui a si misérablement avorté à cause de lui.

— En admettant, dit l'aïeul, que Tabush-Shah haïsse le chef, je ne vois là qu'une de ces défaillances de caractères si générales parmi les Indiens : cette haine est toute personnelle et n'est que le produit d'un sentiment trop vif de jalousie contre un rival plus heureux que lui à la guerre.

— Et en amour, dit nettement le capitaine.

— Comment, il aimerait...

— Votre petite fille, oui, et cela depuis longtemps, interrompit l'Outlaw : l'enlèvement de Rosée-du-Soir, et sa remise entre mes mains n'avait été convenue entre Lagrenay et lui que parce qu'il avait l'espoir, que la jeune fille lui serait ensuite livrée par moi, ainsi que je l'appris plus tard de la bouche même de Lagrenay.

— Mais grâce à vous, capitaine, le coup à manqué ; ma fille épouse Numank-Charakè, Tabush-Shah n'a plus d'espoir, objecta François Berger.

— Il a l'espoir de se venger d'abord, en tuant son rival, s'emparant de la femme qu'il aime et peut-être grâce à des dispositions fort bien prises, je dois en convenir, devenir possesseur du trésor que vous savez, et se faire nommer chef de cette tribu : Voilà en deux mots les projets de Tabush-Shah...; pour les accomplir, il s'est ligué avec Lagreney et presque tous les chefs Indiens, qui se sont rendus aujourd'hui à votre invitation.

— Oh! c'est une trahison horrible! Mais comment êtes-vous si bien instruit, capitaine?

— Qu'importe comment j'ai découvert cette trame, si j'en tiens tous les fils ; ignorez-vous donc que dans l'intérêt de ma propre sûreté, je suis obligé d'entretenir des espions dans toutes les nations indiennes, du haut Missouri ? Ce sont ces espions qui m'ont instruit ; maintenant vous voilà prévenus, c'est à vous de vous mettre sur vos gardes.

— Connaissez-vous le plan des conspirateurs ?

— Je le connais, et pour ce qui vous touche personnellement, je me crois en mesure de le déjouer : voilà pour quel motif je suis venu, à la tête d'une troupe aussi nombreuse, camper devant votre village, de plus j'ai laissé en arrière cinquante hommes résolus, qui ont des instructions détaillées ; occupez-vous donc simplement de ce qui regarde la sûreté des chefs de votre nation et particulièrement de celle des habitants du village.

— Mais que faire, capitaine?

— Prévenir les Sachems, vous tenir sur vos gardes et laisser aller les choses : il faut prendre ces misérables, la main dans le sac.

— Vous avez raison, et je vais...

— Surtout agissez avec la plus grande prudence, vous avez affaire à des ennemis bien rusés.

— Soyez tranquille ; merci de nous avoir avertis.

— Bah ! je ne fais que payer la dette que j'ai contractée, envers vous.

— A propos, quand a lieu l'enlèvement ?

— Demain soir.

— Très-bien, nous avons le temps d'agir alors.

Louis Berger se leva et quitta la hutte, suivi de son fils.

— Quant à vous, chasseur, ajouta le capitaine en s'adressant à Balle-Franche, ne pensez-vous pas qu'il serait important que vous vous entendiez avec Numank-Charaké, sur ce que vous comptez faire tous deux ?

— Je ne restais ici que par politesse, capitaine, je vous avoue que j'ai hâte d'instruire mon frère de ce qui se passe, et puisque vous m'y autorisez, ma foi ! je profiterai de votre permission.

— Surtout prenez garde de donner l'éveil sur vos projets.

— Ne craignez rien, répondit-il en riant, nous sommes Indiens contre Canadiens, le diable lui-même ne saurait dire lesquels sont les plus rusés. Vous êtes ici chez vous, capitaine, agissez en conséquence ; d'ailleurs mon absence ne sera pas longue, et il sortit aussitôt.

Il ne restait dans la salle que Georges Clinton, Charbonneau, Olivier et le capitaine.

— A nous deux maintenant monsieur Clinton, dit l'Outlaw en souriant, bien que notre connaissance se soit faite dans d'assez tristes conditions, je tiens à vous prouver que je ne vous garde pas rancune, et que je suis plus votre ami que vous ne le supposez.

— Je vous crois mon ami, capitaine, répondit le jeune homme, il n'y a rien entre nous qui nous puisse séparer.

— Au contraire, monsieur ; mais avant tout permettez-moi de dire deux mots à ce jeune Français.

— A moi ? monsieur, dit Olivier avec surprise.

— A vous-même, monsieur, et j'espère que bientôt vous me connaîtrez mieux et que vous serez convaincu de l'intérêt que je vous porte.

— Je vous rends grâces de cet intérêt, répondit-il avec une certaine froideur, bien que je ne comprenne pas...

— Entrez dans cette chambre, monsieur, et vous me comprendrez.

— Que voulez-vous dire ?

— Je veux dire, monsieur, que dans cette chambre que je vous désigne, vous trouverez un vieil ami.

— Un vieil ami! moi, monsieur ? s'écria-t-il, vous vous trompez ; vous ignorez sans doute qu'étranger en ce pays où je suis arrivé il y a quelques mois à peine, excepté les quelques personnes qui tout à l'heure étaient réunies ici, je n'ai aucune connaissance et par conséquent aucun ami.

— Peut-être, reprit-il toujours souriant; dans tous les cas, croyez-moi, entrez dans cette chambre; si je me suis trompé, si la personne qui s'y trouve n'est pas un de vos amis les plus chers, eh bien! le mal ne sera pas grand.

— C'est vrai, monsieur, et je vous avoue que votre singulière insistance m'intrigue malgré moi, et, quoi qu'il puisse arriver, je ne vois point pourquoi j'hésiterais plus longtemps à vous satisfaire.

— Allez, monsieur, allez; vous me remercierez, j'en suis sûr.

Olivier ouvrit alors la porte et pénétra dans la chambre de Balle-Franche.

— Revenons maintenant à notre conversation s'il vous plaît, monsieur Clinton, dit le capitaine en saluant le jeune homme avec courtoisie.

— Je suis à vos ordres, capitaine.

— Je n'ai pas tout dit à ces messieurs, lorsque j'ai dévoilé les machinations du squatter Lagreney et de son complice Tabusk-Shah; j'ai passé sous silence certains faits qui vous regardent seul.

— Moi?

— Vous allez juger par vous-même de la véracité de mon dire; seulement je vous prie de m'excuser si, en vous parlant aussi franchement et ce dans le but de vous rendre un véritable service, je me vois contraint de toucher à l'une des fibres les plus secrètes de votre cœur.

— Capitaine !

— Un mot seulement, reprit-il avec une certaine vivacité. Vous aimez chastement et passionément une jeune fille, dont il est inutile de prononcer le nom ici ; pour elle, vous avez tout abandonné avec joie et vous êtes venu, sans calcul, sans arrière-pensée, vous homme riche, considéré, appartenant essentiellement à la vie civilisée ; au fond de ces déserts terribles, au milieu de ces sauvages aux mœurs atroces, bravant pendant un long voyage sur des chemins à peine frayés des dangers qui souvent effraieraient des aventuriers poussés par le plus puissant mobile, la soif de l'or.

— Capitaine, en vérité, s'écria le jeune homme qui perdait contenance.

— Je n'ai que quelques mots à ajouter. Cette jeune fille si chaste et si pure, cette enfant qui se souvient de ses ailes d'ange oubliées dans le ciel ; cette créature chérie qui vous aime, et que son père refuse de vous accorder, vous l'avez revue ; vous espérez pouvoir vaincre la résistance que Josuah Dickson, pourquoi ne dirai-je pas son nom ? oppose à votre bonheur ; prenez garde, monsieur Clinton, un danger terrible est suspendu sur votre tête et menace de détruire à jamais votre bonheur.

— Au nom du ciel ! parlez ! s'écria le jeune

homme en proie à une animation étrange. Josuah Dickson...

— Ignore votre présence, ou plutôt votre voisinage; car vous vous êtes campé sur la frontière même de son défrichement; il ne sait rien, ne se doute de rien; le danger qui vous menace ne vient donc pas de lui.

— Mais alors?

— Allons, cher monsieur, vous êtes par ma foi d'une candeur par trop naïve, croyez-vous donc que les Peaux-Rouges ne voient pas clair et qu'ils n'ont pas d'yeux comme nous autres; tous les hommes, quelle que soit leur couleur et leur degré de civilisation, ont les mêmes passions et les mêmes vices; la nature les a tous coulés dans le même moule; seulement nous autres, gens civilisés, nous avons un vice de plus que nous devons à notre éducation, l'hypocrisie. Le Peau-Rouge est féroce, brutal, et marche droit à son but; voilà la seule différence qui existe entre eux et nous.

— Ainsi vous supposez?...

— Je ne suppose pas, monsieur, je suis sûr. Cherchez, furetez, informez-vous; c'est votre affaire, gardez votre bien, cela vous regarde seul, vous ignorez les ruses du désert? Qu'importe cela? N'avez-vous point auprès de vous un des chasseurs les plus expérimentés des grandes savanes. Laissez-vous guider par lui; il est honnête, dévoué, intelligent; il ne vous trompera pas; seulement, croyez-moi, si vous voulez sauver celle que vous aimez d'un malheur irréparable, plus horrible même que la mort, hâtez-vous ; vous n'avez pas un instant à perdre. Qu'en pensez-vous, Bon-Affût.

— Je pense que vous avez raison, capitaine, répondit franchement le Canadien, et que vous voyez clair.

— Merci de l'avis et de la façon dont il est donné. Je tiens un bout de la piste, ajouta-t-il avec un fin sourire, bientôt je tiendrai l'autre.

— C'est affaire à vous, et je sais que vous réussirez. Quand vous mettrez-vous en chasse, monsieur Clinton ?

— Le plus tôt possible, dit vivement Georges Clinton.

— Nous partirons ce soir, après le coucher du soleil, ajouta Bon-Affût.

— A la bonne heure, voilà qui est parler.

— Capitaine, quoi qu'il arrive, comptez sur moi comme sur votre ami le plus dévoué.

Et il lui tendit la main droite, que l'Outlaw serra dans la sienne.

— Je me souviendrai, dit Tom Mitchell.

— J'y compte, répondit le jeune homme.

En ce moment la porte de la chambre de Balle-Franche s'ouvrit.

Olivier et le capitaine Pierre Durand parurent.

XXIII

Où l'on explique au lecteur les cérémonies d'un mariage indien.

En même temps que le capitaine Durand et Olivier rentraient dans la salle par une porte, les trois Canadiens y rentraient eux par une autre ; de sorte qu'Olivier, dont le franc et loyal visage rayonnait littéralement de joie, fut contraint malgré lui d'ajourner à un moment plus opportun les remerciements qu'il se proposait de faire à l'Outlaw.

Cependant il s'approcha vivement de lui, lui saisit la main, qu'il serra chaleureusement, et d'une voix étouffée par l'émotion :

— Capitaine, lui dit-il, on ne reconnaît pas avec des mots les services immenses que vous m'avez rendus ; je sais tout ; disposez de moi, je vous appartiens.

— Je reçois votre promesse, répondit en souriant le capitaine : au besoin je vous la rappellerai.

— Soit ! je serai prêt à vous suivre et à vous obéir, comme à mon ami et à mon chef; mais cet homme, ce misérable qui m'est venu chercher jusqu'ici, vous me le livrerez.

— Non-seulement je m'y engage, mais encore, je remettrai entre vos mains les papiers précieux qui établissent d'une façon péremptoire et indiscutable vos droits à porter le nom et le titre qu'on prétend vous ravir.

— Merci, capitaine, merci.

— Mais laissons cela quant à présent, et venons au plus pressé c'est à dire aux moyens de sortir sains et saufs nos amis de la position terrible dans laquelle ils se trouvent.

La conversation devint alors générale.

Les deux vieux chasseurs canadiens avaient manœuvré avec leur habileté habituelle.

Les principaux sachems de la tribu étaient avertis et par conséquent sur leurs gardes.

Les grands braves de la nation prévenus par eux un à un étaient prêts à agir au premier signal.

Certains postes importants avaient été occupés sans affectation, certaines mesures fort graves, prises en sourdine.

Et tout cela avec une adresse telle, que nul des nombreux étrangers, qui en ce moment encombraient le village, ne s'en était douté.

Les Indiens et les chasseurs canadiens, habitant la tribu, affectaient une tranquillité si complète, une confiance si grande ; ils faisaient avec une si grande courtoisie les honneurs de leurs huttes à leurs hôtes, que les chefs ennemis, malgré toute leur astuce et leur habitude des coups de mains et des fourberies de toute sorte, n'avaient, malgré tout le soin qu'ils y avaient mis, pu rien découvrir, ni un regard, ni un sourire, ni un geste imprudent qui éveillât en eux le plus léger soupçon.

En apparence, tout le monde était content, joyeux, libre de soucis ; en réalité chacun avait la main sur ses armes, dans la prévision d'une lutte inévitable et prochaine.

Un peu avant le coucher du soleil, les cérémonies préparatoires du mariage commencèrent.

On entendit au dehors un grand bruit, produit par les chichikoués et les sifflets de guerre, faits d'un tibia humain, que les guerriers Peaux-Rouges portent tous pendus au cou ; et une nombreuse cavalcade, composée des principaux chefs de la tribu et de ceux des tribus étrangères, invités pour la solennité, s'arrêta devant la hutte des chasseurs, à la porte de laquelle Numank-Charaké, qui marchait en tête du cortège, frappa légèrement du bois de sa lance.

La porte s'ouvrit aussitôt et l'aïeul, ayant son fils à sa droite, et son petit-fils à sa gauche, parut sur le seuil.

— Qui êtes-vous et que demandez-vous? dit l'aïeul, d'une voix grave.

— Nous sommes des guerriers, qui nous rendons au grand conseil de la nation, répondit aussitôt Numank-Charakè, et nous demandons l'hospitalité pour une heure, afin de nous remettre de notre fatigue, et paraître décemment devant les chefs qui nous ont convoqués.

— Entrez au nom du Wacondah, et soyez les bienvenus dans cette humble demeure.

— Notre troupe est trop nombreuse, mon père, j'entrerai seulement avec deux de mes compagnons; les autres demeureront ici, où des rafraîchissements leur seront offerts.

— Agissez à votre guise : vous êtes le seul maître ici, tant qu'il vous plaira d'être mon hôte.

Numank-Charakè mit pied à terre, ainsi que Tabush-Shah et un autre chef, Sioux de nation, et tous trois pénétrèrent dans la hutte.

Des rafraichissements préparés à l'avance furent aussitôt portés aux guerriers qui restaient au dehors.

Sur un signe de l'aïeul, chacun prit place autour de la table.

— Encore une fois soyez les bien-venus, au nom du Grand-Esprit, mes hôtes reprit Louis Berger, en désignant à Numank-Charakè un siége à sa droite.

Les deux autres chefs s'assirent l'un auprès de François Berger, l'autre à côté de Balle-Franche,

Les rafraichissements circulèrent alors.

C'était de la bière, du wiskey, de l'eau de Smilax et d'autres boissons fermentées.

Les gobelets circulèrent à la ronde; au bout de dix minutes à peu près on bourra les calumets.

Louis Berger frappa sur la table et Rosée-du-Soir parut un réchaud d'une main; de l'autre elle tenait plusieurs baguettes médecines, destinées à allumer les pipes, afin que les doigts des fumeurs ne touchassent pas les charbons incandescents.

La jeune fille rougissante et les yeux timidement baissés s'approcha légère comme une gazelle; elle était adorablement belle en ce moment.

Numank-Charakè se tourna vers elle, la regarda un instant d'un air froid, que démentait l'éclat fulgurant de son regard, et s'adressant à l'aïeul :

— Cette charmante jeune femme est votre esclave sans doute?

— Non, répondit le vieillard, c'est la fille de mon fils; elle vient d'accomplir son dix-septième printemps.

— Elle est belle comme la vierge des premiers amours, dit Tabush-Shah d'une voix qu'on sentit trembler malgré lui.

— Ne songez-vous pas, dit l'autre chef, à l'unir à un guerrier renommé, dont elle préparera la nourriture, fourbira les armes et soignera le calli.

— Rosée-du-Soir est bien jeune encore, je ne

sais si son cœur a entendu déjà les gazouillements de l'oiseau au plumage azuré, qui illumine comme un rayon de soleil le cœur des jeunes femmes ; du reste, son père et moi nous la laisserons entièrement libre de s'unir au guerrier qui aura su lui plaire.

— Euah ! reprit le chef Sioux, le Wacondah tient dans sa main le cœur de ses créatures ; souvent la bouche incarnadine des jeunes filles se refuse à révéler les secrets que renferment leurs cœurs.

— Mon frère parle sagement, dit l'aïeul.

— Nous voici plusieurs chefs et plusieurs guerriers renommés, réunis autour de cette table, dit Tabush-Shah, aucun de nous n'est indigne d'aspirer à devenir l'époux de la fille de votre fils, pourquoi ne tenterait-on pas l'épreuve ?

— Tous mes hôtes désirent-ils qu'il en soit ainsi ? demanda le vieillard.

— Nous le demandons, répondirent d'une seule voix tous les assistants.

— Qu'il soit donc fait ainsi que vous le désirez ; enfant, vous avez entendu ?

La jeune fille s'inclina et sortit.

Un instant après, une autre femme indienne d'un certain âge, femme d'un des principaux chefs de la tribu, entra dans la salle et posa sur la table le réchaud et les baguettes médecines.

Chacun allongea la main vers la baguette.

Mais presqu'aussitôt Rosée-du-Soir reparut et s'avançant vers Numank-Charakè :

— Chef, lui dit-elle doucement de sa voix mélodieuse en lui présentant un calumet allumé, daignez accepter ce calumet que vous offre votre servante.

Numank-Charakè prit le calumet, en aspira la fumée pendant une minute ou deux, puis il se leva, et posant sa main sur l'épaule frissonnante de la jeune fille :

— Chefs, guerriers et chasseurs qui m'entourez, dit-il d'une voix ferme en promenant un regard fier sur les assistants, Rosée-du-Soir est l'épouse de Numank-Charakè, la femme d'un chef. Et présentant son gobelet à la jeune fille, à boire ! ajouta-t-il d'un ton de commandement.

Rosée-du-Soir remplit le gobelet.

Le chef y trempa ses lèvres et le lui passa ; la jeune fille but une gorgée. Le gobelet fit ensuite le tour de la table et revint vide aux mains de Numank-Charakè.

— Cette femme est maintenant mienne, le reconnaissez-vous, dit-il ?

— Nous le reconnaissons.

— Demain, je la conduirai dans mon calli.

— Nous désirons la conserver quelques jours encore, dit l'aïeul.

— Pas une heure, pas une seconde de plus que je l'ai résolu.

— Vous l'enlèverez donc malgré nous, alors ?

— Oui, s'il le faut, répondit-il d'une voix fière.

Sur ces paroles chacun se leva ; Rosée-du-Soir s'était retirée.

— Dans une heure la rançon de Rosée-du-Soir sera payée, reprit le chef.

Il sortit suivi des deux autres Indiens et accompagné de tous les assistants.

Les trois chefs montèrent à cheval ; Numank-Charakè salua gracieusement.

— A demain, dit-il en se remettant à la tête du cortège.

Les cavaliers partirent alors au galop et les Canadiens rentrèrent dans leur demeure.

Une heure plus tard, ainsi que l'avait annoncé le jeune chef, de riches présents en chevaux, armes et fourures formant la rançon ou plutôt la dot de Rosée-du-Soir furent portés à la hutte par plusieurs guerriers indiens, qui remportèrent en se retirant des présents non moins précieux et non moins magnifiques pour Numank-Charakè.

Tous les rites préparatoires avaient été scrupuleusement accomplis selon les exigences de l'étiquette indienne; qu'on ne sourie pas, sous Henri III et Louis XIV l'étiquette n'eut jamais en France d'exigences aussi grandes ; d'ailleurs à quoi bon s'étonner ? Qu'ils soient blancs, noires, jaunes, rouges ou seulement bistrés, partout les hommes ne sont-ils pas les mêmes, vils, bas, rampants jusqu'à la bassesse ; sauvages ou civilisés, tous se laissent prendre par un titre, un cordon ou un ruban, cripeaux misérables, dont celui qui les donne se rit le premier ; car plus que tous il est à même de juger les individus qui s'applatissent devant lui et de jauger à sa juste valeur l'ignominie honteuse de la bêtise humaine. Les oripaux et l'uniforme font tout, et cependant, dit l'Évangile, nous sortons, tous de la même côte.

Hélas ! il y a dans le fumier humain des immondices que, sous peine d'asphyxie foudroyante, il n'est point donné à un honnête homme de sonder : donc n'allons pas plus loin et résumons-nous en constatant cette triste et trop flagrante vérité :

Le plus méprisable de tous les animaux jetés sur cette terre est l'homme ; parce qu'il se glorifie de sa propre bassesse et s'en fait un marchepied ignoble pour arriver à ce qu'il appelle les honneurs, et qu'il atteint en faisant un Dieu, ou plutôt une idole, du fétiche misérable auquel sa honteuse ambition a seule trop souvent donné une valeur relative.

J'aime encore mieux les Peaux-Rouges, ils sont féroces, brutaux ; mais au moins ils marchent droit à leur but et n'ont inventé des croix ou des ordres d'aucunes sortes : donc je reviens à eux.

La nuit fut calme.

Rien ne faisait prévoir la lutte sourde engagée entre Numank-Charaké et Tabush-Shah, lutte qui cependant ne devait pas, selon toutes les prévisions tarder à éclater au grand jour.

Le lendemain se passa en fêtes et en festins.

L'Outlaw avait quitté les squatters et s'était retiré dans son camp, accompagné du capitaine Durand, d'Olivier, de Georges Clinton et de Charbonneau.

Un peu après le coucher du soleil Tom Mitchell avait fait monter à cheval cent hommes des plus résolus de sa troupe, avait laissé le reste du détachement sous les ordres de Camote et s'était éloigné avec ses amis, cela si doucement et avec tant de précautions que nul ne s'était aperçu de son départ.

Selon la coutume indienne, l'homme qui prend femme la prend dans toute l'acception du mot, c'est-à-dire qu'il l'enlève de vive force et s'enfuit avec elle dans la savane; puis il revient deux jours après au village menant sa femme en croupe, sacrifie, devant la hutte de son beau-père, une jument qui n'a pas porté, en arrache le cœur avec lequel il fait une croix sur le front de sa femme et sur le sien, et tout est dit : le mariage est conclu, l'union consommée.

L'étiquette indienne l'exige ainsi.

Numank-Charakè avait garde d'y faillir; de leur côté les Canadiens savaient parfaitement quel rôle ils devaient jouer en cette circonstance.

Vers dix heures du soir, au moment où tous les bruits s'éteignaient dans le village, la hutte de Louis Berger fut assaillie de tous les côtés, cette fois, par une troupe de guerriers indiens, ayant à sa tête Numank-Charakè.

Les trois Canadiens sortirent bravement au-devant des assaillants.

— Que voulez-vous? demanda Louis Berger.

— Ma femme, que vous retenez indûment, répondit le chef.

Et sans plus de pourparlers, le combat commença; combat peu terrible.

Trois hommes tirèrent quelques coups de fusils en l'air par acquis de conscience et pour constater une résistance acharnée que chacun savait fictive; la jeune fille fut enlevée comme une plume légère sur le cheval du Numank-Charakè, et toute la troupe s'enfuit ventre à terre en poussant des hourras de triomphe.

Cette troupe se composait d'une centaine de guerriers au moins, appartenant presque tous aux tribus invitées au mariage dix ou douze guerriers du village, tout au plus, parmi lesquels se trouvait Tabush-Shah, accompagnaient le jeune chef.

A peine les ravisseurs avaient-ils disparu en emportant cette charmante proie, que Balle-Franche sortit de la hutte et siffla d'une certaine façon.

Aussitôt apparurent, comme par enchantement, des guerriers montés sur leurs mustangs et armés jusqu'aux dents, qui vinrent instantanément se ranger auprès du jeune homme.

Celui-ci était déjà à cheval.

— En avant! cria-t-il d'une voix stridente en brandissant son fusil au-dessus de sa tête.

Les guerriers se courbèrent sur le cou de leurs chevaux et partirent comme un tourbillon.

Ce fut pendant près d'une heure une de ces courses insensées dont nulle plume ne saurait rendre les émouvantes pérépéties.

Les chevaux, semblant s'identifier avec la pensée de ceux qui les montaient, couraient dans la nuit avec la vélocité terrible des coursiers fantastiques des ballades allemandes, franchissant tous les obstacles, enjambant les ravins, gravissant les collines, sautant les précipices, sans un seul instant ralentir leur allure.

Au bout d'une heure, les chevaux haletaient; cette course affolée les rendait furieux; ils ne sentaient plus ni le mord, ni la bride et piquaient tout droit devant eux comme poussés par la fatalité.

— En avant! en avant! criait Balle-Franche, d'une voix stridente.

Et on redoublait d'ardeur et la course prenait des proportions inouies.

Ceux qui tombaient, on leur passait sur le corps, sans s'en inquiéter, sans même les voir : il fallait arriver.

Soudain des coups de feu se firent entendre, des lueurs sinistres rayèrent les ténèbres; un combat acharné se livrait à peu de distance.

Balle-Franche piqua son cheval de la pointe de son poignard.

— En avant! cria-t-il une dernière fois.

Les chevaux firent un effort suprême, et se ruèrent comme un ouragan au milieu de la mêlée.

Les guerriers poussèrent leur cri de guerre et se mêlèrent aussitôt à lutte.

Un second cri de guerre poussé par une troupe de cavaliers qui arrivait du côté opposé leur répondit.

Il était temps que ce double secours arrivât à celui qu'ils venaient secourir.

Numank-Charakè, attaqué à l'improviste par ceux qui lui faisaient escorte, mais averti et par conséquent se tenant sur ses gardes, s'était vivement jeté à bas de son cheval, en enlevant sa femme dans ses bras.

Le brave jeune homme s'était adossé contre le tronc énorme d'un acajou et, entouré des sept ou huit guerriers qui lui étaient demeurés fidèles, il avait héroïquement entrepris cette lutte impossible, de dix hommes résolus à se faire tuer plutôt que de se rendre, contre cent acharnés à les sacrifier à leur haine.

Rosée-du-Soir avait été cachée sous un amas de feuilles au pied même de l'arbre, et le combat avait commencé terrible et sans merci.

De tous ses compagnons, deux restaient seuls debout ; cependant Numank-Charakè combattait encore. Lui et ses deux compagnons haletaient, accablés de fatigue ; leur sang coulait par plusieurs blessures légères, à la vérité, mais ils sentaient leurs forces les abandonner. Quelques minutes encore, ils étaient perdus ; ils le sentaient et redoublaient des efforts déjà prodigieux. Leurs ennemis aussi le sentaient; de leur côté ils savaient le prix des minutes qui leur restaient et se précipitaient avec une rage folle contre ces trois titans qu'ils ne pouvaient réussir à abattre.

Ce fut en ce moment que le double secours arriva. Pendant près de dix minutes il y eut une mêlée indescriptible, un carnage horrible.

Puis un grand silence se fit.

Silence lugubre, sinistre, qu'aucun cri de triomphe ne troubla pendant un instant.

Tous les traîtres étaient morts, un seul excepté; celui surtout qu'on voulait atteindre : Tabust-Shah !

Il avait fui ; comment ? nul n'aurait su le dire.

Il avait combattu comme un démon avec toute la rage du désespoir ; puis tout à coup au moment où Balle-Franche, après l'avoir abattu d'un coup de crosse, se jetait à corps perdu sur lui pour s'en emparer, il avait glissé littéralement entre ses doigts comme une couleuvre, et avait disparu sans qu'il fut possible de le retrouver.

Le premier soin de Balle-Franche et de Tom Mitchell qui commandait la seconde troupe fut de chercher Numank-Charaké.

Des torches furent allumées.

Le champ de bataille présentait un aspect horrible : les cadavres étaient amoncelés autour de l'arbre ou le combat avait été le plus acharné.

Il fallut se frayer un passage au milieu d'eux, pour parvenir jusqu'à Numank-Charaké et ses deux braves compagnons, qui de ces cadavres s'étaient fait un rempart.

Les trois braves guerriers chancelaient comme des hommes ivres : la lutte insensée qu'ils avaient si longtemps soutenue, tout en décuplant leurs forces, leur avait causé une surrexcitation nerveuse telle que, maintenant qu'ils n'étaient plus soutenus par l'ardeur fébrile du combat, tout leur être se trouvait subitement annihilé ; ils ne voyaient plus, ne sentaient plus ; ils n'avaient même plus la force de balbutier une parole, et gisaient inertes et sans pensées sur les cadavres de leurs ennemis morts.

Leurs amis eurent grand peine à les faire revenir a eux ; ce ne fut qu'à force de soins et de précautions qu'on réussit à les rappeler à la vie.

Les forces de l'homme ont des limites quelles ne sauraient impunément dépasser : l'héroïsme, si beau qu'il soit en fait, est souvent fatal ; ce fut ce qui cette fois faillit arriver.

Heureusement, les chastes et attentives caresses de Rosée-du-Soir, les soins empressés et intelligents des chasseurs et de Tom Mitchell réussirent presque à opérer un miracle.

Les trois guerriers revinrent peu à peu à la vie ; réconfortés par les cordiaux que leurs amis leur administrèrent, et surtout enorgueillis par la victoire impossible qu'ils avaient remportée, ils se sentirent enfin assez forts non-seulement pour se relever car, nous le répétons, par un hasard étrange leurs blessures n'étaient que des estafilades légères et sans importance, mais bientôt il leur fut possible de remonter à cheval et de reprendre au petit pas le chemin du village.

Numank-Charakè avait insisté d'abord pour accomplir jusqu'au bout les rites imposés par l'étiquette à la cérémonie du mariage ; mais ses amis parvinrent enfin à lui faire comprendre que ce serait folie à lui de s'opiniâtrer à demeurer seul dans le désert, où ses ennemis ne tarderaient pas à revenir poussés par le désir de venger la mort des leurs.

Au point du jour les deux troupes réunies, et conduisant triomphalement au milieu d'elle le chef et sa jeune épouse, entrèrent dans le village.

Les tribus invitées à la cérémonie avaient disparu, abandonnant chacune à la place où elles avaient campé un paquet de flèches dont les pointes étaient tachées de sang et qui étaient liées par une peau de couleuvre.

Ce qui était une déclaration de guerre dans toutes les règles.

XXIV

Comment Lagrenay reçut une visite à laquelle il ne s'attendait pas, et ce qui en advint.

Il était environ huit heures de soir, le vent sifflait en foudre et faisait s'entrechoquer avec des bruits sinistres les branches dégarnies de feuilles des arbres de la forêt, les abois saccadés des loups rouges se mêlaient aux miaulements rauques des jaguars sous les couverts ; le Missouri roulait à grand bruit ses eaux limoneuses, qui se brisaient en vagues énormes sur le rivage. Tout le monde dormait ou semblait dormir sur la plantation du squatter Lagrenay.

Seul, le vieillard veillait encore.

Assis auprès du feu mourant de l'âtre, dans son fauteuil de canne, la tête dans les deux mains, les coudes sur une table boiteuse, le squatter lisait ou plutôt restait les yeux fixés sur une Bible posée devant lui, et que la lueur sordide d'une lampe fumeuse éclairait à peine.

Son chien, énorme dogue aux oreilles droites, à l'œil sanglant et à l'aspect féroce, était couché à ses pieds, le museau allongé sur ses pattes de devant, prêtant l'oreille au moindre bruit suspect et faisant parfois entendre des grondements sourds et contenus.

Lagrenay lisait-il? Cela n'était point probable : depuis plus d'une heure ses yeux demeuraient fixés sur la même page; son livre lui servait de contenance, voilà tout, et ne gênait en rien le travail de sa pensée qui, à en juger par le froncement progresif de ses épais sourcils, devenait de plus en plus ardent au fur et à mesure que le temps s'écoulait.

Déjà à plusieurs reprises le squatter avait dirigé avec une impatience mal dissimulée ses regards sur un vieux coucou à gaîne, placé dans un angle de la pièce, qui entre parenthèse était la chambre d'apparat de la hutte, et il les avait ensuite reportés sur sa Bible graisseuse, lorsqu'un sifflement doux, bizarrement modulé à la façon de celui du crotale, se fit entendre au dehors.

D'un bond l'homme et le chien furent debout.

L'homme saisit un fusil accroché au manteau de la cheminée, le chien hérissa son poil, releva ses lèvres, ce qui laissa voir la double et formidable rangée de dents qui garnissait sa mâchoire, et poussa un grondement sourd, en fixant son œil intelligent sur son maître.

— La paix, Rock, la paix ? dit le squatter à voix basse, en flattant l'animal de la main. La paix ! c'est un ami.

Le chien cessa de gronder et se rangea derrière son maître.

Celui-ci s'approcha de la porte contre laquelle il appliqua son oreille.

— Qui est là ? demanda-t-il, en étouffant sa voix.

— Un ami, répondit-on aussitôt.

— Bien peu d'amis rôdent avec de bonnes intentions à cette heure de nuit dans la savane.

— Je le sais ; mais moi je suis attendu. Neuf heures sonnent, la lune se lève, me voilà ! Ouvrez.

Cette phrase était sans doute un signal, car la porte fut ouverte aussitôt.

Seulement, au lieu d'un homme, deux pénétrèrent à la fois dans la hutte.

— Que signifie cela ? s'écria le squatter en se mettant en défense, tandis que son chien se jetait bravement devant lui.

— Baissez votre fusil et retenez votre chien, vieux chasseur de rats musqués, dit un des arrivants, nous ne vous voulons pas de mal, nos intentions sont amicales.

— Qui me le prouve? reprit-il vivement, sans quitter son attitude menaçante. Je n'attendais ni l'un ni l'autre de vous.

— C'est juste. Supposez que nous vous demandons l'hospitalité, nous la refuserez vous?

Le vieillard hôcha la tête d'un air de doute.

— Comment se fait-il que vous m'avez répondu justement les mêmes paroles que devait prononcer celui que j'attendais.

— Peut-être est-ce hasard, peut-être est-ce autre chose; dans tous les cas je vous répète, que quand à présent du moins vous n'avez rien à redouter de nous et que, si plus tard la situation change, ce sera vous seul qui l'aurez voulu.

— Soit! fit-il en laissant retomber la crosse de son fusil à terre, je me fie à vous. Couchez-vous, Rock. Entrez, messieurs, vous êtes mes hôtes.

— Merci.

Et ils entrèrent.

Lagrenay jeta une ou deux bourrées dans le feu, raviva la lumière de la lampe, retira d'une armoire un quartier de venaison, une miche de pain, un pot de double-ale et une botte d'eau-de-vie de France qu'il posa sur la table, approcha des sièges et saluant les étrangers :

— Asseyez-vous, dit-il, buvez et mangez sans crainte, vous êtes mes hôtes et sous la sauve-garde de mon honneur.

Il s'assit, les deux hommes l'imitèrent et tous

trois commencèrent à manger et à boire comme s'ils eussent été de vieux amis.

Cependant, selon la coutume des frontières, les convives avaient gardé leurs armes à portée de la main.

Lorsque leur appétit fut à peu près calmé, on alluma les pipes et Lagrenay se tournant vers ses hôtes jugea que le moment était venu d'entamer la conversation et d'apprendre ce qu'il avait à espérer de bon ou de mauvais de ces deux hommes, qui s'étaient introduits par surprise et presque de force chez lui.

— Maintenant, messieurs, dit-il avec un sourire un peu contraint, daignerez-vous me dire qui vous êtes et quel motif assez sérieux vous amène de nuit dans mon humble demeure.

— Vous ne nous connaissez pas, master Lagrenay, répondit celui des deux étrangers qui jusqu'à ce moment avait seul porté la parole? Cela m'étonne, car nous sommes aussi voisins qu'il est possible de l'être sur la frontière.

— Je ne dis pas non, messieurs, seulement c'est, je crois, la première fois que j'ai l'honneur de vous voir.

— Je le suppose aussi, d'autant plus que depuis mon établissement près d'ici, j'ai peu couru les environs et que de plus j'ai fait un assez long voyage, dont je ne suis revenu qu'aujourd'hui dans l'après-dînée. Ma première visite a été pour vous. Je

23.

n'ai pas perdu de temps, comme vous le voyez.

— En effet, et cette grande hâte que vous avez mise à vous rendre ici ne fait qu'accroître mon désir de vous connaître.

— Qu'à cela ne tienne, master Lagrenay, je me nomme Josuah Dickson, et voilà mon frère Samuel. Nous sommes les nouveaux propriétaires de la vallée de l'Élan. Et j'ajoute que nous sommes tout à votre service. Là, maintenant, la connaissance est faite, je présume.

— Parfaitement, messieurs, parfaitement, répondit vivement Lagrenay dont le visage s'était tout d'un coup éclairci, j'ai même reçu un service éminent de votre fils Harry, master Josuah, il y a quelques jours ; il m'a sauvé la vie tout simplement.

— Oui, il m'a dit quelques mots de cette affaire, mais ce sont de ces services qu'on est journellement appelé à se rendre sur la frontière ; et le jeune homme n'y pense plus, je vous assure.

— C'est possible, master Josuah, mais moi qu'il a sauvé d'une mort horrible.

— Eh bien ?

— J'en ai conservé le souvenir.

— A votre aise ! Maintenant parlons d'affaire.

— Le rendez-vous que vous aviez assigné à mon neveu avait-il trait à ce service, demanda Samuel ?

— Précisément, master Samuel, dit Lagrenay, je tiens autant que cela m'est possible à me mon-

trer reconnaissant du bien qu'on me fait, de même
que je sais venger les injures que je reçois.

— Ceci est le fait d'un brave homme ; d'ailleurs
la loi des frontières ne dit-elle pas : œil pour œil,
dent pour dent.

— C'est vrai, et cette loi est juste.

— Je ne le conteste pas; mais si cela vous est
égal, nous reviendrons à mon neveu; et si rien ne
s'y oppose, veuillez nous faire savoir les motifs qui
vous avaient engagé à lui donner rendez-vous ce
soir.

— Je n'ai aucune raison pour ne pas vous satisfaire : ces motifs sont honorables, vous en jugerez
bientôt par vous-même; cependant je désirerais
savoir pourquoi c'est vous, messieurs, et non lui,
qui êtes venus à ce rendez-vous.

— Rien de plus simple, master Lagrenay, répondit Josuah, ainsi que je vous l'ai dit, je suis
aujourd'hui-même rentré chez moi après, un voyage
sur le bas de la rivière, qui a duré près d'un mois.
Avant mon départ, j'avais chargé Harry, mon fils
aîné, de diriger l'habitation ; à mon retour, il m'a
naturellement rendu compte de ce qui s'est passé
dans la vallée pendant mon absence : voilà tout
le mystère.

— Je n'avais point besoin de cette explication,
croyez-le, master Josuah ; cependant je suis content que vous me l'ayez donnée, la position est
maintenant nette et claire entre nous.

— Je le suppose, master Lagrenay, d'autant plus que si vous avez réellement à traiter de choses sérieuses, mieux vaut, il me semble, le faire avec des hommes comme mon frère et moi, qu'avec un enfant qui a à peine barbe au menton.

— Ceci est parfaitement juste ; mais l'affaire, vous regardant personnellement, il vaut mieux de toutes façons que ce soit avec vous que je la traite.

— Bien parlé, master Lagrenay, nous vous écoutons.

Le vieux squatter se recueillit pendant un instant, puis il sembla prendre définitivement son parti et affectant un air paterne :

— Soyez convaincus tout d'abord, messieurs, dit-il d'une voix insinuante, que dans tout ceci seul votre intérêt m'a guidé ; à défaut de ma conscience, la reconnaissance m'en eût fait un devoir ; je n'ai aucun intérêt en cette affaire autre que le vôtre.

— Serions-nous menacés ? demanda Samuel.

— Vous l'avez dit, master Samuel, vous êtes en effet menacés, et malheureusement par des ennemis terribles.

— Expliquez-vous ! s'écrièrent les deux frères.

— Peut-être ai-je tort de parler avec autant de franchise, reprit le vieux squatter, mais à la grâce de Dieu ! La reconnaissance m'entraîne, je ne saurais lui résister.

— Au nom du ciel !

— M'y voici en deux mots, je ne suis pas l'homme de longs discours; je préfère vous dire nettement ce dont il s'agit, que de vous faire languir plus longtemps.

— Au diable! s'écria Samuel; vous feriez mieux de dire la chose quelle qu'elle soit, une fois pour toutes, au lieu de nous tenir ainsi sur des charbons ardents.

— Patience, master Samuel, j'arrive; chacun parle comme il peut et suivant son intelligence; à quoi bon m'interrompre?

Les deux Américains, les poings crispés, faisaient des efforts surhumains pour se contenir et ne point écraser ce misérable vieillard, qui semblait prendre un diabolique plaisir à se moquer d'eux, avec cette froide ironie qui tord les nerfs et fait gronder la colère au cœur des gens les plus patients et les plus pacifiques.

— En finirez-vous une fois pour toutes, s'écria Josuah en frappant sur la table un coup de poing qui faillit la briser.

— Oh! que vous êtes vif, reprit-il paisiblement! Mais réfléchissant sans doute qu'il avait mis assez à l'épreuve la patience de ses auditeurs, et qu'insister davantage serait peut-être dangereux pour lui.

— En deux mots messieurs, dit-il, voici le fait: vous vous êtes établis dans la vallée de l'Élan où vous avez, je dois en convenir, fondé une magnifique plantation.

— Eh bien? s'écria Josuah.

— Patience, cette vallée appartient à une des plus puissantes nations du Missouri.

— Que m'importe ! Le sol vierge appartient avant tout au premier occupant.

— Peut-être ; mais ceci ne ferait pas question, car cette nation possède bien d'autres territoires dont elle ne s'occupe guères, et probablement elle n'aurait pas songé à revendiquer son droit, si un intérêt fort grave ne l'avait engagé à le faire.

— Et cet intérêt, quel est-il?

— C'est dans cette vallée même qu'est enfoui le trésor de la nation.

— Trésor? Qu'appelez-vous trésor, vieux chasseur de rats musqués? Quel plus magnifique trésor que le sol vierge lui-même?

— Je ne discute pas ces faits avec vous, je vous dis ce qui est ; ce trésor, qui existe en effet, j'en ai la certitude, s'élève à plusieurs millions de dollars en lingots et poudre d'or.

— Tant mieux ! Il est sur mon terrain, dites-vous?

— Parfaitement.

— Eh bien, il est à moi et je le garde, reprit Josuah péremptoirement.

— Prenez garde ; la lutte sera terrible, vos adversaires sont nombreux et braves, ils se sont alliés avec les Outlaws et de plus ils ont mis à leur tête un jeune homme américain comme vous, qui a résolu de vous réduire, et je crains bien qu'il y parvienne. D'ailleurs, agissez à votre guise, vous voilà prévenus.

— Cette attaque doit avoir lieu bientôt?

— D'un moment à l'autre, tout est prêt.

— Vous ne nous avez pas dit le nom de ce jeune homme qui doit guider ou plutôt commander nos ennemis fit observer Samuel.

— En effet, appuya Josuah, il serait important pour nous de savoir avec quel compatriote nous allons avoir à lutter.

— Je ne l'ai pas dit? Alors c'est que je n'y ai pas songé, il se nomme Georges Clinton.

— Georges Clinton! s'écria Josuah avec stupeur.

— Vous en avez menti, misérable, dit Samuel en se levant; Georges Clinton est un honnête homme incapable d'une aussi odieuse trahison.

— J'ai dit la vérité, répondit le vieillard d'un air bénin.

Tout à coup la porte vola en éclats, et deux hommes parurent entraînant un troisième qu'ils tenaient par les bras et faisaient marcher à coup de crosses dans les reins.

— Misérable! s'écria un des assistants qui n'était autre que Georges Clinton lui-même, vous en avez menti par la gorge!

Rock le dogue du squatter voulut se jeter sur les arrivants, mais Charbonneau, qui accompagnait le jeune homme l'étendit sur le sol d'un vigoureux coup de crosse sur la nuque.

Lagreney se leva, le fusil à la main, mais les deux Américains le désarmèrent et le contraignirent à se rasseoir.

L'homme que Georges Clinton et Charbonneau amenaient avec eux d'une si singulière façon était le chef indien Tabush-Shah.

Derrière les trois hommes étaient apparus Nadèje et Drack, les deux bons chiens du jeune Bostonien; ils se tinrent respectueusement sur le seuil de la porte.

— Messieurs, dit alors Georges Clinton, je crois que j'arrive à temps; mais grâce à Dieu, ajouta-t-il en indiquant le chef, j'amène avec moi ce misérable qui rôdait auprès de cette hutte et qui, je l'espère, ne se fera pas trop prier pour nous dire la vérité tout entière.

Il fixa alors l'Indien, qui sentit malgré lui un frisson de terreur courir dans tous ses membres, mais qui demeura froid et calme en apparence, comme s'il était étranger à ce qui se passait.

Les deux Américains étaient en proie à une inquiétude extrême; quant à Lagreney, il se creusait vainement la cervelle pour trouver un expédient qui l'aidât à sortir de la situation critique dans laquelle l'arrivée imprévue de Georges Clinton l'avait si subitement placé.

Au bruit causé par l'irruption tant soit peu brutale des trois nouveaux venus, la femme de Lagreney, réveillée en sursaut, s'était levée à la hâte; vêtue tant bien que mal; en un tour de main, elle était accourue tremblante et effarée, pour savoir ce qui se passait.

Elle était entrée dans la salle sans que personne fît attention à elle, et, appuyée sur le dossier du fauteuil occupé pas son mari, elle promenait autour d'elle des regards effrayés.

Le spectacle qu'offrait en ce moment l'intérieur de la hutte du vieux squatter Canadien n'était rien moins que rassurant pour lui, d'autant plus que bien qu'on ne vit personne au dehors; on entendait cependant des bruits, qui révélaient de la façon la plus certaine la présence d'une troupe considérable d'individus.

Il y eut un assez long silence, pendant lequel on eût pu facilement entendre le sifflement sourd des poitrines oppressées des assistants de cette scène étrange.

Ce fut Lagreney qui, dominé ou plutôt emporté par la terreur qui lui glaçait le sang dans les veines, résolut d'en finir à tous risques et de savoir ce qu'il avait à craindre ou à espérer.

— Après tout, messieurs... dit-il.

Mais Georges Clinton lui coupa nettement la parole.

— Taisez-vous, s'écria-t-il, vous n'avez à parler ici que pour vous défendre, et Dieu veuille pour vous que vous réussissiez non pas à prouver votre innocence en tout ceci, ce qui serait impossible, mais à intéresser en votre faveur ceux qui se préparent à vous juger !

— Me juger, moi ! s'écria-t-il en faisant un effort inutile pour se lever.

— Vous juger, oui, vieil homme ; avez-vous donc oublié que nous sommes ici sur la frontière et que nous ne reconnaissons d'autre loi que la loi du juge Lynch.

— La loi de Lynch ! s'écria le vieillard avec épouvante.

— Eh ! fit Josuah en ricanant, vous connaissez parfaitement cette loi ; n'avez-vous pas dit vous-même il y a quelques minutes : œil pour œil dent pour dent ? Eh ! bien monsieur, toute la loi de Lynch est contenue dans ces six mots.

En ce moment un bruit de pas assez fort se fit entendre au dehors.

— Voici les juges dit froidement Georges Clinton.

Ces paroles tombèrent comme un bloc de glace sur le crâne du vieillard.

La porte à demi-brisée, fut poussée du dehors ; plusieurs hommes parurent et pénétrèrent silencieusement et à la suite l'un de l'autre dans la hutte.

XXV

Comment se rend la justice au désert.

Lagrenay se sentit perdu.

Il était aux mains d'ennemis implacables, desquels il n'y avait aucune grâce à espérer.

Tabush-Shah debout près du mur, en face de la porte, les bras croisés sur la poitrine, la tête basse, semblait n'attacher aucune importance à ce qui se passait autour de lui.

Cependant l'Indien ne désespérait pas; bien au contraire il avait concentré toutes ses facultés sur un seul point : fuir.

Aussi, malgré l'indifférence qu'il affectait, immobile comme un chat qui guette, il se tenait prêt à profiter de la première occasion que lui offrirait le hasard pour s'échapper.

L'apparition imprévue de Georges Clinton avait causé une surprise extrême à Josuah Dickson, sa colère contre le jeune homme s'était subitement éveillée et tout à sa haine, la pensée d'une trahison probable traversait son esprit.

Cependant deux hommes s'étaient emparés du vieux squatter et, malgré sa résistance acharnée et les cris de sa femme, ils essayaient de l'entraîner hors de la hutte; ce à quoi ils auraient sans doute réussi, car le vieillard à demi-fou de terreur n'était guère en mesure de lutter longtemps contre deux hommes vigoureux.

Tout à coup la porte s'ouvrit : Louis et François Berger entrèrent.

— A moi ! mes cousins, mes amis, cria le vieux squatter en les apercevant.

—Laisserez-vous assassiner mon pauvre homme, mes bons parents, ajouta la femme d'une voix déchirante ?

— Sauvez-moi ! au nom du ciel !

— Ayez pitié de nous !

Louis Berger leva la main.

— Mes frères et mes amis, dit-il, cet homme est mon parent, livrez-le-moi, je vous jure que justice sera faite.

Les hommes qui tenaient le squatter obéirent aussitôt, ils lâchèrent le vieillard, qui alla aussitôt tremblant et respirant à peine se réfugier derrière les deux Canadiens.

Louis Berger se tourna alors vers les deux Américains assez embarrassés de leur contenance au milieu de cette foule qui leur inspirait sérieusement une certaine crainte.

— Messieurs, dit-il, vous êtes les deux squatters nouvellement établis dans la vallée de l'Élan, n'est-ce-pas?

— En effet, répondit Samuel.

— Je vous cherchais.

— Nous? fit Josuah! pour quel motif, nous ne vous connaissons pas et nous n'avons, que je sache, rien à faire ni à discuter avec vous.

— Vous vous trompez, monsieur, nous avons au contraire de graves intérêts à débattre ensemble.

— Vous plaisantez, je suppose, reprit Josuah.

— Non, monsieur, d'ailleurs vous allez en juger; et d'abord de quel droit avez-vous établi un défrichement dans la vallée de l'Élan.

— Sur ma foi, la question est singulière.

— Peut-être; mais veuillez, je vous prie, y répondre.

— Et s'il ne me plaisait pas, monsieur, qu'arriverait-il, reprit-il d'un ton goguenard?

— Il arriverait, monsieur, que je me verrais dans l'obligation de vous y contraindre, dit le vieux chasseur. Jetez les yeux autour de vous, monsieur, et vous reconnaîtrez que cela ne me sera pas difficile si j'y suis obligé; ainsi croyez-moi, exécutez-vous de bonne grâce.

— Soit! je vous répondrai, vous avez la force de votre côté, et ce serait folie à moi de vous résister. En m'établissant dans la vallée de l'Élan, j'ai simplement usé de mon droit.

— De quel droit parlez-vous, s'il vous plaît?

— De celui du premier occupant, la terre appartient à celui qui l'occupe.

— Eh bien, j'en suis fâché pour vous, monsieur; mais ce droit que vous invoquez n'a aucune valeur.

— Voyez-vous cela! et pourquoi s'il vous plaît, répondit le squatter qui avait repris tout son aplomb goguenard?

— D'abord parce que vous n'êtes pas le premier occupant.

— Je ne suis pas le premier occupant? Voilà qui est fort.

— C'est possible, mais cela est; ensuite parce que cette terre m'appartient.

— A vous?

— A moi, oui monsieur, et cela depuis plus de trente ans.

— Oh! oh! voilà des titres de propriété qui seront assez difficiles à établir.

— Très-facile au contraire; cette terre m'a été cédée en grand conseil par les sachems de la tribu que j'habite, en récompense des services rendus par moi à cette tribu. Si vous désirez voir l'acte de donation, il est parfaitement en règle.

— Qu'ai-je à faire de ce grimoire!

— De plus, comme je connais les lois des pays civilisés, bien que je me sois retiré au désert, continua impassiblement le vieux chasseur, j'ai eu soin, afin d'éviter toute contestation dans l'avenir, de faire enregistrer ladite donation à la chancellerie de votre propre pays, ce dont vous pouvez vous assurer, si cela vous plaît ; car tout est parfaitement en règle.

— Au diable ! s'écria-t-il avec colère, ne trouverai-je pas un coin de terre qui n'appartienne à personne?

— Cela sera difficile, même au désert.

— Et vous réclamez cette vallée ?

— Je la réclame, oui monsieur.

Il y eut un court silence.

Tous les assistants fort intéressés à cette singulière conversation y prenaient un intérêt extrême.

Tabush-Shah profitant habilement de ce que l'attention générale s'était détournée de lui, avait manœuvré de telle sorte qu'il s'était peu à peu rapproché de la porte ; soudain il bondit en avant en jetant son cri de guerre, renversa les deux ou trois individus placés devant la porte, et s'élança dans les halliers.

Il y eut alors un tumulte effroyable, chacun voulut s'élancer sur les traces du chef ; quelques coups de feu furent même tirés dans la direction qu'il avait prise.

— Arrêtez ! cria le chasseur, que personne ne

bouge; laissez courir ce daim poltron, il sera bientôt entre nos mains.

On ne s'occupa plus du fugitif qui avait plongé dans la rivière.

— Reprenons notre conversation, dit le Canadien au squatter.

— Bon, répondit celui-ci, je devine tout maintenant.

— Ah! et que devinez-vous?

— Une chose toute simple; que certaine histoire de trésor qu'on m'a contée pourrait bien être vraie.

— Cette histoire est vraie; le trésor existe; il m'appartient ou plutôt il m'appartenait, car j'en ai fait don au capitaine Tom Mitchell.

— Le chef des Outlaws?

— Lui-même.

Josuah et Samuel Dickson échangèrent un regard de découragement.

— Allons, dit Josuah, je vois que c'est partie perdue pour moi et que mieux vaut que j'abandonne la place.

Et il poussa un soupir.

— Peut-être, monsieur.

— Que voulez vous dire? Est-ce que vous consentiriez à me céder cette terre.

— Cela dépend absolument de vous.

— Je ne vous comprends pas.

— Un jeune homme dont jusqu'à présent vous

avez méconnu le cœur et les intentions droites et honnêtes...

— De qui voulez-vous parler ?

— De Georges Clinton.

— Lui ! s'écria le squatter.

— Messieurs, dit le jeune homme en s'avançant, à quoi bon essayer de faire revenir Josuah Dickson sur mon compte ? Il ne vous croira pas.

— C'est-ce que nous verrons, by god ! s'écria Samuel ; car vous êtes un brave et digne garçon que j'aime. Tant pis ! si cela blesse mon frère.

— Vous aussi, Samuel, vous vous mettez contre moi ?

— Il le faut bien, by god, puisque vous ne voulez rien entendre ! Depuis le premier jour de notre arrivée ici, j'ai rencontré Georges, je ne l'ai pas perdu un instant de vue : il aime Diana de l'amour le plus profond ; sa conduite a toujours été irréprochable.

— Sans doute, vous avez facilité ses rencontres avec ma fille.

— Parfaitement : l'amour si pur et si franc de ces deux enfants est pour moi un regain de jeunesse ; mariez-les, by god ! et que cela finisse. A quoi bon rendre responsable le fils des démêlés que vous avez eu avec le père ? tout cela n'a pas le sens commun ; de plus ne voyez vous pas que vous faites le malheur de votre fille ?

— Mais... voulut dire Josuah.

— Qui mourra de désespoir, continua Samuel, si vous vous obstinez plus longtemps à vous opposer à son mariage avec celui qu'elle aime; d'ailleurs Georges est riche, très-riche...

— Et de plus ajouta Louis Berger il vous cédera en toute propriété la vallée de l'Élan, à laquelle vous semblez tenir beaucoup, et vous avez raison, car les terres y sont excellentes.

— Comment? que signifie?

— Cela signifie que Georges Clinton m'a acheté cette terre et qu'elle lui appartient maintenant.

— Oh! je comprends.

— Et vous acceptez n'est-ce pas, dit son frère?

Josuah hésita.

— Cependant je suppose... dit-il au bout d'un instant.

— Aux armes! cria une voix stridente.

Et Tom Mitchell parut.

— Vous, ici, malheureux, s'écria-t-il, en apercevant les deux Américains, cordieu! vous êtes tombés dans le piége que Lagrenay et ses complices vous ont tendu.

— Quoi? que se passe-t-il? s'écrièrent les deux frères.

— Il se passe que, pendant que vous perdez votre temps ici, votre plantation est attaquée, par une foule d'Indiens qui brûlent et dévastent tout; bientôt il ne vous restera plus que des ruines et des décombres.

A cette terrible révélation qui éclata comme un coup de foudre au milieu des assistants, il y eut un instant de stupeur.

Chacun se tourna à la fois vers l'homme qui annonçait de si affreuses nouvelles.

Tom Mitchell, les habits en désordre, le visage couvert de poudre et de sang, tenant à la main son fusil encore fumant, les sourcils froncés, les regards étincelants, avait un aspect étrange qui imprimait la terreur.

Georges Clinton sans perdre un instant se précipita, suivi de Bon-Affût, hors de la hutte.

Avant tout, il voulait sauver celle qu'il aimait du danger effroyable qui la menaçait, si elle tombait aux mains des Peaux-Rouges.

— Que faire? s'écria Josuah avec un geste de rage.

— Ne pas désespérer, répondit nettement l'Outlaw. Vos fils et vos serviteurs combattent comme des lions; deux attaques ont été bravement repoussées par eux; tout peut encore se réparer, mais il ne faut pas hésiter.

— Courons! s'écria Samuel.

— Oui, oui! et malheur à ces démons incarnés! hurla Josuah en brandissant son fusil.

— Venez donc au nom de Dieu! j'ai avec moi une troupe de compagnons résolus qui ne demandent qu'à combattre les Peaux-Rouges.

— Quelque soit le motif qui vous fait agir en ce moment, dit Josuah je vous remercie.

— Venez, venez, il ne s'agit pas de parler en ce moment : il faut agir.

— En avant, et que Dieu nous protége ! s'écria Josuah.

Ils sortirent.

Bientôt tous furent à cheval et s'élancèrent à fond de train dans les ténèbres, comme une légion de fantômes.

Quatre personnes demeurèrent seules dans la hutte ; ces quatre personnes étaient les deux vieux chasseurs canadiens, Lagrenay et sa femme.

Le vieux squatter, grâce à ces incidents qui se succédaient avec une rapidité vertigineuse et l'avaient fait oublier, avait réussi à reprendre son sang-froid ; il se croyait sauvé.

Dès qu'il se trouva seul avec ses cousins, il fit un geste à sa femme et tous deux s'empressèrent de couvrir la table de rafraîchissements.

Les deux Canadiens se tenaient debout, les deux mains croisées sur le canon de leur rifle, la tête basse, le regard sombre, ne semblant pas remarquer ces apprêts.

Lagrenay s'approcha d'eux et d'une voix insinuante :

— Mes chers parents, dit-il, vous plairait-il me faire l'honneur d'accepter quelques rafraîchissements ?

François Berger releva brusquement la tête.

— Que dit donc cet homme ? fit-il avec surprise.

— Vous avez une longue route à faire pour retourner chez vous, reprit le squatter et...

— Q'importe cela? interrompit durement le chasseur.

— Refuserez-vous de trinquer avec nous, dit doucement la femme.

— Silence! s'écria le chasseur en frappant le sol de la crosse de son rifle.

Louis Berger se redressa alors et fixant sur le squatter un regard d'une expression étrange:

— Lagrenay, lui dit-il, d'une voix sourde, je vous ai arraché aux mains qui vous tenaient, parce que je ne voulais pas qu'un de mes proches parents fût lynché; mais j'ai juré que justice serait faite; vous avez deshonoré, non-seulement le nom que vous portez, mais encore la famille à laquelle vous apparteniez; cette famille, si pauvre qu'elle ait toujours été, a du moins constamment conservé intact son bien le plus précieux, c'est-à-dire son honneur. Cet honneur, vous l'avez souillé bassement, lâchement pour le misérable appât d'un peu d'or; je vous le répète; justice doit être faite; préparez vous à mourir.

— Mourir! murmura-t-il avec épouvante.

— Oh! mes bons cousins, mes chers amis aurez-vous bien le cœur de tuer mon pauvre homme, ajouta sa femme en joignant les mains et fondant en larmes. Voila trente ans que lui et moi vivons côte à côte, que deviendrai-je quand il ne sera plus là près de moi pour me soutenir et m'aider à supporter ma misérable existence. Au nom du Seigneur tout-puissant ne le tuez pas, car, lui mort, je mourrai.

— Vous ne mourrez pas, ma cousine, répondit François Berger, nous veillerons sur vous, et vous ne manquerez de rien.

— Moi ! s'écria-t-elle avec un geste d'horreur, moi accepter la protection de ceux qui auront tué mon mari, manger la nourriture que me donneront ses meurtriers, vous ne le croyez pas vous-mêmes, ce serait tellement odieux, que je mourrais de honte et de désespoir à la première bouchée que je porterais à ma bouche ; non, non, mes cousins, ajouta-t-elle avec une énergie fébrile, mieux vaut ne pas faire à demi votre besogne de bourreaux, tuez-moi aussi, ayez pitié de moi ; ainsi nous ne serons pas séparés, nous finirons ensemble.

Louis Berger détourna la tête sans répondre: l'inflexible vieillard, se sentait ému malgré lui, par cette naïve douleur.

Il fit un signe muet à son fils.

François Berger arma son fusil.

— Attendez, dit Lagrenay en se redressant et d'une voix ferme et accentuée : je connais trop bien et depuis trop longtemps l'inflexible volonté qui toujours a dirigé vos actions, pour marchander plus longtemps ma vie et m'abaisser à de lâches prières. Vous avez résolu ma mort, soit ! Je mourrai, mais non pas tué par vous. L'honneur de notre famille exige, dites-vous, que justice soit faite ; cette justice, je me la ferai moi même, je vous le jure ; mais je ne veux pas mourir comme un chien : je suis chrétien, je vous demande dix minutes pour me réconcilier avec Dieu ; me refuserez-vous cette grâce suprême.

— Dieu nous en garde, mon cousin, s'écria vivement l'aïeul, que le Seigneur vous accorde une bonne fin ! Elle rachetera vos crimes et vous fera entrer dans sa gloire.

— Merci, mes cousins et amis, dit le squatter ; et s'adressant à sa femme. A genoux ! femme, dit-il, et maintenant priez pour moi, mes cousins ; je vous en supplie de me pardonner le mal que j'ai pu vous faire.

Les deux chasseurs n'y purent tenir davantage ; ils se jetèrent en sanglotant dans les bras de leur cousin ; pendant quelques minutes leurs larmes se mêlèrent ; puis par un effort suprême, ils s'arrachèrent à son étreinte et se précipitèrent hors de la hutte.

Cinq minutes à peine s'étaient écoulées, lorsqu'une double détonation se fit entendre, suivie immédiatement du hurlement lugubre et lamentable d'un chien.

Les Canadiens rentrèrent aussitôt dans la hutte
Justice était faite !

Lagrenay et sa femme gisaient étendus sur le sol, la main dans la main, la poitrine ensanglantée, mais le visage calme et comme souriant dans la mort.

Les deux chasseurs s'agenouillèrent près des

cadavres et firent une longue et fervente prière.

Puis ils se relevèrent, creusèrent une fosse dans la salle même, et enterrèrent les cadavres.

Ce devoir accompli, ils sortirent, fermèrent la porte après avoir emmené de force le chien qui s'obstinait à rester sur la fosse, amassèrent devant cette porte des broussailles et des branches sèches, puis ils mirent le feu en plusieurs endroits.

La flamme grandit, monta vers le ciel et bientôt enveloppa la hutte.

Le chien se précipita en hurlant dans la fournaise où il disparut.

Lorsque la hutte fut complétement brûlée; qu'à la place qu'elle occupait, il ne resta plus qu'un monceau de cendres brûlantes; les deux hommes essuyèrent leurs yeux baignés de larmes, firent dévotement le signe de la croix, récitèrent une dernière prière, puis ils se détournèrent en étouffant un soupir de douleur; et ils s'éloignèrent à pas lents sans échanger une parole; sans détourner la tête; et prirent la direction de leur village où ils arrivèrent deux heures plus tard.

Le village semblait désert; seules les femmes et les vieillards se tenaient immobiles et comme aux aguets, sur le seuil de leurs callis; pas un guerrier ne paraissait.

Les deux chasseurs, sans rien remarquer de ce qui se passait autour d'eux, entrèrent dans leur hutte où ils se renfermèrent.

XXVI

La dernière lutte.

Tom Mitchell avait dit vrai.

La plantation de Josuah Dickson était attaquée par une troupe nombreuse.

Voici ce qui était arrivé :

Tabush-Shah et le squatter Lagrenay, excités par une haine commune, n'avaient pas tardé à s'aboucher et par conséquent à s'entendre.

Le vieux squatter qui n'avait qu'un désir, s'emparer du trésor enfoui dans la vallée de l'Élan, avait réussi à persuader à Tabush-Shah qu'en lui accordant son concours, non-seulement il partagerait le trésor avec lui, ce dont l'Indien à la vérité se souciait fort peu, mais qu'il lui serait facile d'enlever une jeune fille blanche d'une beauté au moins égale à celle de Rosée-du-Soir; que de plus Numank-Charakè, à cause de sa liaison avec Georges Clinton, ne manquerait pas de voler au secours des Américains; qu'il serait facile dans le combat, à Tabush-Shah de tuer son ennemi : vengeance qui lui permettrait de reprendre sa jeune femme et comblerait ainsi tous ses vœux.

L'Indien se laissa facilement séduire par cet espoir radieux que le vieux squatter faisait avec complaisance miroiter devant ses yeux éblouis; et une alliance offensive et défensive fut définitivement conclue entre eux.

Le chef s'aboucha avec les tribus ennemies de la sienne, avec lesquelles déjà il s'était entendu précédemment et qui brûlaient de tirer une éclatante vengeance de la défaite qui leur avait été infligée; d'ailleurs une expédition contre les Blancs, leurs ennemis invétérés, et la perspective d'un riche pillage suffisaient pour les décider à se joindre au jeune chef.

La surprise de la plantation fut donc résolue, discutée et combinée avec cette astuce et cette adresse qui caractérisent les déprédations exercées par les Indiens sur les frontières.

Au jour convenu, les tribus se rassemblèrent sur plusieurs points à la fois et se rendirent, chacune de leur côté, au rendez-vous qui leur avait été assigné.

Les deux squatters trompés par un faux rendez-vous furent éloignés; Tabush-Shah rôdait avec quelques guerriers autour de la hutte, afin de s'emparer d'eux au signal donné par Lagrenay, lorsqu'au moment où il s'y attendait le moins, il fut surpris lui-même à l'improviste et fait prisonnier.

Cela faillit tout faire manquer; mais après une demi-heure de captivité à peine, Tabush-Shah avait réussi à s'échapper et il était arrivé à temps pour donner à ses complices le signal de l'attaque.

La plantation, enveloppée par les Indiens, fut attaquée de tous les côtés à la fois.

Mais les Américains étaient sur leurs gardes et les Peaux-Rouges, qui espéraient les surprendre, furent reçus si vigoureusement qu'ils reculèrent.

Tom Mitchell, grâce aux nombreux espions qu'il entretenait dans les tribus, avait tout découvert; il s'était mis aussitôt en mesure non-seulement de contre-carrer les plans de ses ennemis, mais de leur donner une leçon qui les dégoûtât pour longtemps de tenter une nouvelle expédition.

Cent cinquante Outlaws sous les ordres de Tête-de-Plume s'étaient, pendant la journée, introduits inaperçus dans la plantation, conduits par Georges Clinton, qui avait averti Harry de ce qui le menaçait.

Puis le jeune Bostonien, suivi de Charbonneau, avait été s'embusquer à portée de fusil de la hutte de Lagrenay.

Camote avait été expédié au village des Hurons-Bisons, à Numank-Charaké et à Balle-Franche, pour réclamer le secours de tous les guerriers de la tribu.

De son côté Tom Mitchell, à la tête de ses plus hardis compagnons, s'était posté de façon à pouvoir agir efficacement au moment opportun.

Mais si la défense était vive, l'attaque était acharnée : les Peaux-Rouges combattaient comme des démons; braves, bien armés, et comptant surtout sur la supériorité de leur nombre, les Indiens se ruaient avec une rage inouie contre les retranchements, élevés à la hâte et peu en état de résister longtemps.

Tabush-Shah, toujours en avant de ses guerriers, faisait des prodiges de valeur.

La lutte prit, pendant un instant, des proportions telles que Tom Mitchell désespéra presque de la victoire; ce fut alors qu'il s'élança ventre à terre vers la hutte de Lagrenay et appela aux armes tous ceux qui s'y trouvaient réunis.

Puis tous étaient repartis, emportés comme par un ouragan.

Le combat avait recommencé avec une rage nouvelle.

Le cri de guerre des Indiens se mêlait aux hourras des Américains et au pétillement de la fusillade.

Tout à coup un galop furieux se fit entendre :

trois cents guerriers hurons, conduits par Numank-Charaké, Balle-Franche et Camote arrivaient.

Tom Mitchell poussa un cri de joie.

Il divisa en trois corps les cavaliers dont-il disposait, donna le commandement du premier à Numank-Charaké et à Balle-Franche, confia la moitié de ses Outlaws à Olivier et conserva le reste pour lui-même.

Puis, à un signal donné, les trois troupes se ruèrent avec des hurlements effroyables de trois côtés à la fois sur les assaillants.

Ceux-ci, surpris par cette attaque imprévue sur leurs derrières, firent cependant bonne contenance, et se retournant, tinrent vaillamment tête à leurs nouveaux ennemis.

Samuel Dickson et son frère profitèrent de cette diversion pour s'introduire dans la place où ils furent reçus avec des acclamations de joie.

Cependant il était temps qu'ils arrivassent et que par leur présence ils rendissent le courage à leurs engagés ; ceux-ci, cruellement décimés par les balles et les longues flèches canelées des Indiens, commençaient à désespérer.

De plus, sur plusieurs points les retranchements trop faibles avaient été renversés, et les Indiens commençaient à se précipiter en foule dans la plantation.

La situation devenait critique ; tandis que Josuah essayait de remettre un peu d'ordre parmi ses compagnons, Samuel courait en toute hâte avertir Tom Mitchell de l'état des choses.

Celui-ci avait réussi à si bien envelopper les Peaux-Rouges dans une barrière de feu et de fer infranchissable que ceux-ci, entourés d'ennemis et réduits au désespoir, s'étaient résolus à tenter un dernier effort pour achever la défaite des Américains et envahir la plantation : ils n'avaient plus de salut que dans la victoire.

La bataille prit alors des proportions gigantesques. Les combattants se mêlèrent dans une lutte effroyable, corps à corps, sans merci, où ceux qui tombaient ne tombaient que morts.

Tabush-Shàh, suivi d'une vingtaine de guerriers d'élite, s'était enfoncé comme un coin au plus épais des combattants ; renversant tout ce qui se dressait sur son passage, il avait d'un bond prodigieux franchi les retranchements, et sans ralentir la course de son mustang, toujours suivi de ses compagnons, il s'était dirigé en droite ligne vers la principale habitation, où toutes les femmes étaient réunies.

Le chef poussa son cri de guerre d'une voix stridente et se précipita vers la porte de la loge ; au milieu des autres femmes il avait aperçu Diana.

La jeune fille, en voyant ce noir démon brandissant sa hache ensanglantée au-dessus de sa tête et faisant bondir avec des ricanements féroces son cheval au milieu des femmes et des enfants qu'il écrasait sans pitié, poussa un cri de douleur et se rejeta vivement en arrière en cachant son visage dans ses mains.

— Oah! s'écria Tabush-Shah avec un accent de triomphe, elle est à moi cette fois, la fille pâle!

Et il voulut contraindre son cheval à entrer dans la salle.

Tout à coup le cheval se cabra presque droit sur ses pieds de derrière et le chef roula sur le sol.

Dardar, le chien de Terre-Neuve de Diana s'était élancé aux naseaux du cheval, qui s'était cabré de douleur et avait renversé son maître.

Puis le brave chien avait saisi l'Indien à la gorge et l'avait cloué à terre.

— Tiens bon, Dardar! cria Georges Clinton en accourant, suivi de Bon-Affut et de ses deux redoutables molosses, Drack et Nadége.

Mais Dardar n'avait pas besoin de cet encouragement: le redoutable animal non-seulement tenait bon, mais encore il dévorait littéralement le misérable Indien qui faisait des efforts prodigieux pour lui échapper sans y réussir.

Les Peaux-Rouges épouvantés par cet affreux spectacle hésitèrent.

Georges Clinton et Bon-Affût les chargèrent bravement, aidés par leurs molosses.

Le combat devint terrible; mais les jeunes gens auraient sans doute fini par succomber sous le nombre, si une quarantaine d'Outlaws conduits par

Olivier et Josuah n'étaient arrivés à leur secours.

Du reste, la bataille était terminée.

Les quelques Peaux-Rouges qui avaient échappé au massacre de leurs compagnons fuyaient dans toutes les directions, poursuivis par leurs implacables ennemis qui les abattaient sans pitié.

Un sixième au plus des assaillants réussit à s'échapper.

Cette défaite était plus terrible encore pour eux que la précédente.

— Ma fille! Diana! s'écria Josuah d'une voix étranglée.

— Elle est sauvée! répondit Georges en la lui présentant.

— Et son ravisseur?

— Regardez, continua le jeune homme en lui montrant le cadavre méconnaissable de Tabush-Shah, sur lequel Dardar s'acharnait encore avec une rage inouïe.

— Mon fils! je vous remercie, s'écria Josuah en serrant avec bonheur le jeune homme sur sa poitrine.

La paix était faite entre eux.

. . . .
. . . .
. . . .

Quatre jours après les événements que nous avons rapportés, six cavaliers bien armés et montés sur de vigoureux mustangs quittaient l'île des Outlaws, dont le commandement était provisoirement donné à Camote.

Arrivés en terre ferme, les cavaliers s'arrêtèrent et descendirent de cheval à une vingtaine de pas d'une troupe de soldats américains.

— C'est ici que nous nous séparons, monsieur, dit Olivier au Français qui était venu le chercher jusqu'au milieu des déserts. Je vous ai fait lire sur ces papiers remis par l'ancien terroriste, dont il est inutile de prononcer le nom ici, les preuves que je possède du nom et du titre auxquels j'ai droit. Rassurez ceux dont vous vous êtes fait si complaisamment l'agent. Je renonce à ce nom et à ce titre: à quoi me serviraient-ils au désert, où je prétends vivre désormais. Si contre ma volonté, la fatalité me ramenait en France, dites à mon père et à mes parents, qu'il est inutile qu'ils essaient davantage de me faire assassiner: je suis mort pour tous dès aujourd'hui, et le nom que je porterai en France, je ne le devrai qu'à moi-même; la noblesse est dans le cœur et non dans un titre plus ou moins sonore.

— Monsieur, murmura Monsieur Hébrard.

— Assez, monsieur, nous ne nous connaissons plus; Dieu veuille que votre route ne croise plus la mienne! car vous ne m'échapperiez pas aussi facilement qu'aujourd'hui: cette fois, je serais sans pitié. Allez, et souvenez-vous que je suis mort pour vous comme pour ma famille ; adieu, et que le ciel vous juge !

Et il lui tourna le dos, le laissant tout déconcertancé.

Au bout d'un instant, monsieur Hebrard salua et s'éloigna suivi de l'armateur bostonien, qui suait comme un phoque et que Georges Clinton avait, lui aussi, fort mal mené.

Les deux hommes disparurent bientôt avec leur escorte.

— A mon tour de prendre congé de vous, dit Tom Mitchell, en s'adressant à ses trois compagnons, qui étaient Olivier, le capitaine Durand et Balle-Franche.

— Non pas, dit vivement Olivier, nous vous accompagnons, au contraire.

— Vous ! fit l'Outlaw, avec un cri de joie.

— Moi et mes compagnons.

— Merci ! dit-il avec une certaine hésitation ; mais l'honneur me défend d'accepter votre généreux concours.

— Parce que ? demanda Olivier.

— Parce que, mon ami, je tente une entreprise désespérée, où peut-être la mort me guette à la première étape.

— Nous le savons, répondit le jeune homme en souriant, et voilà précisément la raison qui nous engage à ne pas nous séparer de vous.

— Réflechissez, mon ami.

— Nos réflexions sont faites, notre résolution immuable.

— Ma sœur est mariée, heureuse, mon père et mon aïeul n'ont point besoin de moi, dit Balle-Franche, partout où mon ami ira, je le suivrai.

— Venez donc alors, puisqu'il en est ainsi ! s'écria joyeusement le capitaine, et qui sait ? peut-être à nous trois accomplirons-nous des miracles !

— Ainsi soit-il ! ajouta le chasseur en souriant.

— Et moi ! vous m'oubliez, messieurs, il me semble, dit le capitaine Pierre Durand, et je vous avoue que cela me peine.

— Nous ne vous oublions aucunement, cher ami, mais votre route n'est pas la nôtre, nous nous rendons au Mexique.

— Je le sais ; mais le chemin que vous suivez est mauvais, j'en connais un meilleur.

— Que voulez vous dire ?

— Mon brick, le *Patriote*, est mouillé à New-York ; suivez-moi, je me charge de vous jeter sur tel point de la côte mexicaine que vous me désignerez ; que voulez-vous ? je suis égoïste en amitié, moi, je tiens à rester le plus longtemps possible avec vous.

Les quatre hommes réunirent leurs mains dans une chaleureuse étreinte.

Le pacte était scellé.

. . . .

Peut-être, raconterons nous un jour quel fut le

succès de cette entreprise hasardeuse, dans laquelle les trois aventuriers se jetaient si résolûment, et ce que devinrent ces hommes, dont la vie ne devait être qu'une longue lutte.

TABLE

I. Où le lecteur fait connaissance avec le héros de cette histoire......................... 1
II. Comment le capitaine Pierre Durand et son ami se séparèrent........................... 19
III. Où Samuel Dickson donne d'excellents conseils à son frère............................ 37
IV. D'un homme qui trempait des biscuits dans l'eau, et mangeait des sardines en chantant la *Marseillaise*........................... 55
V. Comment Balle-Franche et Olivier après s'être mutuellement raconté leur histoire, contractèrent une alliance offensive et défensive envers et contre tous........................... 73
VI. Comment Numank-Charakè et ses amis, tinrent un grand conseil *médecine*, et ce qui s'en suivit.... 91
VII. Comment Samuel Dickson tira sur un élan et ce qui en advint........................... 111
VIII. Comment Joshua Dickson s'improvisa maître et Seigneur de la vallée de l'Elan................ 129
IX. Où Diana Dickson est attaquée par un ennemi avec lequel son chien Dardar fait cause commune... 149
X. De la rencontre imprévue que firent Samuel Dickson et Georges Clinton et ce qui en advint..... 160

XI. Quel était le blessé auquel Georges Clinton avait donné l'hospitalité... 187
XII. Comment Olivier arriva au village des Bisons-Hurons, et quel accueil il reçut de l'aïeul et du père de son ami Balle-Franche........................... 203
XIII. Où est expliqué la présence des trois chasseurs à la loge de Georges Clinton................................ 223
XIV. Où le capitaine Tom Mitchell commence à se dessiner... 239
XV. Quelle fut la conversation du squatter avec son frère et ce qui s'en suivit............................... 257
XVI. Présentation un peu à l'improviste de nouveaux personnages.. 273
XVII. Comment Tom Mitchell fut posé en redresseur de torts.. 289
XVIII. Conversation diplomatique très-ennuyeuse, entre deux coquins émérites............................ 305
XIX. Où Tom Mitchell apparaît sous un singulier aspect. 323
XX. Où Tom Mitchell reconnaît que c'est une excellente spéculation d'être honnête homme............. 339
XXI. Une jolie chasse... 355
XXII. Comment le capitaine Tom Mitchell devint l'arbitre de ses ennemis et connaissances............... 371
XXIII. Où l'on explique au lecteur les cérémonies d'un mariage indien.. 385
XXIV. Comment Lagrenay reçut une visite à laquelle il ne s'attendait pas et ce qui en advint............. 401
XXV. Comment se rend la justice au désert.............. 415
XXVI. La dernière lutte.. 429

Paris. — Imprimerie Arnous de Rivière et Cⁱᵉ, rue Racine, 26.

www.ingramcontent.com/pod-product-compliance
Lightning Source LLC
Chambersburg PA
CBHW060933230426
43665CB00015B/1929